Couverture inférieure manquante

DEBUT D'UNE SERIE DE DOCUMENTS EN COULEUR

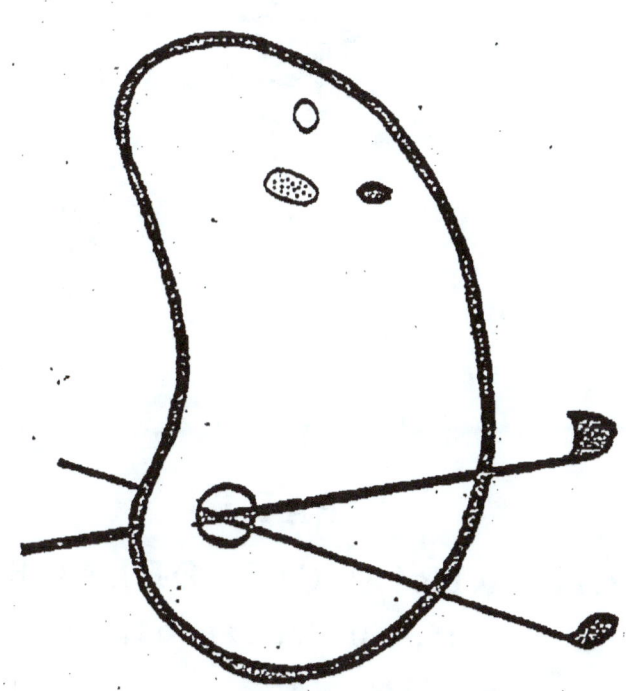

EUGÈNE MOUTON

ANCIEN MAGISTRAT

Un Demi-Siècle de Vie

✝

1848-1901

✝

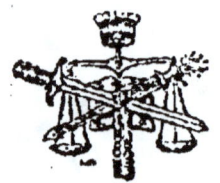

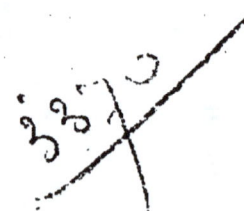

PARIS

LIBRAIRIE CH. DELAGRAVE

15, RUE SOUFFLOT, 15

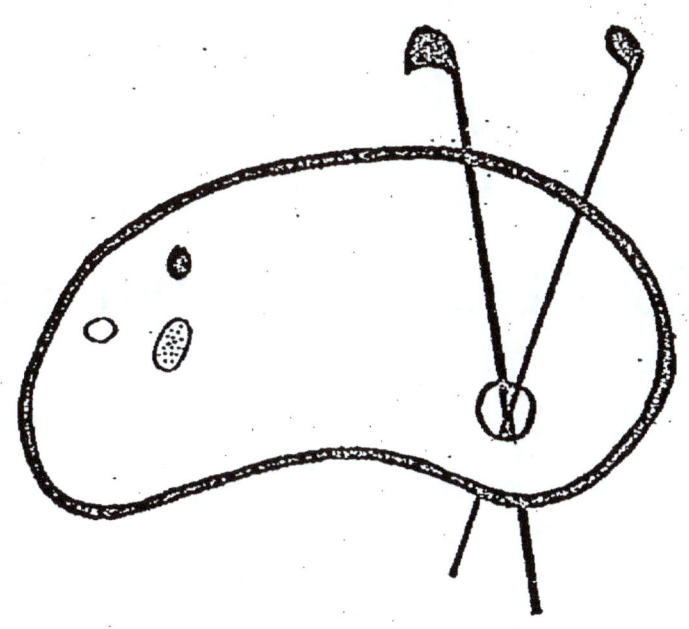

FIN D'UNE SERIE DE DOCUMENTS
EN COULEUR

UN DEMI-SIÈCLE DE VIE

1848-1901

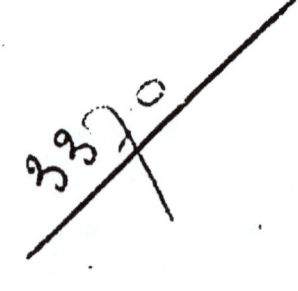

OUVRAGES DU MÊME AUTEUR

EUGÈNE MOUTON

ANCIEN MAGISTRAT

ψ

Un Demi-Siècle de Vie

1848-1901

✦

PARIS

LIBRAIRIE CH. DELAGRAVE

15, RUE SOUFFLOT, 15

UN DEMI-SIÈCLE DE VIE
1848-1901

CHAPITRE PREMIER

Draguignan. La *Marseillaise*. — Un compagnon d'exil. — La pudicité de Mme Bazu. Les visites. La société. — Le fumier. — Mon chef. — Il part; je reste chargé du service. L'émeute. La sérénade aux aristocrates. — Arrestation des concertants. — Leur lâcheté. Une ville pétrifiée. — Retour de mon chef. Il me désavoue. Le garde des sceaux m'envoie des félicitations, et l'envoie en disgrâce. — Clôture de plusieurs clubs sur mes poursuites, et félicitations du même à tout le tribunal. Les cercles dans les villages. — Le 24 juin 1848 à la Garde-Freynet. — Transport de justice. — Scènes menaçantes à la Garde-Freynet, menaces de mort à Cogolin. Force à la loi. Vive le procureur de la république !

Quelque solennelle que soit l'entrée dans une carrière où l'on va passer sa vie, ce qui domine tout lorsqu'on arrive à sa première résidence, c'est le saisissement d'un homme qui vient de tomber d'un quatrième étage. Aussi

1

mon premier mouvement, lorsque je me réveillai le lendemain matin, fut d'aller faire le tour d'une ruelle qui enceint la plus grande partie de la ville.

Rentré dans ma chambre d'hôtel, je me jetai sur un canapé, où je demeurai longtemps, plutôt étourdi que désespéré. Je serais bien embarrassé de dire à quoi je pensai, mais, autant qu'il m'en souvienne, ce fut un rude moment. Après une ou deux heures de réflexions tumultueuses, je fus réveillé par la cloche du déjeuner ; je me ressaisis, et me mettant debout, je murmurai, en manière de conclusion : « Voilà le cercle où ma vie est enfermée. Nous verrons... » Et je descendis à la salle à manger pour goûter, la première fois de ma vie, le pain de l'exil.

Une bonne rencontre m'attendait déjà. Je remarquai la tournure parisienne d'un jeune homme qui vint s'asseoir à une table particulière et me parut être un pensionnaire de l'hôtel. Je ne l'abordai pas, mais à sa tenue très aristocratique, il n'était évidemment pas Provençal, et je le supposai fonctionnaire. Là-dessus arriva Chauvin, celui que j'avais, à ma stupéfaction, fait nommer chef du parquet de Draguignan, et naturellement le temps se passa entre nous en effusions et en remerciements. Nous déjeunâmes ensemble, car il prenait pension à cet hôtel. Je ne songeai pas à lui demander qui était mon inconnu, mais dès le lendemain nous étions amis et j'allais partager son logement.

Il s'appelait Dowling. C'était le percepteur de Draguignan, parisien consommé, gentleman jusqu'au bout des ongles. La révolution de février l'avait échoué à Draguignan, où on l'avait envoyé uniquement pour voiler la faveur abusive à laquelle on le destinait, et qui devait être une perception considérable, après quoi on lui donnerait le plus tôt possible une recette particulière. Son grand-père était maire de Bordeaux, cet avenir était assuré, mais la république renversait le château de cartes. Il devait rester à Draguignan pendant de bien longues années, s'y marier, y devenir veuf, épouser en secondes noces la sœur d'un juge du tribunal, et réussir enfin à rentrer au ministère des finances, pour y mourir peu de temps après.

Exilés tous deux, nous fûmes bientôt amis. En dehors de notre service, nous ne nous quittions pas, et ne sachant où aller, nous passions toutes nos soirées ensemble.

Dès les premiers jours de notre installation, je pus lui rendre un service signalé, en même temps que, par le seul fait de notre habitation commune, il allait en résulter une conséquence du plus haut intérêt pour mon avenir. Ce bienfait résulta, je dois en convenir, d'une heureuse polissonnerie qui pouvait paraître un peu risquée de la part d'un magistrat, mais qui me vint par une inspiration irrésistible.

Dowling, qui était joli garçon et orné d'un très beau teint, venait d'attraper, sur le nez et les joues, une plaque d'eczéma qui le défigurait. Entre autres remèdes, il prenait chaque jour un bain.

Il me dit qu'il en était d'autant plus ennuyé que des mauvaises langues répétaient partout qu'il était couvert de dartres vives sur tout le corps, et Mme Bazu, notre propriétaire, était la première à répandre ce bruit, étant naturellement postée pour le savoir mieux que personne. Or le cancan était d'autant plus désastreux que Dowling recherchait en mariage une demoiselle fort riche de la ville, qui n'attendait que la guérison de l'eczéma pour donner son cœur, mais à qui la dartre vive couvrant tout le corps pouvait inspirer des objections.

« Mon cher, lui dis-je après quelques moments de réflexion, si ce bruit ne tombe pas, votre mariage est manqué. Si vous démentez la chose, vous l'apprenez à toute la ville. Il faut qu'un témoin irréprochable s'en charge, et vous l'avez sous la main, c'est Mme Bazu. Si vous lui faites des reproches, elle n'en parlera que mieux, mais si vous lui demandez un service, elle sera forcée de témoigner. Montrez-lui les pièces de conviction. »

Le lendemain matin, je descendis chez Mme Bazu, et je lui dis que M. Dowling la priait de monter chez lui. J'entrai dans la chambre.

« Madame Bazu, lui dis-je en montrant la porte du cabinet de toilette, voilà M. Dowling, qui vient vous prier de vouloir bien attester qu'il n'a pas sur le corps la moindre tache de dartre. Entrez, je vous prie ! »

A ces mots la porte s'ouvrit, et Dowling, nu comme notre premier père avant le péché, se planta au milieu de la chambre, les jambes écartées, les mains épanouies dans l'attitude de l'innocence, et se montrant sous toutes les faces, lui dit :

« Madame Bazu, voil-là... et voil-là! »

Après quoi il se retira dans son cabinet pour y achever sa toilette, tandis que Mme Bazu se pâmait de pudeur, d'admiration et de protestations sur la blancheur immaculée de son locataire, les mains devant les yeux, mais les doigts écartés, après quoi elle dégringola l'escalier pour aller publier la nouvelle.

Mon premier acte d'autorité fut d'aller faire mes visites à mes collègues, aux fonctionnaires, et enfin aux personnes de ce qu'on appelle dans les villes de province « la société ». Cette corvée, qui comprend d'ordinaire une centaine de visites dans d'autres pays, est fort limitée en Provence, comme dans tous les pays où l'état de guerre, pendant des siècles, a rendu impossible l'habitation à la campagne. Propriétaires et paysans se sont de tout temps concentrés dans les villes, avec leurs bestiaux, leurs écuries, leurs granges ; c'est dans la ville qu'ont lieu le battage des récoltes et la fabrication du vin, dont le foulage se fait dans une fosse pratiquée sous le vestibule des maisons ; on voit à la porte un comptoir avec un tonneau de vin et un litre, et le vin se vend aux passants jusqu'à ce que la récolte soit épuisée. Dans beaucoup de petites villes même, et dans tous les villages, les rues sont jonchées de paille et de buis, couvertes de toutes les ordures « propres » à produire du fumier, et c'est cette litière qui reçoit, outre les résidus digestifs des habitants, l'égout des étables et écuries.

A Draguignan, chef-lieu de département, si le cœur de la ville avait un aspect de propreté grâce à des ruisseaux d'eau vive coulant dans la plupart des rues, les faubourgs et le tour de la ville offraient leurs tas de fumier derrière les maisons, à telle enseigne que celle où j'ai habité lorsque ma mère est venue me rejoindre, n'avait pour tout exutoire que la fenêtre de ma chambre donnant sur un tas de fumier dans une ruelle. C'est qu'en Provence, vu la pénurie du fumier de campagne, la formation de cet engrais, ne pouvant se faire que dans ces villes trop bucoliques, devient un intérêt vital qui prime celui de la décence, de la propreté, de l'hygiène elle-même. Intérêt d'une telle âpreté, qu'on a vu certains propriétaires donner congé à des locataires qui, dégoûtés des détails de toilette de la maison, avaient pris le parti de battre les buissons. Pour ma part, j'ai vu un porc monstrueux qui, de sa loge en contre-bas du rez-de-chaussée, se dressait le long du mur et recueillait ce que lui laissait tomber, par un tuyau à ce destiné, un certain cabinet de l'étage supérieur.

Je ne m'étendrai pas sur la description de la ville, d'abord parce que ces détails n'ont rien à voir avec le cours des événements, et que surtout il y a un certain nombre de modèles, pour les chefs-lieux de canton, d'arrondissement et de département, qu'on rencontre partout et qui font tous le même effet lorsqu'on y arrive pour la première fois. J'en puis dire autant pour la campagne : il y avait de jolis coins, mais avec sa terre sèche, ses oliviers gris et sa verdure brûlée par le soleil, l'ensemble me donnait l'impression de ces plans en relief, agrémentés d'arbres postiches, dont on peut, dans le musée des Invalides, admirer l'exactitude toute militaire.

Je n'avais rien à apprendre sur mon chef direct, Chauvin, puisqu'il y avait entre nos parents une amitié de deux générations. Chauvin était un des magistrats les plus distingués du ressort, et qui serait arrivé aux postes les plus élevés s'il n'avait pas manqué d'énergie. Je reviendrai ailleurs sur ce qui lui arriva. Comme toute compagnie, le tribunal avait sa diversité. Je ne crois ni convenable ni intéressant de spécifier la valeur de chacun de ses membres, et je dois avouer qu'après de si longues années j'ai oublié les noms de plusieurs d'entre eux; mais je me rappelle que sur neuf magistrats, il y en avait cinq de parfaitement bien sous tous les rapports, deux assez forts en droit, et que le président, tout en étant apte à son service, avait de graves défauts, qui ne m'ont pas permis de marcher d'accord avec lui. D'ailleurs, comme dans tous les tribunaux, on ne se voyait presque pas en dehors du service.

Quant aux autres fonctionnaires et à la société de la ville, les relations se réduisaient à quelques visites, d'autant plus rares que dans ce temps de révolution chacun se tenait plus que jamais sur la réserve.

Chauvin, vu ses mœurs provençales, n'avait pas noué d'intimité avec moi. Nous nous voyions d'ailleurs toute la journée au parquet. Il en était de même pour le second substitut, marié et ne recevant pas. Tous deux passaient leurs soirées au cercle, où je n'allais pas; nous les passions chez nous, Dowling et moi, ne nous inquiétant nullement de ce qui pouvait se passer à Draguignan, et ne parlant que de Paris.

Chauvin m'avait donné l'audience correctionnelle; je faisais au parquet la partie de correspondance afférente à ce service; mais en dehors de cela il ne me communiquait rien des affaires générales d'administration ni surtout de politique, de sorte que, à part quelques conversations avec les uns et les autres, je n'avais pas la moindre idée de l'état des esprits à Draguignan depuis que j'y étais arrivé.

Cependant, un jour qu'avec lui nous rentrions du parquet, je lui vis faire une chose qui m'étonna sans plus, car je n'y vis qu'une leçon à garder si pareille rencontre m'arrivait. Au moment où nous passions devant la mairie, nous vîmes s'engouffrer dans la cour une troupe d'hommes qui, les poings levés, criaient des mots patois que je ne comprenais pas, mais il était évident qu'il y avait là un désordre violent. Je lui demandai s'il n'allait pas s'approcher pour voir ce qui se passait. Pour toute réponse, il enfila aussitôt une ruelle, et me dit que le chef du parquet, quand il rencontre par hasard un rassemblement ou une agitation, doit s'en écarter et non s'y aller jeter inconsidérément. L'affaire n'ayant pas fait plus de bruit, et lui ne m'en parlant pas, je n'y pensai plus.

Quelques jours après, il prit un congé, et comme j'étais premier substitut, je me trouvai chef du parquet, recevant la correspondance et la faisant avec le procureur général. Mon attention, naturellement, s'éveilla un peu sur ce qui pouvait bien se passer dans cette ville où je vivais jusque-là comme un simple étranger, tant j'étais peu au courant des affaires du parquet. Un soir donc que, les fenêtres ouvertes, nous entendions retentir, dans la direction de la place, des chants de *Marseillaise* entrecoupés de cris confus, je proposai à Dowling, par pure curiosité, de nous en aller tous deux entendre de près cette sérénade. Arrivés sur la place, nous vîmes un rassemblement d'une centaine au moins d'hommes en veste, qui, après avoir chanté la *Marseillaise,* se prirent quatre à quatre par le bras, et criant « Viva la Républico! » s'en allèrent par la rue du Palais au pas de charge. Des personnes avec qui je causai m'apprirent, ce que j'ignorais, que ce concert démocratique se donnait tous les soirs depuis trois mois, et que ces gens finissaient toujours leurs chants par une tournée dans la ville. Nous rentrâmes chez nous sans nous y intéresser autrement.

Mais le lendemain matin, en décachetant mon courrier, je fus informé que pendant leur promenade de la veille, au lieu de s'en tenir à la *Marseillaise* et à leur « Viva la Républico! » les manifestants avaient ajouté : « A bas les aristocrates! On les pendra! »

On sait combien d'émeutes agitèrent la république dès les premiers jours de son établissement. Nous approchions du 15 mai; que devait suivre bientôt l'insurrection de juin, et des manifestations de plus en plus significatives laissaient voir, dans les pays révolutionnaires, qu'il se tramait une vaste conspiration de tous les partis socialistes. Je me fis donner des renseignements sur l'état des partis à Draguignan. J'appris que quatre hommes, dont un cordonnier et un paysan, menaient la basse classe, et que, par entraînement ou par menace, ils exerçaient une véritable terreur sur la population ; que personne, même la police et la gendarmerie, n'avait jamais osé les dénoncer, et que la scène de la veille n'était que la répétition d'une série qui durait depuis trois mois.

Devant un tel état de choses, il n'y avait pas à hésiter. Je fis dresser procès-verbal, je pris conseil du juge d'instruction et d'un autre juge en qui j'avais pleine confiance ; j'allai avertir le préfet, qui était alors un M. Ayraud-Degeorge, ancien rédacteur du *National,* homme très distingué et très énergique, je lui demandai de faire consigner les troupes pour le cas où il y aurait quelque résistance ; et à quatre heures de l'après-midi j'envoyai arrêter tout uniment, comme de simples mortels, ces quatre terribles agitateurs qui devaient dévorer tout crus les gendarmes et les magistrats assez téméraires pour leur mettre la main au collet.

Je ne connaissais pas la poltronnerie de ce bas peuple provençal. Moi, sur la foi de la terreur qu'ils inspiraient, j'avais pris à tout hasard des précautions jusqu'à demander, dans la direction de la caserne, quelques sentinelles espacées pour avertir plus vite la troupe en cas d'émeute, j'étais allé me promener seul sur la place pour voir les gendarmes se poster aux abords des maisons de chaque inculpé, et je m'étais ensuite établi en permanence au parquet avec le juge d'instruction et le second substitut, afin de pourvoir aux événements.

Ce fut misérable et honteux. Ces quatre lions se laissèrent prendre comme des agneaux. Pour le plus terrible, ce fut le maréchal des logis de gendarmerie qui, à travers les deux ou trois cents buveurs d'un café, alla tout seul lui frapper sur l'épaule et l'empoigna en l'emmenant en prison. Les trois autres ne furent pas plus fiers : il n'y eut pas un mot, pas un cri, sur leur passage; personne ne les suivit, et les rues restèrent si tranquilles que je n'entendis passer d'autre bruit, dans la rue du tribunal, que celui des bottes et des éperons des gendarmes les emmenant à la maison d'arrêt.

La tenue du public n'était pas moins lamentable : les gens étaient comme pétrifiés sur le pavé : on ne marchait pas, on ne se parlait pas, on respirait à peine, comme si un coup de tonnerre venait d'éclater, ou si la ville allait s'écrouler. Étranger à ce pays et aux mœurs des races du Midi, je n'en revenais pas. Je prenais d'ailleurs une leçon qui m'a bien servi là et ailleurs en face des rassemblements de petites villes ou de campagnards : pourvu qu'on ne craigne rien, on peut tout oser : mais il faut bien faire comprendre qu'on est de sang-froid, sans irritation et sans peur.

J'écrivis immédiatement au procureur général ce que je venais de faire, et il reçut en même temps du préfet une lettre des plus flatteuses sur l'acte que je venais d'accomplir. Le procureur général me répondit d'abord par une approbation complète, et quelques jours après me transmit les félicitations du garde des sceaux, qui était alors l'avocat Marie. Les inculpés restèrent en prison. Au cours de l'instruction, plusieurs témoins, après avoir déposé sur les cris séditieux, racontèrent dans tous ses détails la scène que nous avions aperçue, Chauvin et moi, en passant devant la mairie, et dont il s'était détourné comme j'ai dit plus haut. Elle avait été beaucoup plus grave que les cris séditieux : la troupe que nous avions vue entrer dans la cour de la mairie avait tout simplement envahi le cabinet du maire, le sommant de donner sa démission, et lui avait dit : « Si vous ne donnez pas votre démission, votre tête tombera! »

Il n'y avait pas à hésiter, il n'était pas possible de refouler une déposition aussi catégorique, et la poursuite s'aggrava d'une inculpation de menaces de mort contre un magistrat de l'ordre administratif à l'occasion et dans l'exercice de ses fonctions.

Sur ces entrefaites, Chauvin revint de son congé. Il reprit son service; le procureur général lui demanda un rapport sur l'affaire, et naturellement son appréciation sur l'initiative que j'avais prise. Au lieu de me soutenir, il répondit en écrivant dans son rapport que « le subsitut était allé un peu vite ». Ce fut sa condamnation. Quelques jours après, il fut envoyé à Castellane, le plus infime des tribunaux du ressort, dans un pays de loups, et après y avoir végété quelque temps, tomba gravement malade et alla mourir à Marseille, son pays natal.

Je fus, comme on peut penser, désolé de sa disgrâce, mais outre que vraiment il se l'était attirée, je n'y étais pour rien, n'ayant fait que mon devoir, et n'ayant pas, au cours de l'instruction, soufflé un mot sur son compte, bien que je fusse averti de ce qu'il avait dit de moi. Au reste ce qui doit l'excuser, c'est que, loyal comme il était, et reconnaissant de la faveur inespérée que la république lui avait faite, il se sentit gêné pour commencer par un acte de rigueur contre des républicains. Il a agi par faiblesse, mais non par calcul ni, encore moins, par peur.

Bien que, traduits devant les assises, les coupables eussent été acquittés, cette poursuite eut pour effet de couper court, et définitivement, aux manifestations menaçantes des socialistes, et les gens d'ordre commencèrent à respirer un peu plus librement. Cependant il fallait se tenir en garde contre les agissements secrets des clubs, et surtout des cercles. Ces derniers forment, dans les villes et les villages du Midi, des foyers permanents de désordre et d'agitation. Le plus mince des villages a son cercle, où l'on boit, où l'on joue, où l'on parle politique, et ces lieux de réunion, en temps de révolution, étaient devenus de véritables clubs, sans compter les clubs déclarés, fort nombreux à Draguignan. L'invasion de la

Chambre, au 15 mai, avait accentué la réaction contre les socialistes, et une loi sévère ayant armé le gouvernement contre eux, on commençait activement, un peu partout, à poursuivre les clubs pour les fermer au moindre écart.

La question se présentant à Draguignan de façon particulièrement urgente, et le successeur de Chauvin n'étant pas encore nommé, je fis dresser des procès-verbaux contre trois ou quatre clubs, et le résultat fut que le tribunal les ferma, à la suite de quoi je reçus, pour le tribunal et pour moi-même, des félicitations du garde des sceaux. Il est de fait qu'à partir de ces deux actes de poursuites, Draguignan cessa d'être un foyer d'agitation.

Au bout de quinze ou vingt jours arriva le successeur de Chauvin. C'était M. Alexandre, magistrat de l'Empire, qui avait été révoqué après le 24 février, mais qui reprenait pied déjà dans la magistrature, car la réaction s'accentuait de plus en plus. C'était, sans parler de son amabilité, un très savant magistrat, qui a fini sa carrière à la cour d'appel de Paris, où il tenait le premier rang par sa science profonde du droit.

En arrivant à Draguignan, il trouva le terrain déblayé, car avant son arrivée j'avais encore eu occasion, cette fois dans un de nos chefs-lieux de canton, de faire à la Garde-Freynet une véritable expédition contre deux socialistes qui prétendaient mettre tout sens dessus dessous dans le canton, et qu'on croyait, comme les terroristes de Draguignan, plus redoutables qu'ils n'étaient en réalité, ainsi qu'on va voir.

Nous étions aux premiers jours de juillet. La répression terrible de l'insurrection de juin n'avait pas désarmé les socialistes. On pouvait, à Draguignan, voir de temps à autre certains drapeaux flotter à la porte de certaines maisons où se rassemblaient des socialistes, et on avait remarqué que ces pavoisements correspondaient toujours à quelque mouvement ou démonstration dont la nouvelle arrivait le jour ou le lendemain. Ces signes suspects se reproduisaient dans la campagne, et

particulièrement à la Garde-Freynet, gros bourg de deux
mille âmes habité presque entièrement par des fabricants
de bouchons, où il y avait un foyer d'agitation qu'on
jugeait très dangereux. Un avocat, et avec lui le pharmacien obligé de tous les temps de désordre, exerçaient sur
cette agglomération d'ouvriers sédentaires une influence
énorme.

C'est dans cet état de choses que, peu de jours après les
journées de juin, je reçus du juge de paix un rapport sur
la plantation d'un arbre de la liberté à Cogolin, commune
du canton, et où, à la fin de la fête, l'avocat et le pharmacien, après avoir prononcé des discours féroces contre
le gouvernement établi, avaient conclu en répandant des
bouteilles de vin rouge au pied de l'arbre de la liberté,
jurant que si les choses ne marchaient pas à leur volonté,
ils l'arroseraient de sang. C'était un appel à l'insurrection,
d'autant plus insolent au lendemain d'un attentat formidable : je ne délibérai même pas sur ce que j'avais à faire,
et je décidai que le lendemain nous partirions pour la
Garde-Freynet, à la pointe du jour, pour y arriver à six
heures du matin, arrêter les deux inculpés et y procéder
aux premiers actes d'information sur les lieux.

Dans les conditions où nous allions nous trouver devant
une population nombreuse et fanatisée, il nous fallait une
force armée suffisante pour appuyer nos actes. Deux brigades de gendarmerie, dont nous pouvions seulement
disposer, ne suffisaient pas. Nous avions pour préfet
M. Haussmann, le même qui devait, peu de temps après,
s'immortaliser dans sa glorieuse administration de Paris.
J'allai le voir, et lui demandai de me faire soutenir par
une compagnie du bataillon d'infanterie de marine en
garnison à Draguignan : à mon très grand étonnement, il
refusa de se dessaisir, et ne m'offrit que de faire envoyer
à la Garde-Freynet un peloton de la garnison du port de
Saint-Tropez, situé assez près. Il fallut bien m'en contenter.

Le lendemain matin à quatre heures, précédés de nos

dix-sept gendarmes à cheval, nous partîmes dans une antique berline, dont je dois faire mention à cause du rôle qu'elle devait remplir dans une des scènes de ce transport de justice.

Ç'a été certainement un des beaux jours de ma carrière, parce qu'il y avait non seulement de l'émotion et du danger, mais des scènes tantôt curieuses, tantôt pathétiques, des mouvements de foule, un appareil militaire, tout cela se passant dans un paysage splendide, sur des sommets couverts de châtaigniers géants, avec des vallées abruptes, la mer à l'horizon, et resplendissant de soleil.

Une bonne demi-heure avant d'arriver à la Garde-Freynet, qui est sur la crête d'une montagne boisée, nous étions signalés. En quelques minutes la population, avertie de maison en maison par des coups à tous les murs mitoyens, sautait à bas du lit, et nous avions à peine investi le domicile des prévenus que la place était couverte de monde.

Pendant que le juge d'instruction interrogeait les inculpés et décernait les mandats d'amener, je sortis de la maison où il opérait. Je vis arriver une escouade de sept soldats : c'était le renfort qu'on nous envoyait de Saint-Tropez. En cas de conflit, qu'auraient-ils pu faire contre une population de deux mille âmes? Je les remerciai, et je les renvoyai, ce qui ne parut pas les désoler outre mesure.

A moment où j'allais rentrer auprès du juge d'instruction, quelques hommes s'approchèrent de moi, puis d'autres, et peu à peu je me trouvai enveloppé d'une foule compacte. Au premier rang, un ouvrier beau parleur, évidemment l'un des grands personnages de la bande, m'entreprit pour obtenir de moi qu'au lieu de faire emmener les deux inculpés par la gendarmerie, je les laissasse aller librement se constituer prisonniers à Draguignan. Sans entrer dans les autres considérations qu'on devine du reste, je me renfermai imperturbablement dans la raison d'égalité, qui ne permettait de faveur pour personne quel qu'il fût. Il me paraissait déjà à peu près à bout d'arguments, lorsque je sentis venir derrière moi le flot d'une bousculade : c'était le brave lieutenant Morin, commandant notre gendarmerie, et qui, me voyant perdu au milieu de cette foule, me croyait en danger et venait au besoin me sauver. Mais ayant compris aux premiers mots qu'il n'y avait aucun danger et voyant que tous ces gens étaient parfaitement polis et respectueux, il s'avisa d'un expédient qui donnait une satisfaction apparente. « Eh bien, leur dit-il, puisque ça vous fait tant de peine de voir emmener vos amis par mes gendarmes, c'est moi seul qui me chargerai d'eux : je les prendrai avec moi dans une voiture. » L'expédient fit merveille, et tous furent enchantés : ils avaient obtenu une concession. Concession enfantine, puisque seize gendarmes suivraient la voiture, mais ils n'y pensèrent pas, parce qu'on leur donnait une apparence à sucer.

Il ne restait plus qu'à faire une perquisition chez l'avocat ; il demeurait dans une maison en travers d'une rue très large, qui s'arrêtait là, formant presque une place. J'y entrai avec le juge d'instruction, le greffier, le commissaire de police et le garde champêtre, et l'opération terminée, pendant qu'ils mettaient en ordre leurs papiers, je sortis à l'avance pour aller commander le départ, car nous avions à continuer l'instruction à Cogolin, où avait eu lieu la plantation de l'arbre de la liberté.

A une cinquantaine de pas de la porte, je vis une vingtaine d'hommes rangés en travers de la rue comme des tirailleurs, et qui étaient autre chose que des curieux, car on n'apercevait pas une âme en dehors d'eux. Ils étaient là pour se livrer à quelque acte redoutable, convaincus que le moment venu ils l'exécuteraient : à la façon dont ils s'alignaient, je jugeai qu'ils nous attendaient pour nous tomber dessus.

Dans tout autre pays, j'aurais bien fait de me mettre en garde autrement, et surtout de ne pas m'approcher, étant tout seul; mais édifié sur ce que valaient les résolutions effrayantes des Provençaux, je marchai paisiblement sans faire attention à eux, et quand j'arrivai presque à les toucher, ils s'écartèrent, et je passai sans même tourner la tête pour voir ce qu'ils faisaient. Au reste, par une précaution que je recommanderai toujours, il est bon, quand on part pour un transport de justice qui peut s'animer de façon ou d'autre, d'avoir sur soi des armes pour couper court aux incidents fâcheux. En ce temps-là on connaissait à peine le revolver; j'avais tout simplement deux pistolets de poche, d'ailleurs simplement chargés de menu plomb, bons tout au plus à effrayer, à écorcher, et surtout à appeler au secours. Je me gardais bien de les faire voir, mais je ne serais pas étonné qu'à un je ne sais quoi dans ma désinvolture, ces féroces conjurés les aient flairés sous mes pacifiques hauts-de-chausses.

Quoi qu'il en fût, cet incident, au moins louche, laissait deviner des projets de résistance qui pouvaient aussi bien aboutir à des actes de violence qu'à des menaces ridicules comme celles qui venaient de rater devant ma bonhomie. Un incident plus grave ne tarda pas à me le confirmer.

Nous n'avions plus rien à faire à la Garde-Freynet, et nous partîmes pour Cogolin, emmenant les deux inculpés en cabriolet avec le lieutenant, les seize gendarmes à cheval suivant, et nous, le juge d'instruction, moi et le greffier, dans la vieille berline dont j'ai fait plus haut pressentir l'entrée en scène.

Cogolin est une commune située en plaine, au bas du versant où s'élève la Garde-Freynet, et qui communique, par un chemin au bord de la mer, au port de Saint-Tropez. De la Garde-Freynet, une route carrossable au sortir de la ville descend par une rampe. De là on domine les montagnes des Maures et la Méditerranée à l'horizon. À droite, après un remblai gazonné, sont pratiqués dans le flanc de la montagne des raccourcis qui descendent dans la plaine, et permettent d'abréger beaucoup l'arrivée à Cogolin. Sur le sommet du remblai gazonné qui s'élève à la sortie de la ville, se dresse une chapelle de la Vierge, en forme de petite maison, et ressemblant à celle que les peintres font figurer dans toutes les scènes de brigandage de la Corse ou des Abruzzes.

Nous étions en marche, et nous allions nous engager sur la pente, lorsque nous nous aperçûmes qu'après avoir assisté en masse au départ de notre convoi, la moitié de la population, presque tous les hommes, nous accompagnait, se disposant à nous suivre jusqu'à Cogolin et à y rester tant que nous y serions. Les faits s'étant passés là, il s'agissait évidemment d'aller exercer une pression, un espionnage, des menaces sur les témoins, c'était même contre nous une démonstration au moins insolente. Je fis arrêter, et je descendis de voiture, et me plaçant derrière, je pris la parole.

Ce fut vraiment une scène à peindre. Tout le monde, s'arrêtant, prit position, à distance respectueuse, autour de moi, les uns debout, les autres adossés au talus; d'autres assis sur les marches de la chapelle, portant leur enfant au bras, montaient sur le talus et, s'échelonnant sur le gazon, se détachaient, aux rayons du soleil, sur l'azur du ciel; même quelques figurants, plus émus ou plus exaltés, avaient grimpé derrière la voiture, et, les jambes pendantes, les bras accrochés aux grands ressorts en cou de cygne de la vieille berline, écoutaient ma parole comme s'ils étaient à quelque drame émouvant. Je n'oublierai jamais la figure et le costume d'un de ceux-là : assis sur l'arrière de la voiture, il pleurait à chaudes larmes, essuyant continuellement ses joues ruisselantes.

Je ne sais pas ce que je leur ai dit, mais, enlevé par la beauté du théâtre où se déroulait cette scène émouvante, il faut que j'aie bien parlé, car j'arrêtai en grande partie ce mouvement, la plupart cessèrent de nous suivre, et si je n'avais eu affaire qu'à la population tranquille, nous n'aurions eu aucune difficulté à Cogolin. Mais pendant que j'apaisais ce monde, les hommes de désordre, me laissant parler à mon aise, sautaient de la route dans les raccourcis pour arriver avant nous à Cogolin, où nous attendaient toute une série d'incidents de plus en plus graves.

Arrivés vers deux heures, nous descendîmes dans une auberge située sur la place même où s'était passée la scène séditieuse. L'arbre de la liberté, encore ivre du vin dont on l'avait arrosé en attendant mieux, s'y dressait fièrement. Des gens venus évidemment de la Garde-Freynet allaient et venaient autour et se promenaient comme des désœuvrés, mais sans s'éloigner de la mairie, où nous entendions des témoins. Les opérations finies, nous rentrâmes à l'auberge, les gendarmes mirent leurs chevaux à l'écurie, couchèrent je ne sais où, et nous nous retirâmes chacun dans notre chambre, ou nous dormîmes paisiblement.

Si l'un de nous s'était avisé de regarder à la fenêtre, il aurait vu la place couverte d'un véritable bivouac d'une centaine d'hommes au moins, sans armes apparentes, mais certainement armés, et qui, assis ou couchés autour de quelques lanternes allumées, gardaient à vue notre auberge, préparant sans doute quelque coup de force contre nous.

Quand, levés de bon matin, nous préparions notre départ pour emmener avec nous les prisonniers, le campement n'y était plus, et ce qui était singulier, on ne voyait que quelques hommes allant et venant sur la place, mais ne s'en éloignant pas. Or, au moment où l'on voyait nos préparatifs, il était étrange que pas un seul curieux ne se montrât quand allait se déployer le suprême épisode d'un événement qui venait d'agiter si furieusement le pays.

Je venais de donner l'ordre de départ, la voiture était attelée, le lieutenant se plaçait dans son cabriolet avec les deux prévenus, les gendarmes enfourchaient leurs chevaux, lorsque arriva une vieille femme qui, tout en larmes, dit à l'aubergiste, en patois :

« Ah! pauvres gens, ils sont au haut de la montée une troupe, *per les abriga!* » *Abriga,* en patois, signifie écraser, anéantir.

Après ce qui venait de se passer, tout indiquait que nous pouvions nous attendre à rencontrer, embusqués dans les bois au bord de la route, les hommes qui nous avaient surveillés pendant toute la nuit. Nous étions dans la voiture quatre, en comptant le cocher, et dix-sept gendarmes; nous arrivions par un chemin étroit, en pente rapide, tournant, bordé à droite par des hauteurs, à gauche par des précipices couverts de bois : ils étaient une centaine, cachés derrière des buissons et des troncs d'arbres séculaires : nous avions à notre disposition le chemin de Saint-Tropez, découvert, en plaine, où nous trouverions une garnison, voire même une jolie petite citadelle espagnole où nous aurions pu soutenir un siège en règle dans le cas infiniment invraisemblable où le bon peuple de Saint-Tropez se serait oublié jusqu'à lever contre nous l'étendard de l'insurrection. De là nous n'avions qu'à prendre la grande route pour aller en paix. Je décidai donc que puisqu'on voulait si méchamment nous *abriga,* nous leur éviterions cette peine en nous en allant par Saint-Tropez.

Nous étions certainement entourés de très près par ces conspirateurs plus ridicules que dangereux, car quelques minutes étaient à peine écoulées, qu'un de leurs gros bonnets vint se planter devant moi et me dit, en me tirant son chapeau d'un air pincé :

« Si vous passez par Saint-Tropez, le sang coulera.

— Si le sang coule, lui répondis-je sans me fâcher, ce ne sera pas le nôtre. » Et je mis le pied sur le marchepied de la voiture.

Je suppose avec indulgence qu'il recula d'attendrissement devant le forfait qu'il menaçait de commettre, et qu'il en fit signe à quelqu'un de ses féroces estafiers, car je vis approcher un homme qui m'expliqua que si on avait songé un moment à « faire couler le sang », c'est qu'on avait répandu le bruit que nous voulions emmener les prisonniers par Saint-Tropez, et que c'était pour de là les envoyer aux îles Sainte-Marguerite, où on les mettrait dans un cul de basse-fosse, et qu'on n'entendrait plus jamais parler d'eux !

J'eus toutes les peines du monde à ne pas pouffer de rire devant cette bêtise colossale, et me bornant à lui dire qu'il pouvait se rassurer, je montai en voiture. Quand il vit que décidément je partais pour Saint-Tropez, il me fit tant de protestations, me jurant que je pouvais passer par la montagne sans qu'il fût touché un cheveu de ma tête. Considérant qu'à tout prendre, un lieutenant et seize gendarmes, sans nous compter, valaient bien cent socialistes de village, surtout Provençaux, nous tournâmes bride et nous nous engageâmes au pas dans cette montée redoutable où les héros de la Garde-Freynet nous avaient ménagé des Thermopyles renouvelées des Grecs. En tête s'avançait le lieutenant flanqué de ses deux captifs et escorté de ses gendarmes; notre vieille berline, lourde, lente et cahotante comme un énorme scarabée dans le sable, faisait un contraste pacifique avec la brillante et fière ordonnance de notre gendarmerie. Le temps était splendide, le silence et la paix semblaient se taire pour nous voir passer, et à cette marche lente et solennelle de la force et de la justice, les fiers prisonniers de la réaction semblaient des vainqueurs en triomphe.

Un épisode inattendu, et même invraisemblable, nous attendait à la Garde-Freynet. Nous faisions halte pour un instant. Des groupes nombreux étaient accourus pour nous voir passer. Voilà, me disais-je, de bonnes gens qui, en paroles ou en attentats imaginaires, n'auraient pas mieux demandé que de me donner un mauvais coup : ils vont au moins nous huer, car ce sont les mêmes qu'hier.

Ils se mirent à crier. Je ne comprenais pas encore le patois : je demandai ce qu'ils avaient dit. « Vive la république, n'est-ce pas ?

— Vive le procureur de la république! » me répondit-on.

Ils étaient contents! Osez donc avoir peur du peuple : il n'y a de dangereux que sa bêtise ou la vôtre.

Certes, dans une affaire récente d'assassinat, j'avais fait mon apprentissage d'émotions avec levée d'un corps écrasé, rigidité cadavérique, autopsie, arrestation tragique, toutes choses que je voyais pour la première fois. Même j'en avais éprouvé une telle impression que bien des années après, j'en ai fait le sujet d'une nouvelle qui figure dans un de mes livres intitulé *l'Affaire Scapin*. Mais c'était alors, si j'ose dire, l'émotion classique, tandis que cette fois, ces bons socialistes du Midi jouaient devant moi, dans leur rôle de matamores, une comédie de poltrons à la fois sérieuse dans la forme et gaie au fond, car nous n'avons pas, j'en suis convaincu, couru le moindre danger. Et voilà comment, ainsi que je le disais en commençant cette histoire, ce transport de justice est resté un épisode à part dans ma carrière.

CHAPITRE II

Ce fut peu de temps après qu'arriva M. Alexandre. Il trouva, comme je l'ai dit plus haut, la situation politique dégagée, en même temps que le socialisme était fortement calmé, car le prince Louis-Napoléon, acclamé par le suffrage universel, était déjà maître de la France. M. Alexandre n'eut pas à s'occuper de politique. Il en profita pour visiter le pays, qui est fort beau, et me le fit connaître dans de longues promenades dont jusque-là je ne m'étais pas soucié. C'est ainsi que grâce à lui nous vîmes Fréjus, Saint-Raphaël et Saint-Tropez, à l'occasion de l'assassinat d'un gendarme par une bande de forçats qui, s'étant échappés de Toulon dans une embarcation de service du port, avaient pris terre sur la côte, et de ferme en ferme s'étaient fait nourrir et héberger après avoir pris les fusils des paysans, et arrivés au bac de l'Argens, unique passage, avaient trouvé en débarquant une brigade de gendarmerie. Ils avaient tiré sur les gendarmes et en avaient tué un. Arrêtés, sauf un qui ne fut pris que quatre ans plus tard, ils furent conduits et condamnés à Draguignan, et un d'eux mourut de ses blessures. L'information achevée, nous assistâmes, à la tête de toute la population de Fréjus, à l'enterrement du gendarme, et l'on peut penser si ce fut émouvant.

La cérémonie achevée, M. Alexandre, qui ne manquait jamais une occasion de faire un déplacement, s'avisa d'aller à Saint-Tropez « pour rassurer les populations ». Le canot de la douane avait passé la nuit à garder l'embouchure de l'Argens pour continuer la recherche de deux ou trois forçats qu'on n'avait pas encore arrêtés. La Méditerranée était unie comme une glace, Saint-Tropez n'était pas trop loin : M. Alexandre réquisitionna le canot. On arbora le pavillon de commandement, et nous partîmes à la rame, n'y ayant pas un souffle de vent. Nous mîmes trois heures à sortir du golfe de Fréjus. Les matelots, qui avaient passé la nuit à ramer, s'endormaient sur leurs avirons, si bien que cela me fit pitié et que je pris un aviron pour les aider. Je n'avais jamais ramé que pour m'amuser, mais cette fois j'y allai sérieusement, et je ramai trois heures durant. La première heure, je transpirai comme si je sortais d'un bain, mais pendant les deux heures suivantes, je me séchai complètement, je n'éprouvai plus la moindre fatigue, et j'aurais continué jusqu'à Saint-Tropez si un peu de brise ne s'était pas levée lorsque nous fûmes sortis du golfe. On mit à la voile, et pendant deux heures ce fut un enchantement de nous balancer sur cette mer de saphir le long d'un rivage enguirlandé de verdure, pour arriver dans un golfe qui ressemblait à un lac et où les arbres baignaient leurs branches dans l'écume argentée de l'eau bleue, tandis qu'à la pointe d'un petit cap chargé de fleurs et d'orangers, se couchait la ville avec sa vieille citadelle de pierres rouges ; le long d'un quai de planches et de poteaux était un petit port rempli de bateaux de pêche et de cabotage ressemblant, avec leur poupe élevée,

leurs longues antennes et leurs immenses voiles trian-
gulaires, à des embarcations de pirates du moyen âge.

Le hasard nous avait préparé une fête des plus curieuses,
à la fois chrétienne et patriotique. Elle se célébrait chaque
année à Saint-Tropez en commémoration de l'expulsion des
Maures, qui avaient longtemps occupé une grande partie
du littoral de la Provence jusqu'aux premières années du
règne de François Iᵉʳ. Ce jour-là, une confrérie, costumée
en arquebusiers de la Renaissance, et armée de tromblons
formidables, parcourait les rues de la ville avec bannière et
musique, faisant des feux de salve sur la place et tout le
long des rues, tirant des coups de tromblon contre le
perron des maisons auxquelles ils voulaient faire honneur.
J'ai vu là, pour la seule fois de ma vie, comment se tire
le tromblon. Comme l'arme se charge jusqu'à la gueule,
on ne peut ni viser ni épauler, car on se casserait l'épaule
et la mâchoire : on écarte les pieds, on tient l'arme hori-
zontalement et de travers, et au moment où le coup part,
elle recule d'une telle force qu'elle entraîne à droite les
deux bras, et on fait demi-tour sur les deux talons.

Après avoir suivi quelque temps les triomphateurs trois
fois séculaires des pauvres Turcs de Soliman, nous allâmes honorer de notre présence des courses de chevaux
qu'on espérait brillantes. L'hippodrome était un bout de
route bordée d'arbres au sortir de la ville. L'installation
était d'une simplicité idéale : pour toute tribune, à part
les tas de cailloux, on avait ses bottes. On était en file sur
une longueur de deux ou trois cents pas. A un signal
donné, on vit arriver très tranquillement un énorme boucher en blouse bleue et en casquette, monté sur un poney
à peu près de la taille d'un veau, qui simulait un galop
irréalisable et menaçait à chaque foulée de s'aplatir sous
son cavalier. Celui-ci, avec un grand sérieux, arriva devant le maire, qui lui donna, non moins sérieusement,
une montre d'argent ayant bien coûté dix francs, et là-
dessus on rompit les rangs, car la course était finie : le
gagnant avait seul concouru.

Ici encore nous pûmes nous féliciter d'avoir vu ce qu'on ne pouvait voir qu'à Saint-Tropez (Var).

Cette solennité hippique, jointe à la commémoration de la défaite des Turcs, suffisait déjà à nous laisser de grands souvenirs de notre visite à Saint-Tropez : notre intérêt vint au comble lorsque le commissaire de police, ancien capitaine du grand Runjeet-Singh, roi de Lahore, nous offrit de nous présenter à la fille de ce héros, veuve du général Allard, qui avait organisé l'armée de Runjeet-Singh, montant à cinquante mille hommes organisés à l'européenne, en avait été généralissime, et nommé ensuite premier ministre du roi, et son gendre. Le général, né à Saint-Tropez, était venu y finir ses jours, et la fille de Runjeet-Singh, un des potentats les plus puissants de l'Asie, habitait à Saint-Tropez une petite maison avec un petit jardin, comme une simple mortelle.

On pense si nous acceptâmes l'offre du commissaire de police, qui, rien qu'en nous racontant ses souvenirs, nous intéressait déjà. Mais la visite à la princesse fut autrement curieuse. Nous fûmes introduits par deux femmes de chambre habillées comme des filles de Saint-Tropez, à cette différence que c'étaient des Indiennes du plus beau bistre.

La maison, un rez-de-chaussée donnant sur un jardin et un potager, était carrelée, meublée à peine, mais décorée d'armes orientales enrichies de pierres fines et de ceintures dorées avec des diamants et des rubis en cabochon, de cartes, de plans, de paysages indiens, et enfin d'un portrait du général et un autre de Runjeet-Singh. Dans une petite salle à manger donnant sur le jardin et meublée d'un buffet, d'une table à manger, d'une table à ouvrage, de quelques chaises de paille, le tout en noyer, et très commun, nous trouvâmes la princesse.

Elle avait une robe d'indienne, avec un petit châle commun, et elle raccommodait des bas sur une boule de buis. Seule la tête restait royale. Sur une coiffure de longues boucles d'un noir de jais, étaient placés un petit cachemire rouge qui devait valoir un prix fou, et là-dessus une calotte d'or tissée dont le bord était composé de perles qui me parurent fort belles. Deux boucles en cercle pendaient aux oreilles.

Après les compliments d'usage, elle fit appeler sa fille, superbe personne, qui réunissait un assemblage des plus harmonieux des deux beautés, indienne et française, mais enfin n'ayant rien d'extraordinaire. Elle était d'ailleurs habillée et coiffée à la française. Quelques jours après, je vis à Draguignan son frère, élève à l'école de Saint-Cyr : celui-là était admirablement beau, et d'un type purement indien.

Au reste, comme conversation, l'entrevue fut insignifiante, mais à voir de près une princesse indienne telle que celle-là, nous avons joui d'un spectacle que nous ne nous attendions pas à rencontrer dans un pauvre petit port de mer si loin de l'Inde.

Nous quittâmes donc Saint-Tropez ravis d'un voyage qui avait commencé d'une façon si lugubre.

M. Alexandre, qui n'avait accepté Draguignan qu'en attendant mieux, était en congé à Paris lorsque m'arriva une affaire d'une rare espèce : il s'agissait d'une plainte en violence et voies de fait. Le plaignant était un marchand de médailles et de chapelets, ce qui n'avait, il est vrai, rien de particulièrement saisissant, mais pour inculpé nous avions le bourreau.

En ce temps-là, chaque département avait son bourreau attitré et résidant au chef-lieu judiciaire. Celui de Draguignan, roux, trapu, grossier, était logé sur un rocher abrupt dressé au centre de la ville, surmonté d'une tour carrée avec un grand beffroi en ferronnerie de la Renaissance. Il demeurait dans la tour avec sa femme et ses enfants, et la guillotine était remisée dans un hangar. Par deux rainures, on la faisait glisser jusqu'au milieu de la plate-forme, l'exécution se faisait là, après quoi on n'avait qu'à repousser la guillotine dans son hangar, comme une bête carnassière dans sa cage.

Le bourreau venait chaque trimestre me faire apostiller son mandat de traitement, et une fois qu'il avait eu à prendre un congé, il me demanda une autorisation; j'appris alors que, par un usage immémorial, les bourreaux avaient le droit, quand ils prenaient un passe-port, d'y être désignés, au lieu de leur profession infamante, par la qualification d'écuyer. A force de l'avoir porté pendant des siècles, ce privilège qu'on leur avait conféré à la fois pour les absoudre de leurs sanglantes fonctions et les consoler de leur sort misérable, ils en étaient venus à s'en targuer comme d'une noblesse, et le nom de bourreau, que le code pénal lui-même avait rayé depuis longtemps, était pour eux une injure sanglante, c'est le mot.

Donc notre « exécuteur des arrêts de la justice criminelle », puisque tel est le titre légal, se trouvant au marché de Draguignan, s'était pris de querelle avec un marchand de médailles et de chapelets. Celui-ci l'avait appelé bourreau, et sur ce mot, l'exécuteur avait piétiné l'étalage et bousculé le marchand, qui demandait justice.

En tout autre cas, il n'y avait pas l'ombre d'une difficulté : mais voyez-vous le bourreau en police correctionnelle? Qu'aurait pu dire en sa faveur le plus roué des avocats? Mais quelle circonstance atténuante! Être bourreau, et quand on en est réduit pour vivre à boire du sang, avoir encore à compter avec le code pénal! C'était une horreur, et je ne doute pas que tout le monde l'aurait senti comme moi.

Je ne le poursuivis pas, je lui fis payer au marchand les dégâts qu'il avait faits, et je le grondai. Je faisais là un acte injuste, mais je n'ai jamais vu plus clairement combien il y a de sentiments qui n'ont pas de place possible dans le texte de la loi, et sans lesquels la justice ne serait qu'une machine aveugle!

Au commencement de l'hiver, M. Tailhand, ancien magistrat que le gouvernement provisoire avait révoqué, fut nommé chef du parquet de Draguignan, en remplacement de M. Alexandre, envoyé à Laon. M. Tailhand était

le plus aimable des hommes, et avec ma mère nous réus-
sîmes à lui adoucir l'affolement où il était de se voir, loin
de sa femme et de ses deux filles, dans cet odieux Var où
il ne connaissait personne et ne comprenait pas un mot
de ce patois qui donne à l'exil je ne sais quoi de grossier
et d'insolent.

Bien des années après, je devais retrouver M. Tailhand
ministre de la justice. Je reviendrai sur cette rencontre
à propos des événements qui se passèrent à Versailles
lors de la Commune, en 1871.

Bien qu'il y ait dans tous les pays des gens aimables et
délicats, dans le Midi ils sont rares, et la majorité, surtout chez le peuple, est mal élevée, peu intelligente et toujours prête à l'insolence. Dans leurs disputes entre eux, ils
se lancent des menaces à faire frémir, et on a la chair de
poule à les entendre, par exemple, s'en dire de telles que
celle-ci, qui court les rues : « Je veux te couper les ongles jusqu'aux coudes, et les cheveux jusqu'aux épaules. »
Ils disent cela en balançant la main ouverte à côté des
joues de l'adversaire, mais en se gardant bien d'y toucher,
et la scène peut se prolonger indéfiniment sans qu'il y ait
une pichenette de réalisée. En idée, ce sont des scélérats
capables de tout : en action, des innocents, parce qu'ils
sont encore plus lâches que méchants. Le fond de ce caractère réside dans un égoïsme et une vanité sans limite :
c'est certainement là qu'un moraliste aura trouvé ce mot
sur l'égoïsme : « Un égoïste brûlerait votre maison pour
faire cuire un œuf. »

Au reste il faut tenir compte, en ce qui touche les gens
du Var, d'un élément héréditaire, qui est la folie : de tout
temps, et s'accroissant d'année en année, les fous y sont
beaucoup plus nombreux que dans chacun des autres départements. Voilà pourquoi j'ai été, comme tous les
étrangers, vivement frappé de cet air d'orgueil et de pro-
vocation qui domine toutes leurs manières, et qui caractérise les fous.

Pendant mon séjour à Draguignan, je fis avec ma mère

trois voyages, l'un à Marseille, où nous allions revoir ma famille paternelle, dont il ne restait plus que mon oncle Auguste avec sa femme, sa fille Claire, ma tante Pauline et ma cousine Chloé. Nous retrouvions alors, avec la famille Chauvin, des amis si nombreux et si fidèles que nous eûmes à accepter vingt-deux dîners et autant de déjeuners pendant notre séjour.

Notre second voyage fut à Toulon, pour y retrouver, comme je l'ai dit ailleurs, Eugène Pénaud, alors capitaine de vaisseau, qui devait bientôt devenir contre-amiral. Je rappelle la rencontre, que j'ai racontée, de ce client de cour d'assises auquel j'avais fait obtenir une commutation de peine, et que je rencontrai par hasard en visitant le port où il était enfermé.

Nous allâmes enfin passer huit jours à Nice pendant la mi-carême de 1849 pour y voir le carnaval. Le mouvement et l'aspect de cette folie, qui dépassaient tout ce que j'avais vu en ce genre, faisaient un triste contraste avec les scènes tragiques qu'on rencontrait à chaque pas tout le reste du temps, au passage des malheureux soldats piémontais. Le Piémont arrivait au terme de son agonie, et la suprême défaite allait l'écraser : il était lamentable de voir une ville de plaisir se donner des fêtes dans un pareil moment, et je partis de Nice avec moins d'admiration que de mépris.

Cependant le temps passait, et après avoir, pour mes débuts, improvisé au petit bonheur des actes auxquels l'école de droit ni le stage ne m'avaient nullement préparé, j'étais rentré dans le rang, laissant à M. Tailhand l'administration du parquet et m'occupant d'apprendre à parler et à conclure à la cour d'assises, à la police correctionnelle et à la chambre civile. Pour ce dernier service, je n'étais pas grand clerc, n'ayant aucune pratique de la procédure.

Le président, qui m'avait en horreur et à qui je le rendais bien, n'eut pas de peine à s'en apercevoir, et imagina le moyen de me faire un tort très grave auprès des chefs de la cour : dans tous les jugements où je me bornais à m'en rapporter à justice parce que l'affaire n'offrait aucune difficulté, il le disait à chaque jugement, ce qui donnait à penser que dans ces affaires je m'étais abstenu de conclure parce que j'étais incapable de le faire. Je m'avisai d'un stratagème tout simple auquel il n'avait pas songé : quand je ne voulais ou ne savais pas conclure, au lieu de dire : « Je m'en rapporte à justice, » je disais : « Par les motifs qu'il a fait valoir, adjuger au demandeur (ou au défendeur) les conclusions de sa requête. » J'avais conclu et motivé, il ne pouvait mettre dans son jugement que je m'en étais rapporté à justice.

Mais au correctionnel et aux assises, où certaines aptitudes suffisent pour porter convenablement la parole, je faisais mon service parfaitement et j'étais très bien noté, puisque au bout d'un an, grâce à des démarches de M. Alexandre, je fus nommé à Chaumont.

C'est surtout dans ce service purement judiciaire que j'ai commencé à me faire une expérience et une opinion sur la magistrature et le barreau. Tout compte fait, vingt ans de fonction dans huit tribunaux en des pays divers fort éloignés les uns des autres, à des époques différentes, n'ont rien changé à mon opinion. Si l'on veut bien se souvenir que tous les hommes ne sont pas des saints, mais que leur moralité est modifiée en bien ou en mal par la vie qu'ils mènent, rendre la justice, dans les conditions où se choisissent nécessairement les magistrats, me paraît être, pour un honnête homme, un des plus grands bonheurs qui puissent lui arriver. Il n'y a pas de paradis sur la terre, mais plus on comparera les conditions de moralité, d'indépendance et de responsabilité que la force des choses répartit si inégalement aux diverses professions, plus la destinée d'un magistrat paraîtra enviable. Nulle part un homme ne peut être aussi complètement maître de sa conscience; son rôle dans le sort de ses semblables est de garantir leurs biens, leurs droits, leur honneur et leur vie. Sans doute il n'est pas de profession où l'on ne puisse être un honnête homme, mais ce n'est offenser personne que de désigner celle où la conscience d'un honnête homme peut le plus sûrement vivre en paix.

Si donc, au cours de ma carrière, j'ai rencontré des magistrats indignes, le nombre en était infime, et ne faisait que mettre en lumière la dignité de la magistrature entière. En dépit des intrusions qu'y introduit chaque catastrophe politique, ce grand corps absorbe les nouveaux venus, les neutralise, les ramène à sa discipline politique et morale, sinon il les élimine un jour ou l'autre.

Comme dans tous les corps constitués, c'est dans les tribunaux les moins nombreux que se rencontrent les meilleurs magistrats : on peut faire des passe-droits en nommant un conseiller, parce que ce qui lui manque sera suppléé par les autres, mais dans un tribunal de trois à neuf juges, où une seule voix suffit à décider un jugement, c'est impossible. Là toutes les voix sont égales : il ne peut pas y avoir de non-valeur.

Dans les cours d'appel, l'influence du premier président pèse d'un assez grand poids sur les arrêts : dans les tribunaux la voix de chaque magistrat est égale à celle du président, et la plupart sont des personnages du pays qui n'ont rien à demander ni à craindre de personne.

Les seuls abus que j'aie rencontrés et dont j'ai eu à me plaindre ont été dans le service des assises. Devant cette juridiction absurde, le président est à la fois garrotté, responsable et intéressé : garrotté par les mille nullités de procédure semées sous chacun de ses actes et chacune de ses paroles; responsable devant le premier président, le procureur général et le garde des sceaux; intéressé par suite à tout ce qui aura été fait et dit depuis l'ouverture de l'audience jusqu'à la prononciation de l'arrêt, sans oublier son dernier avertissement à l'accusé. C'est à perdre la tête, et je me suis bien souvent émerveillé de voir comment on peut trouver des hommes capables d'y suffire, et surtout d'y tenir.

Il est bien naturel qu'étant responsable de tout, le président d'assises rêve d'être maître de tout, et que, notamment dans ce qui dépend du ministère public, celui-ci ne soit que son écho et son lieutenant. Comme cela n'est pas toujours possible, il en résulte des divergences plus ou moins fréquentes, quand le magistrat du parquet ne croit pas pouvoir soutenir l'accusation.

Les conseillers ont en général la prétention de faire prévaloir ce principe que, quand la chambre des mises en accusation a prononcé, le magistrat portant la parole doit soutenir l'accusation, sans même y changer un seul détail : or le ministère public est institué précisément pour requérir suivant sa conscience, et non pas pour exposer l'opinion d'une juridiction simplement préparatoire.

Mais j'ai rencontré, par exemple, un président d'assises qui, étant arrivé avec l'espérance d'obtenir de deux à quatre condamnations à mort dans une affaire, et m'ayant vu démontrer l'inanité de l'accusation, fondée sur le concours de plusieurs circonstances dont chacune excluait toutes les autres, mit bravement dans son rapport que si l'acquittement avait été prononcé, c'était parce que j'avais soutenu l'abolition de la peine de mort ! C'était faux.

Ce fut seulement trois mois après, qu'étant allé par hasard à Montpellier, je fus informé de cette dénonciation.

Ce président-là était exceptionnel, pour ne pas dire plus, mais ce qu'il avait fait était, au grotesque, une faute assez usuelle chez d'autres présidents, auxquels il faut bien pardonner en considération des misères de leur fonction.

Bien longtemps après la révolution de 89, les avoués, successeurs directs des procureurs de la vieille justice, en ont suivi les déplorables errements, s'il suffit de qualifier ainsi les écarts, les abus et les fraudes qu'une tolérance inexplicable leur laissait commettre à peu près impunément : on aurait dit qu'aux yeux des magistrats et même des plaideurs, les choses se passant ainsi depuis des siècles, il y avait prescription en leur faveur, et que tout client, au moment de tomber entre les griffes d'un avoué, devait se munir, comme quand on allait en un voyage dangereux, de la bourse du voleur.

C'est sous le règne de Louis-Philippe qu'une magistrature plus indépendante, plus capable, et surtout animée de cet élan de probité qui a mis en si grand honneur les fonctionnaires et les politiques de ce gouvernement, mit ordre aux déprédations des avoués. Ce fut fait si vite qu'à partir de ce temps on peut dire que la réforme était accomplie. Elle s'est continuée depuis sans se relâcher jamais, et on peut dire que les avoués, tant ils sont rigoureusement surveillés et contrôlés, sont aussi honnêtes que les magistrats.

Voilà pour confirmer ce que je disais tout à l'heure de la moralité transcendante des magistrats : quel est le corps constitué où les abus séculaires du bon vieux temps aient disparu aussi vite et aussi radicalement que dans la magistrature ?

Ce qui a été fait pour les avoués l'a été pour les huissiers. Autrefois un huissier se considérait avant tout comme un homme d'affaires, et le peu qu'il faisait de sa fonction n'était que pour en abuser au préjudice des plaideurs qui lui tombaient sous la main. Leur nombre, qui dépassait de beaucoup les besoins du service, le faisait assez voir. On n'a pas cessé de supprimer des offices, on a réduit les émoluments, on a simplifié les formalités de procédure, si bien que, hors quelques grandes villes, c'est un métier perdu. Mais dans ce qui reste, et au grand bénéfice des plaideurs, les huissiers sont devenus d'honnêtes auxiliaires de la justice.

Bien que l'avocat ne soit pas un fonctionnaire judiciaire, puisqu'il n'est, à ce titre, titulaire d'aucune fonction, son principal office est devant les tribunaux, qui, concurremment avec ses confrères, exercent sur lui un pouvoir disciplinaire. A part de très rares exceptions, ce n'est pas sur des faits d'improbité que portent les poursuites : le rôle de l'avocat comporte presque exclusivement la discussion des faits et de la loi ; il peut conseiller la procédure, faire perdre ou gagner un procès, employer des moyens plus ou moins fondés, des arguments plus ou moins sincères, mais sa probité n'est pour ainsi dire jamais tentée ou mise en question.

Ce qui peut en déconsidérer parfois quelques-uns, c'est l'usage de moyens malhonnêtes ou méprisables. Il faut du reste convenir que ce genre d'écarts, surtout dans les grandes villes, tend de plus en plus à disparaître. Mais ayant exercé mes fonctions il y a bien longtemps, j'ai gardé la mémoire de certains traits d'avocats qui m'ont, sur le moment, et quand j'avais encore la rigueur de la jeunesse, inspiré un profond mépris. Maintenant que, devenu vieux, j'en ai vu bien d'autres, ils me font rire. Et voilà comme, à mesure qu'on voit des vilenies nouvelles, on devient plus indulgent pour les anciennes. On a tort et on s'attriste, parce qu'on se sent là envahi par la décadence de sentiments qui autrefois faisaient tant de bien au cœur...

Je ne veux citer qu'un de ces traits, qui donnera exactement la mesure de ces actes de perversité quasi enfantine auxquels ne dédaignaient pas de s'abaisser des avocats d'ailleurs honnêtes gens. Dans une affaire d'infanticide où je portais la parole, le défenseur, arrivant dans sa plaidoirie à la question de médecine légale, prend un livre de médecine légale, et l'ouvrant, commence par dire : « Si j'ouvre Orfila, qu'est-ce que j'y lis ? »

Là-dessus, les yeux fixés sur les pages, il lit un long passage qui, dans le cas que le jury avait à juger, démentait les conclusions du rapport des médecins et pouvait amener l'acquittement de l'accusée.

J'avais étudié la question, et je me croyais sûr que ce passage n'était pas dans Orfila ; cependant, ayant son ouvrage dans la bibliothèque du parquet, je l'envoyai chercher, et n'y trouvant pas le passage, je demandai à l'avocat de m'envoyer son volume, qui apparemment ne devait pas être de la même édition que le mien.

« Je n'ai pas dit, me répondit-il, qu'Orfila ait écrit
cette opinion : j'ai dit seulement : « Si j'ouvre Orfila,
« qu'est-ce que j'y vois? Eh bien, ce livre que je tiens
« est d'Orfila, et si je l'ouvre (là-dessus il l'ouvrit et en
« retira un papier), j'y vois écrit sur ce papier ce que je
« vous ai lu. »

Après une année de séjour à Draguignan, n'ayant plus
pour me soutenir les affaires intéressantes qui m'avaient
jusque-là animé presque sans relâche, je sentais s'appe-
santir de jour en jour sur moi cet ennui de la Provence
que le soleil, la stérilité du pays, joints au caractère dé-
plaisant des gens du peuple, me rendaient de plus en plus
pénible. Ce fut donc avec une grande joie qu'un beau jour,
sans que rien me l'eût annoncé, un de mes collègues me
serra la main en me disant :

« Salut au substitut de Chaumont! »

Je courus annoncer ce bonheur à ma mère. Mes préparatifs furent vite faits. Pouvant passer par Sisteron, nous
résolûmes de nous y arrêter, et partîmes par une voiture
particulière. Nous eûmes l'irrévérence, en sortant de
Draguignan, de lui faire le geste du perruquier poudrant
une perruque. C'était une injustice : grâce au mauvais
caractère de son peuple, ce séjour m'avait occasionné des
épreuves que je n'aurais rencontrées nulle part, mais des
félicitations qui me valaient mon rapprochement de Paris.
En réfléchissant mieux, je me serais demandé si je n'allais
pas rencontrer à Chaumont quelqu'une de ces mésaventures qui arrivent dans les fonctions publiques, et dont
j'avais été préservé à Draguignan dans des circonstances
pourtant difficiles et dangereuses. Or c'était justement
ce qui m'attendait; mais, les pauvres humains n'ayant
heureusement pas le don de deviner l'avenir, nous fîmes,
de Draguignan à Sisteron, par la montagne et les bords
de la Durance, un voyage délicieux, suivi d'un séjour
chez cette famille Eysseric dont j'ai raconté ailleurs la
chère affection. De Sisteron nous allâmes à Lyon en diligence, de là à Chalon en bateau par la Saône, de Chalon

à Dijon où je me fis installer à la cour, et de Dijon à Chaumont, par Langres, en diligence du pays.

Chaumont-en-Bassigny est une ancienne ville forte
déclassée, encore entourée de remparts d'un côté et de
boulevards plantés d'arbres séculaires de l'autre. Une
grande esplanade en est le seul agrément, le reste de la
ville est laid et triste, et il est presque impossible de s'y
loger, comme nous l'avons vu, ayant été obligés de prendre une maison affreuse, glaciale, dans une ruelle des
plus tristes, sans lumière et sans soleil. Le climat y est
rigoureux : nous y avons, au retour du Midi, souffert six
semaines de neige qui, après quinze jours, s'étant fondue
quelques heures, se gela, laissant pendant quinze autres
jours une croûte de glace ininterrompue de trois pieds
d'épaisseur. On y était au bon vieux temps : pour aller au
bal il n'y avait que des chaises à porteur. Le préfet ayant
donné un bal le jour du dégel, les malheureux qui nous
y avaient portés eurent à traverser des carrefours où ils
franchirent des fondrières d'eau glacée qui leur montait
jusqu'au haut des cuisses, et ils passèrent la nuit, mouil-
lés, sans feu, dans le vestibule de la préfecture.

Le paysage n'est qu'une plaine de craie espacée d'on-
dulations n'ayant pour culture que des lignes de poteaux
jalonnés le long des routes pour guider les voyageurs à
travers les neiges dont le pays se couvre tout l'hiver.

La société y est très peu nombreuse; à part quelques
familles, les grands personnages sont presque tous des
fabricants de gants ou des négociants. La colonie des
fonctionnaires, au moment où j'y ai passé, n'avait rien
de particulier; la préfecture ne donnait pas beaucoup d'a-
nimation. Le préfet avait eu la malheureuse idée de donner dans ses salons, aux gens du bas peuple, un bal où
ce joli monde, habillé comme il se tenait chez lui, était
arrivé avec femmes et enfants, et s'était gobergé, indi-
géré et soûlé, avec un laisser aller tout républicain. Or
comme, à ce moment-là, les jours de la république étaient
déjà comptés, on peut juger de l'effet produit sur une

ville où, comme dans toute la France, on aspirait à voir renverser la république. Les fonctionnaires se tinrent cois, mais l'initiative du préfet refroidit encore plus leurs relations avec lui et même entre eux.

Ainsi que dans tous les tribunaux, les magistrats de Chaumont ne se voyaient guère, et sauf un d'entre eux, l'un des hommes les plus poétiques que j'aie rencontrés dans ma vie, et qui jouait du violon à faire pleurer; j'avais pour seule ressource mes collègues du parquet, je veux dire le substitut et le juge suppléant.

Celui-ci était un M. Blondel, qui a fini sa carrière conseiller à la cour de Dijon, et que j'ai retrouvé par hasard, son fils et lui étant entrés en conversation dans une station d'eaux avec Mme Mouton. Ils demeuraient depuis des années vis-à-vis de nous sur le boulevard Saint-Germain.

Un autre hasard nous avait fait retrouver, à quelques pas sur le même boulevard, la mère d'un collègue de mon fils à la Bibliothèque nationale. C'était une de mes danseuses de 1849, fille d'un des juges de Chaumont. La rencontre, venant après quarante ans, manquait un peu de fraîcheur, mais comme enfin nous nous reconnûmes, ce souvenir si vieux et si fidèle nous mit de petites larmes dans la voix.

Par suite de deux mouvements successifs dans notre parquet, je connus là, d'abord Marcouire, plein d'esprit et de gaîté, qui est devenu président du tribunal de Marolles, puis Mairet, un Bourguignon de Saulieu, non moins spirituel, admirablement élevé, parlant merveilleusement, et auquel était réservée une belle carrière; j'ai rarement entendu parler le français avec tant d'harmonie et d'élégance. Il est mort prématurément, mais il est de ceux dont on peut dire : « Heureux ceux qui meurent jeunes ! » Non seulement il a échappé aux chagrins que la jeunesse ne nous épargne pas toujours et à ceux que la loi de la vie nous amène implacablement, mais il a fini son existence dans un vrai paradis. Il avait épousé une jeune fille de Chaumont, qui faisait nos beaux jours lorsque nous allions avec lui dans les réunions de la ville. Il ne l'avait pas aimée tout de suite, mais l'amour était venu, et un amour fou. Après mon départ de Chaumont, j'appris son mariage, et on me dit son adoration. Pendant deux ans il vécut dans l'ivresse du bonheur, et quand vint la mort, son agonie ne fut qu'une extase d'amour. Y a-t-il une vie comparable à un tel rêve ?

Décidément les Bourguignons sont des gens d'esprit : avec Marcouire et Mairet, un second mouvement nous amena Magnien, qui était au moins aussi spirituel et encore plus gai qu'eux, de sorte qu'au parquet les journées se passaient en éclats de rire.

Étant quatre au parquet, nous n'avions presque rien à y faire, et encore moins à la cour d'assises. A part une affaire politique où Madier de Montjau, un des plus fougueux orateurs socialistes, plaidait, je n'eus aucune affaire intéressante. Celle-ci le fut parce que j'obtins une condamnation, chose qui ne s'était pas produite à Chaumont depuis la révolution de 1848. Notre procureur de la république, qui était incapable de parler, comptant sur l'acquittement obligé, m'avait collé l'affaire. Quand il vit cette condamnation sans précédent, de joie il me donna un congé d'un jour.

Nous avons eu à Chaumont l'exécution capitale d'un fils qui avait tué sa mère. Ce misérable, d'ailleurs à peu près idiot, n'avait été que l'instrument de sa femme, qui était accusée, mais fut acquittée. J'ai vu là une scène abominable : ce ménage de deux scélérats, la femme mise en liberté et s'en allant à travers l'assistance sans même jeter un regard à son mari, pendant que le président, continuant de prononcer l'arrêt, condamnait l'homme à la peine de mort.

Heureusement pour moi, l'arrivée du nouveau chef du parquet me déchargea du soin d'ordonner l'exécution, et je ne touchai plus à cette sinistre affaire que pour viser le mémoire du bourreau. Il y avait là des fournitures d'éponges, de savon et de linge, qui faisaient frissonner.

3

C'était écrit et présenté par la fille du bourreau, vraiment belle, mais avec une tête de mort caractérisée à s'y méprendre.

Dieu merci, c'est là que, pour tout le reste de ma carrière judiciaire, j'ai fini d'avoir affaire au bourreau. L'Empire arrivé, il n'y en eut plus que dans les sièges de cour impériale. Le hasard m'a épargné le malheur de faire exécuter un coupable, et comme, quand il a fallu requérir une condamnation à mort, je l'ai fait sans broncher, je puis en paix me féliciter de ne pas avoir eu, pour rendre ma justice, à faire couler le sang humain.

Tout bien considéré, Chaumont aurait été la plus insignifiante de mes stations dans la magistrature, si une sotte affaire, sotte de ma part et encore plus sotte de la part des ennemis que je m'étais faits par ma faute, ne m'avait jeté dans une telle série de désagréments que je faillis en perdre ma carrière. Je fus d'abord envoyé en disgrâce à Jonzac, simple tribunal d'arrondissement du ressort de Poitiers.

Après un déjeuner avec mes collègues et quelques amis, un des conseillers de préfecture et moi étant venus à parler d'une dame de la société, nous lui attribuâmes des relations avec un homme qui habitait dans son voisinage. Il y avait encore avec nous un de ses amis, qui lui répéta le propos. On m'a dit que j'avais eu le tort impardonnable de tomber juste, mais je n'en sais rien, et d'ailleurs ce n'aurait pas été pour m'excuser, au contraire. Ce qui est certain, c'est qu'une plainte fut portée au procureur général, que mon chef fut chargé d'une enquête sur l'affaire, et que je fus disgracié comme je viens de le dire. Je n'ai ni le droit ni l'envie d'examiner si la dame était plus ou moins digne d'intérêt : il suffit qu'elle était dans son droit et moi dans mon tort, par conséquent je n'ai rien à dire. Elle s'est vengée, elle a bien fait.

Ç'a été un grand chagrin et une bonne leçon qui montre pour la cent millième fois qu'il ne faut pas toucher aux femmes; mais si ce qu'on dit en l'air était toujours répété, la vie d'un peuple entier ne suffirait pas aux haines et aux vengeances. Au demeurant, on ne m'a pas, à la chancellerie, tenu longue rancune, car moins de deux ans après j'étais replacé dans un tribunal de chef-lieu, et bientôt nommé procureur impérial à Fontenay-le-Comte; et lorsque mon beau-père, au moment de m'accorder sa fille, alla prendre des renseignements sur mon compte, on lui fit voir un dossier superbe.

L'arrivée à Jonzac fut dure. Il fallut toucher à Barbezieux, pour attendre le courrier, qui ne partait que le lendemain matin, et j'entrai dans un véritable coupe-gorge d'auberge, où on me mit dans une chambre qui ne fermait pas et dont l'unique fenêtre donnait sur un trou enfoui entre quatre murs. J'étais arrivé par une nuit noire, personne ne me connaissait, j'avais payé ma place en or, de sorte que, la tristesse aidant, je passai une partie de ma nuit à ruminer des scènes où j'aurais joué un rôle ensanglanté. La fatigue et le sommeil finirent par l'emporter, et ayant pris soin de laisser ma bougie allumée et mon pistolet de poche sur ma table de nuit, je m'endormis. Le lendemain, éclairée par le soleil, la sinistre auberge avait repris l'air paterne d'une bonne vieille maison de village, et je reconnus qu'elle était en plein cœur de Barbezieux, qui est la plus honnête ville de la Saintonge.

La route de Jonzac était jolie, il faisait beau, et ma résidence au détour d'un coteau couvert de vignes et de bois, se découvrait dans un fond arrosé d'un ruisseau qu'ombrageaient des peupliers; elle se pelotonnait, dominée d'un côté par un clocher, et de l'autre par un superbe donjon de la renaissance, à pont-levis et à fossés crénelés, situé sur un grand rocher que baignait le ruisseau. Sans doute ce n'était qu'un village, car il n'y avait que quatorze cents âmes, mais quatorze cents bonnes gens, pensant bien, ne demandant qu'à voir la république tomber les quatre fers en l'air, et avec cela toujours de bonne humeur : juste le contrepied en tout de ce que j'avais laissé à Draguignan, et de plus, l'oubli du froid et des

chagrins dont je venais de souffrir si cruellement à Chaumont.

Comme la jeunesse arrange tout ! Plus je visitais cette
cité minuscule, plus elle me paraissait aimable et souriante. Tout y était simple, propre, mignon, jusqu'à
l'exiguïté de la promenade centrale, qui avait bien cinquante pas de long, plantée de quelques douzaines d'arbres
nains étroitement rasés, avec des balustrades minces
comme des cannes, des petits bancs étroits et courts ; à
côté, le minage grand comme la main, le pharmacien avec
son officine ressemblant à ces boutiques que les marchands de joujoux font pour les enfants. Et là dedans,
s'agitant comme des fourmis dans leurs trous, de petits
hommes, des femmes en abrégé et des enfants à prendre
pour des chats à la mamelle. C'est la race du pays, l'âme
vivante de cette terre saintongeaise où tout est joli, doux,
riant, heureux, parce que rien n'y est trop grand, que le
bonheur, comme un habit bien mesuré, y est fait à la
taille de l'homme, et l'homme a l'esprit de s'en contenter.

En rêvant parfois aux monuments laissés par les anciens, je crois avoir trouvé pourquoi ils paraissent tellement plus imposants et plus justes que les nôtres : c'est
qu'ils sont proportionnés à la taille des hommes qui les
construisirent, tandis que nous faisons les nôtres à la mesure de géants qui n'ont jamais existé : au lieu d'un rapport, nous avons une discordance. Eh bien, il en est de
même pour les peuples, et dire que le ciel, la terre, l'eau
et le soleil les font naître et les pétrissent à leur image,
est presque une banalité. Cela est écrit dans tous les livres
et sur tous les pays, mais je ne l'aurais jamais compris
avec tant d'évidence si, au milieu d'une époque bouleversée, venant à peine de quitter un des plus mauvais pays
de France, je ne m'étais pas trouvé comme par enchantement dans une espèce d'idylle faite simplement d'un joli
pays, d'une terre bienfaisante et d'un petit peuple bon
enfant : or comme les idées, le sentiment et les choses
se suivent d'une pente naturelle : une fois bercé dans ce

courant, je découvrais à tout instant un charme nouveau à m'y abandonner.

Dans notre petit tribunal de trois juges, je voyais des hommes simples, honnêtes, et un procureur de la république, M. de Larrard, religieux et réactionnaire, qui passait la moitié de son temps à sa campagne, me laissant à peu près tout le service, et qui avait une femme charmante. Il était neveu de M. de Peyronnet, un des quatre ministres des derniers jours de Charles X, et qui avait été mis en prison après la révolution de juillet. On dénonça M. de Larrard pour ses opinions, et il ne s'agissait de rien moins que de le faire destituer. Mais je pus avertir à temps un de mes amis, qui le sauva.

La fille du président avait épousé un créole de famille établie à Jonzac, et la petite société de la ville était toute bonne et tout aimable, aimant la musique et la danse à la folie; pour suivre tant d'entrain, je pris une pauvre pianiste des pensions de la ville pour m'accompagner des morceaux à la mode.

Enfin, et c'était le bouquet, je me liai immédiatement avec Boffinton, l'incomparable Boffinton, alors sous-préfet de Jonzac, qui devait arriver en peu de temps préfet de la Rochelle et devenir en fin de carrière préfet puis sénateur de la Gironde. Il était récemment marié. Il logeait dans le donjon, avec la rivière au pied de ses fenêtres. J'y passais presque toutes mes soirées : plein d'esprit et de gaîté, il est devenu un de mes meilleurs amis.

De la société au bon peuple de Jonzac, l'amitié se fit par la musique. J'avais fait connaissance avec un jeune homme du voisinage doué d'une magnifique voix de basse. On s'occupait de rebâtir une ancienne église du faubourg, on cherchait des ressources : nous eûmes l'idée de donner une messe en musique, écrite par ce jeune homme et chantée par nous deux avec le concours de belles voix prises parmi les ouvriers de la ville. Il y serait fait une quête au profit de la reconstruction de l'église.

La chose se réalisa si heureusement, nous trouvâmes

de si belles voix à réunir, que nous formâmes un orphéon.
Faute d'instrument, c'était nous deux qui, dominant les
chœurs à pleine voix, dirigions les concerts, mais nous
avions deux voix d'une telle puissance qu'on nous entendait parfaitement. De là suivit une affection touchante
entre ces braves gens et nous. Le jour de la fête des
maçons, ils nous invitèrent à leur messe votive. J'éprouvai là une émotion si vive en voyant le plus jeune des
apprentis offrir le cierge au plus vieux des compagnons,
que j'en devins tout pâle; comme ils avaient les yeux sur
moi, ils s'en aperçurent, ce qui resserra notre commune
affection et dont je ne fus pas autrement honteux, cet
attendrissement sincère valant mieux que les plus belles
caresses du monde.

La fête s'acheva le soir par un bal d'ouvriers et de
jeunes filles en costumes du pays, avec la coiffe saintongeaise à grandes barbes croisées, le fichu épinglé sur
la nuque, la jupe de drap galonnée. On dansa le Bal de
Saintonge, espèce de gavotte ou de bourrée où les danseurs se suivent deux à deux en sautant et en claquant
des doigts, levant les bras ou se prenant la taille. Dans
tout l'Ouest, la danse, particulièrement en Saintonge, a
gardé absolument son caractère primitif, et comme les
costumes n'ont guère changé, on peut, quand on y assiste,
se croire encore au moyen âge. On me fit, bien entendu,
les honneurs de la plus jolie danseuse, qui était en effet
des plus friandes; mais j'avais beau faire mes grâces
parisiennes, j'étais le plus mauvais danseur de la société.
J'ai appris le Bal de Saintonge, mais sans arriver à ce
tour de jambes qui donne partout tant d'originalité aux
danses rustiques : il faut être paysan pour les danser,
d'autant que le costume donne déjà par lui-même une
bonne moitié de l'effet.

Comme « une politesse en vaut une autre » et que nos
rapports avec nos orphéonistes devenaient de jour en
jour plus affectueux, nous leur donnâmes un punch. C'é-
tait dans une salle basse, qu'on illumina d'abord avec

des bougies pendant le temps de préparer le punch dans une énorme marmite, après quoi on éteignit tout, on fit flamber, et tandis que trois ou quatre ouvriers, avec des gestes de sorciers, soulevaient les flammes, un maçon, qui était mon favori parce qu'il avait une tête superbe, une belle voix, et qu'il avait pour moi une affection touchante, entonna une chanson. Mais quelle chanson! C'était une de ces provocations comme les révolutionnaires de 1848 en répandaient alors parmi le peuple pour l'exciter à l'insurrection, et que la moitié de ces braves gens ne comprenaient certainement pas, si j'en juge par celui-ci, bonapartiste comme tout le pays, et qui n'aurait jamais pensé à faire un pareil choix, s'il avait su ce qu'il allait me chanter là. Ce fut magnifique. « Mon vieux fusil, mes balles, » mêlés de vers incohérents, tel était le thème, sur une musique sauvage, avec un hurlement de bête fauve à chaque refrain. Jamais je n'ai entendu chanter comme ça! Après lui, d'autres nous donnèrent des romances comiques ou sentimentales, bêtes et fades comme on en sert au peuple, mais j'en restai sur le vieux fusil avec une émotion que je n'ai jamais oubliée, n'ayant rien trouvé qui vaille l'expression d'une âme populaire quand elle est émue et sincère.

Devant naturellement conclure le concert par une chanson où il n'y eût ni politique, ni fadeur, ni gastronomie, ni polissonnerie, je pensai que Béranger, parmi ses chansons, me fournirait un sujet gai et attendrissant. J'étais encore infatué, comme toute la France, de cette bonhomie vinaigrée qui a dupé si longtemps ses admirateurs. Je pris là ma première déception : après avoir cherché dans tout le volume, je ne trouvai à prendre que le *Vieux Ménétrier*, écrit en 1815 pour exciter les Français à la concorde et à l'oubli, et encore me fallut-il laisser sous silence le troisième couplet, où était insinué contre les nobles, sous couleur de compassion, un mot haineux.

Vraiment on eût dit qu'un bon génie s'empressait autour de moi pour me rendre la vie douce. Je commençai par trouver, au bord de la petite rivière, en plein midi, un logement à trois fenêtres à petits carreaux, au premier, avec cabinet de toilette, une chambre, le tout à très haut plafond, carrelé, une vaste cheminée à grande plaque ornée d'armoiries, sans trappe; des chenets de la renaissance, glace à cadre vert. Le lit, énorme, à baldaquin, un grand fauteuil de paille à coussin et les bras rembourrés, le tout recouvert de vieille cretonne à carreaux rouges, réalisaient l'illusion d'un logis du seizième siècle. Et quelles flambées de fagots dans cette immense cheminée! Avec cela, un jardin vieillot, une vue charmante, et pour comble d'actualité rétrospective, trois sœurs, mes propriétaires, ratatinées comme des enfants de dix ans, échelonnées de soixante à quatre-vingts ans, qui passaient leur vie à balayer, épousseter la maison, nourrir des poulets nains comme elles-mêmes, et ramasser dans tous les coins, pour engraisser leurs maigres oreillers, chaque plume tombée de leurs volatiles. Pour se faire une idée de l'exiguïté de cette vie, il suffit de raconter que la plus jeune, ayant été renversée assise, au moment où, accroupie derrière la porte d'entrée, elle ramassait une plume de poulet, en est morte. J'allai la visiter, et voyant que ses sœurs ne lui donnaient pour médicament que des œufs durs, je leur demandai si elles n'allaient pas faire venir le médecin.

« Que voulez-vous qu'il lui fasse? me dit la plus vieille en prenant une cuillerée d'œuf dur et la fourrant dans la bouche de la malade, voyez comme elle mange bien! »

Bien entendu, elle mourut sans retard. Elle était protestante. Eh bien, malgré l'exiguïté, c'est le mot, de cette âme microscopique, le pasteur, qui se piquait d'onction, trouva le moyen de lui faire une de ces oraisons funèbres protestantes que ces ecclésiastiques savent seuls trouver et qui, tout en s'adressant à des défunts bien divers, s'appliquent à tous.

Quand j'en vins à régler mon ordinaire, ce fut encore

une surprise agréable. Décidément j'arrivais dans le
pays de cocagne, d'autant plus plantureux que, grâce au
désordre politique, tout était à donation : un cochon gras,
par exemple, se payait quinze francs, et toutes les autres
denrées au même taux. Ajoutez à cela que la volaille, le
gibier, les truffes, les poissons, les fruits, foisonnent dans
toute la Saintonge, on ne s'étonnera pas que, pour quarante-six francs par mois, une brave femme me nourrît
avec le double de ce que je pouvais avaler, et que, deux
ou trois fois par semaine, elle me servît des huîtres vertes, du poisson, du gibier, des truffes à en refuser. Mon
vin de côte, de premier cru de ce vignoble, me coûtait
juste dix sous la grande fiole. Dans l'hôtel où j'étais
descendu, il y avait trois services à chaque repas, avec,
de fondation, une dinde truffée le dimanche et du gibier
presque tous les jours, le tout pour cinquante-deux francs
par mois. Au reste ma nourrice m'allaitait si abondam-
ment qu'après mes repas je m'amusais à donner des
restes à une douzaine de chats du voisinage qui arrivaient ponctuellement au dessert, sans jamais manquer,
comme on peut bien penser. Outre que j'y trouvais une
agréable sérénade féline, j'avais le plaisir d'entendre ces
convives répandre sur tous les toits de la ville ma popu-
larité naissante.

Pour qu'il ne manquât rien à cette maison bénie, il y
arriva une femme de ménage, non des plus jeunes ni des
plus jolies, mais d'une physionomie et d'un caractère à la
fois honnête, digne, simple comme on n'en trouve qu'à
la campagne, et qui m'intéressent plus que les femmes
du monde, parce qu'elles se sont faites elles-mêmes rien
que par la pureté et la simplicité.

Au bout de peu de temps, étant venue à se marier, elle
m'invita à sa noce, où j'assistai pour la première fois à
une noce de paysans. Outre les détails rustiques de ce
genre de coutumes, j'appris, à ma grande ignorance, que
s'il est une classe où l'idylle, le bucolique et la naïveté
soient hors d'usage et de goût, c'est dans le peuple des

cultivateurs, auquel on peut ajouter les autres métiers.
Pour les ouvriers, je l'avais vu lors du punch que je leur
avais donné à Jonzac : ici je le vis de même en entendant
ces hommes des champs se pâmer à des phébus, à des
raffinements, plus froids et plus faux les uns que les
autres, et n'ayant aucune espèce de rapport avec la langue et le sentiment des gens du peuple. Ils n'y compren-
nent que l'air, le bruit, et surtout les liaisons dangereuses de ce qui passe à leurs oreilles pour le comble de
l'art. Aussi, bien qu'ils aient vigoureusement applaudi
une chanson que j'avais composée et chantée pour les
nouveaux époux, je ne doute pas qu'au fond ils n'aient
beaucoup plus apprécié les chansons de leurs congénères. Voici ma chanson :

Air : DE LA PÊCHE DES MOULES.

Pour chanter Marguerite,
  Qu'un gai refrain
  Nous mette en train ;
Pour chanter Marguerite,
Gai ! le verre à la main.
Puisque c'est la vendange,
Le vin n'peut pas nous manquer,
Voyez comm' tout s'arrange,
  J'aurons d'quoi trinquer !

Et comment l'allégresse
  Ne s'rait-elle pas
  De ce repas ?
Marg'rite, à la sagesse
Joint les plus doux appas ;
Pinaud, qu'a su lui plaire,
L'adore de tout son cœur :
Hé ! faut pas tant d'mystère
  Pour trouver l'bonheur !

Allez ! bonne espérance,
  L'cœur et les bras
  N'leur manq'ront pas :
Ils verront l'abondance
Se presser sous leurs pas ;
L'bon Dieu, qui les rassemble,

Leur donn' c'qui vaut mieux quo d'l'or,
Car deux bons cœurs ensemble,
C'est l' plus beau trésor!

Le soir après l'ouvrage,
Et sans souci,
Oui, Dieu merci!
Heureux dans leur ménage
I'm'semb' les voir d'ici :
Près du feu qui pétille,
La marmit' bout en chantant,
Et tout' la p'tite famille
Saute en attendant.

Toujours pleins de tendresse,
Toujours s'aimant
Et s'estimant,
Ils verront la vieillesse
Venir tout doucement.
Au bout d'la cinquantaine,
Dieu fass' que dans cett' maison,
Ce bon ménag' revienne
Chanter ma chanson!

L'bon Dieu fait bien les choses
Et chaq' saison
A sa raison :
Faut l'printemps pour les roses,
L'été pour la moisson;
Pour emplir la bouteille
L'automne arrive à son tour,
Et du jus de la treille
Nait le jus d'l'amour.

A tant de relations bien faites pour me donner à
Jonzac une vie charmante, s'ajoutaient mes rapports avec
M. de Lajus, qui fut, peu de temps avant le coup d'État,
élu député de l'arrondissement, presque à l'unanimité.
Il habitait près de Jonzac un très beau château. Sa femme
et sa fille, aimables et distinguées, en faisaient les honneurs, et comme ma mère était venue me rejoindre, nous
y allions assez souvent. Après la dissolution de l'Assemblée, M. de Lajus, quand vint l'Empire, fut nommé
chambellan de l'empereur, et nos relations se continuè-

rent dans nos voyages à Paris et lorsque nous vînmes plus tard nous y établir.

Mais grâce à un de mes bons amis, M. Desmirail, ancien procureur général sous Charles X et devenu, pendant le règne de Louis-Philippe, délégué des colonies, j'eus l'honneur de faire la connaissance très flatteuse et très intéressante de la comtesse Duchâtel, mère du ministre, veuve de l'organisateur de l'enregistrement sous Napoléon. On sait de quel éclat elle avait brillé pendant le premier Empire, par sa rare beauté et sa situation auprès du grand Empereur : ce fut donc avec une vive émotion que j'allai lui rendre visite.

Elle habitait le château de Mirambeau, situé dans un canton de notre arrondissement, à deux heures de Jonzac, superbe donjon encore fortifié en partie, dominant la ville et un beau paysage. La veille de la Révolution, c'était son royaume, maintenant ce n'était plus que son refuge.

Quelque recommandable que fût mon répondant, il ne pouvait pas supprimer ma qualité de magistrat républicain, et je me demandais sur quel pied elle me recevrait comme visiteur mondain.

J'arrivai vers deux heures. Introduit dans un joli salon, je fus reçu par une superbe dame à l'air d'impératrice, avec une grâce enchanteresse, ayant conservé tout ce qu'a d'ineffaçable et d'indestructible la beauté quand elle a été, comme la sienne, parfaite.

Je ne me rappelle plus ce que fut notre conversation, mais il me suffira, pour en donner un aperçu, de dire qu'elle dura, d'affilée, de deux heures de l'après-midi à neuf heures du soir!

Car j'étais invité à dîner, et j'acceptais!

Je ne puis pas m'expliquer comment j'ai pu accomplir ce tour de force, quand je me représente l'aisance inépuisable de ce dialogue de sept heures, sans débrider, entre deux inconnus si éloignés l'un de l'autre; je me complimente, mais que trouverais-je à dire d'assez aimable pour celle qui m'a tenu salon sept heures de suite sans cesser de me sourire? Soixante ans plus tôt, quel triomphe pour nous deux !

Quand ma mère fut venue plus tard me rejoindre, nous allâmes ensemble à Mirambeau. Mme Duchâtel nous invita d'abord à dîner, ensuite à passer deux jours au château, où nous nous rencontrâmes avec son fils l'ancien ministre, qui s'y trouvait avec sa femme et ses enfants. Nous étions en pays de connaissance par les Lahens, leurs voisins de campagne en Médoc, et par M. Alexandre, mon ancien chef à Draguignan, leur ami. Tout ce grand monde nous combla de politesses.

Mes égards, à ce moment critique, étaient en effet pour Mme Duchâtel une sécurité, un porte-respect, et une garantie en cas de violences politiques dans un sens ou dans l'autre. Boffinton la visitait aussi, nous y allions ensemble, et elle s'en montrait d'autant plus touchée que la crise approchait manifestement. On en peut juger d'après ce qui arriva à Jonzac vers le mois de novembre.

Dans un banquet agricole qui avait lieu à la sous-préfecture, Boffinton, voulant écarter toute chance de maladresse ou d'imprudence de la part des convives, avait formellement interdit les toasts, sachant très bien, tous les membres étant bonapartistes enragés, qu'il en résulterait des vœux homicides contre la république. Comme il ne manque jamais, dans les banquets, surtout au dessert, un sot pour dire des bêtises, un maire porta un toast où, après avoir déploré la situation actuelle de la politique, il se mit à tourner et retourner son verre de tous côtés en demandant « qu'on trouvât pour changer cette situation, un moyen... un moyen...

— Il y en a un! cria une voix.

— Lequel? répliqua l'orateur avec l'accent d'un noyé qui attrape une branche.

— Un coup d'état! » répliqua l'autre, qui était juge suppléant et maire de sa commune.

Vous voyez d'ici le tableau: on se leva en tumulte;

Boffinton, exaspéré, exigea l'écharpe du maire, qui la lui rendit immédiatement, et Dieu sait ce qui serait arrivé aux uns et aux autres si le coup d'État n'était pas venu, peu de jours après, délier la langue aux bonapartistes impatients! Et de fait cela ne tarda guère.

Me promenant un jour sur la route avec M. Sarrazin, avoué, suppléant au tribunal, nous causions de la situation, qui était « au plus mal », car la république paraissait aux alentours de l'agonie.

« Voyez, dis-je, on est devant un mur d'airain. On ne peut pas reculer, on ne peut pas passer de côté : il faut s'y casser la tête ou le franchir. D'un jour à l'autre nous allons apprendre que Paris est occupé par l'armée, que l'Assemblée est dissoute et emmenée à Vincennes, et que le coup d'État est fait. »

Je lui dis tout cela avec tant d'assurance et de détails, que quand, huit jours après, il le vit se réaliser de point en point, rien ne put lui ôter de la tête que j'avais été dans le secret, et quand je fus nommé, peu de jours après, à Rochefort avec avancement, il n'en douta plus. C'était pourtant ce qui se disait tout haut depuis longtemps.

Le 26 novembre, vers trois heures du soir, un voyageur de commerce, descendant de la voiture de Barbezieux, racontait que le coup d'État était fait, l'Assemblée dissoute et emprisonnée. Un gendarme vint rapporter le propos à Boffinton, qui, sans croire la nouvelle, fit appeler le voyageur, lui lavant la tête et lui défendant de répandre ainsi des bruits alarmants. L'autre, sans plus répliquer, se retira tellement épouvanté, qu'il prit la grande route et monta dans une voiture qui partait pour la campagne.

A cinq heures, nous recevions les journaux, les dépêches et les actes du gouvernement. L'Empire était fait.

Le lendemain, tous les fonctionnaires, les magistrats les premiers, envoyaient des adresses de dévouement à Louis-Napoléon!

Rien ne se passa que des chants, tous d'accord. On

roula le long des murs quelques républicains piteux d'un village voisin, et ce fut tout.

J'étais ravi de cet événement, que la France attendait.

Je ne le fus pas moins, un mois après, d'être nommé substitut à Rochefort, n'emportant de mon séjour à Jonzac d'autre regret que celui de me séparer d'une ville où je laissais tant d'amis et de bons souvenirs.

CHAPITRE III

Rochefort. Un port militaire. Le bagne. Infamies à oublier. Les
pays de Cocagne. La fièvre paludéenne. — Brouage. Louis XIV,
Tamerlan et Gengis-Khan. — Napoléon-Vendée. Son origine. Un
nouveau chef de parquet. — L'ultimatum repoussé. — Un trio de
destinées. — Le nouveau Régulus. — Denfert-Rochereau, le héros
de Belfort. Le préfet Boby de la Chapelle et la colonie des fonctionnaires. — Le plus courtois des généraux français. — La famille
Cassin. Les noces du philosophe Caro. — L'inauguration de la
statue équestre de Napoléon le Grand. Les largesses du comte
de Nieuverkerke. — La légende de Mᵐᵉ Béatrix des Fontenelles.
— Les malheurs de M. Cassin et de Mᵍʳ Baillès, évêque de Luçon.

Rochefort, simple tribunal d'arrondissement, et peu
occupé, ne m'était donné qu'en attendant mieux, et le service était si peu de chose que, sauf une audience correctionnelle par semaine, je n'avais à peu près rien à faire.
Dans les trois mois que j'y ai séjourné, mon temps, grâce
aux mœurs très élégantes de la société, s'est passé en
visites, en musique, en concerts et en soirées dansantes.
Le monde s'y compose presque entièrement de marins,
de militaires, d'employés de la marine, et de leurs familles, sans compter celles des marins en service à la mer.
Comme tous les ports de guerre, Rochefort est donc un
lieu d'élection : un des meilleurs souvenirs de ma jeunesse
est d'avoir vu là, pleine de vie, cette vieille courtoisie de
l'épée, que je n'avais plus rencontrée depuis la mort de
mon père.

Hors ce cercle impeccable s'étendait « le port », c'est-
à-dire une jolie ville avec ses rues tirées au cordeau, ses
places, son jardin public, ses casernes, ses hôpitaux, son
port militaire, ses magasins, ses chantiers de construction : enfin son bagne.

Car il existait encore, ce foyer de corruption qui à

Brest, Toulon et Rochefort empoisonnait les alentours
et les avenues du port. Sur ce qui se passait là, sur ce qui
en refluait dans les ruisseaux ou en bavait sur les voisins, j'ai vu et entendu tout ce qui pouvait découler d'une
promiscuité pareille. Mais à quoi bon s'en souvenir? Le
bagne n'existe plus, et depuis cinquante ans les boues de
la Charente ont emporté tout cela.

Comme à Jonzac, mais avec des développements pan-
tagruéliques, j'ai retrouvé à Rochefort ce pays de cocagne
qui d'ailleurs commence à la Rochelle, embrassant des
deux pointes de son compas la Gascogne, le Béarn et le
Languedoc. Je n'oublierai jamais la cuisine du *Grand
Bacha* : on peut dire que chaque repas était une fête;
plaisir non moins antiseptique que réjouissant, car il
réconfortait le tempérament contre la fièvre de Rochefort, qu'on garde indéfiniment quand une fois on en est
accroché.

C'est, il est vrai, la seule épidémie de la ville, mais elle
y règne toujours et on ne s'en guérit jamais. J'ai eu la
chance de ne pas l'attraper, mais tout en en faisant honneur pour une bonne part à la cuisine du *Grand Bacha*,
je crois le devoir surtout à une immunité personnelle qui
m'a, sauf de la typhoïde, toujours préservé des fièvres et
de toutes les contagions. D'ailleurs n'ayant passé qu'un
hiver dans cette station au moins suspecte, et en étant
parti au mois de mai, où la fièvre refleurit entre toutes
les fentes du pavé, j'ai à tout hasard remercié mon bon
ange de m'avoir ménagé un changement de résidence si
opportun.

Deux jours avant mon départ, je voyais arriver un
artilleur qui me servait de domestique, un géant lorrain,
jusque-là rouge comme une cerise : il avait pris la veille
son premier accès de fièvre; blanc comme un linge, les
bras pendants, la tête abattue, ne tenant pas sur ses jambes, et gémissant au lieu de parler, il faisait vraiment
pitié à voir. Et cette aimable aventure peut vous arriver,
de deux jours l'un, pendant deux, trois, six, douze, et

jusqu'à dix-huit mois, sans préjudice des rechutes, complications et maladies chroniques.

Il y a cependant un moyen de préservation presque sûr : c'est de se tenir toujours soûl : gris ne suffit pas. On a remarqué que les ivres-morts d'eau-de-vie qu'on ramasse ayant passé la nuit dans les fossés de la ville n'attrapent jamais les fièvres. Mais outre que ce procédé n'est pas praticable pour tout le monde, le remède est pire que le mal, puisqu'il faudrait y recourir toutes les nuits. Il n'y a que deux moyens de se défendre contre les pays à fièvres : un bon, c'est de s'en aller ; un meilleur, c'est de n'y pas aller.

Ce que je dis là, je vous le donne en confidence, car si vous aviez le malheur de le répéter devant un Rochefortin, vous vous feriez ridiculiser, mépriser et haïr, ce qui se conçoit très bien de la part de gens qui habitent là et qui ne se soucient pas de se voir abandonner à leur malheureux sort dans une ville charmante où ils vous font pourtant passer toutes sortes de bons moments. Il faut donc ignorer la fièvre, la nier au besoin, prendre discrètement votre quinine faute de mieux, et jouir des bonnes choses qui s'offrent à vous.

Cela est d'autant plus sage que vous avez tout sous la main et qu'il ne faut rien chercher hors de la ville : au premier pas que vous feriez dans la campagne, vous trouveriez un pays à perte de vue dans toutes les directions, composé de marais desséchés : on n'y voit en fait de végétation que d'interminables rangées d'arbres le long des routes avec une pauvre maison de loin en loin.

Et si vous voulez voir ce qu'y deviennent les projets de villes, allez à Brouage, cette ville forte imaginée par Louis XIV au bord de la Charente pour défendre l'entrée de Rochefort. Là, tracées au cordeau à l'intérieur d'une enceinte fortifiée, une vingtaine de rues se sont écroulées depuis deux siècles sur les cadavres de leurs anciens habitants. Et en travers de ces cimetières, une rue de masures, où de temps à autre vous apparaîtront, vêtus de guenilles, tremblant la fièvre ou hébétés d'eau-de-vie, deux ou trois cents spectres humains, derniers survivants d'une population de quinze cents âmes qu'on y avait déportée à l'origine! Voilà ce que peuvent espérer de vie ceux que leur sort fait naître dans ces pays mortels.

En visitant Brouage, devant tous ces morts entassés là pour la gloire de Louis XIV, je pensais à ces pyramides de crânes dont Tamerlan et Gengis-Khan ont jonché tant de vallées et de montagnes pour immortaliser les traces de leurs pas. Ils n'ont passé qu'un jour: pendant plus de deux siècles de fièvres, Brouage a peut-être fait périr autant d'hommes.

C'est à partir de Napoléon-Vendée qu'a commencé vraiment ma carrière judiciaire. Jusque-là, au milieu de l'agitation démocratique, la politique primait tout, surtout dans les tribunaux, où la répression était devenue un jeu de hasard entre les mains de jurés démoralisés dans tous les sens ou terrorisés par les socialistes du pays. En arrivant à Napoléon, je passai subitement de la tempête au calme plat, dans une ville où il n'y avait à peu près pour habitants que des fonctionnaires hostiles à la république et dévoués d'avance à l'Empire. Étant le plus nouveau substitut, je n'avais jamais occasion de diriger le parquet. Les relations personnelles, pendant les deux ans que j'y ai passés, ont surtout occupé ma vie, et à part quelques menus événements judiciaires, mes souvenirs ont trait presque tous à mes rapports avec les fonctionnaires que j'ai connus.

On sait que la Roche-sur-Yon, chef-lieu actuel de la Vendée, était, avant le premier Empire, un gros bourg situé sur une élévation rocheuse dominant la rivière de l'Yon, d'où son nom et son surnom. En 1804, Napoléon, voulant organiser dans la Vendée un centre stratégique sur ce pays où la chouannerie avait trouvé un formidable champ d'insurrection, prit pour centre la Roche-sur-Yon, lui laissant son nom, et fit bâtir, sur le plateau contigu à ce bourg, une ville ouverte tirée au cordeau, et qu'il appela *Napoléon-Vendée*. De ce centre fut tracé le réseau stratégique qui couvre tout le pays.

En 1815, la Restauration, voulant effacer la trace de cette origine, remplaça *Napoléon* par *Bourbon*, et la ville s'appela *Bourbon-Vendée* jusqu'au second Empire, où on lui rendit son premier nom. Enfin, lors de la révolution de 1870, elle prit le nom de *la Roche-sur-Yon*, englobant sous ce nom l'ancien bourg et la ville moderne.

Ces changements de noms de baptême n'ont pas réussi à faire grandir le nouveau-né : tel on l'avait mis au monde, tel il est resté. Le pays est loin de tout, pauvre, humide, couvert de bois, peu habité, formé d'argile ; les habitants, avec un caractère très doux, manquent d'énergie et d'initiative, et de la race héroïque qui combattit pour son Dieu et pour son roi, il ne reste que quelques crucifix à moitié renversés sur les tertres où reposent les os des géants de la grande guerre. Pour donner une idée du peu de mouvement que les routes stratégiques ont amené dans la Vendée, je puis citer une route, assez proche de la Roche-sur-Yon, où on peut dire que personne ne passe, car les cailloux n'ont pas une trace de chevaux ou de voiture.

J'arrivai à Napoléon la veille de l'enterrement du chef du parquet, ce qui donna lieu bientôt, au tribunal et dans la ville, à une vive émotion, car le nouveau titulaire était un avocat du barreau, ayant professé depuis la république les opinions les plus avancées, et qui venait à peine de tourner casaque pour le coup d'État. Non seulement il réussit, malgré les clameurs, à se maintenir à son poste, mais il devint un appui pour M. Damay, procureur général de Poitiers, jusque-là réduit à néant par M. de Sèze, premier président. Il fit plus, et après trois ans de cette intrigue il vint à bout du premier président, qui, de tout-puissant qu'il était, tomba dans le même anéantissement où avait été naguère le procureur général. Alors, son œuvre achevée, l'habile intrigant se fit nommer conseiller à Bordeaux, où il ne jouit pas longtemps de son triomphe, y étant mort peu de temps après.

On peut juger que, dans ces conditions, il ne pouvait y avoir grande intimité entre nous. Comme il était mal vu de tout le tribunal, il aurait rêvé de me persuader que je devais, étant son substitut, prendre parti en sa faveur parce que « qui n'était pas pour lui était contre lui ». J'eus le regret d'être obligé de lui faire remarquer que n'ayant qu'à me louer de mes collègues, je ne pouvais me mettre contre eux, et il n'insista pas autrement. Si la menace s'était passée en un autre temps, je crois qu'elle aurait bien pu être suivie d'un mauvais coup : mais le premier président était encore dans sa puissance, il faisait toutes les présentations au détriment de celles du procureur général, et encore deux ans après j'étais nommé procureur impérial à Fontenay-le-Comte dans un mouvement de seize magistrats tous présentés par le premier président, si bien que cette fournée fut baptisée « le mouvement des Sèze », du nom de son promoteur.

Quoi qu'il en soit, je n'ai pas eu à me plaindre de Renaud, et j'étais dans les meilleurs termes avec Aubin, le premier substitut. Fils d'un président du tribunal de Bressuire, il avait eu une jeunesse agitée, et commencé par s'engager dans l'artillerie, où il était devenu maréchal des logis, puis avait quitté le service militaire pour entrer dans la magistrature. Il gardait de son premier métier une rudesse et une simplicité qui le rendaient intéressant, mais je n'aurais jamais cru qu'il dût me faire assister à une scène morale et sentimentale.

Un jour, étant au parquet, nous voyons entrer un gendarme menant un prévenu de vol. Le gendarme et le prévenu étaient d'anciens artilleurs ayant servi à la même batterie, et le magistrat, Aubin, les avait commandés comme maréchal des logis! Sans doute il n'y a rien de tragique à voir trois anciens camarades de caserne se retrouver après leur libération, mais cette fois la rencontre était vraiment pathétique, parce que jamais je n'ai mieux senti combien l'art est misérable devant la nature. On aurait pu défier le plus habile des littérateurs de ren-

dre ce qui se passa dans ces trois âmes subitement remises face à face par leurs destinées : il aurait pu imaginer
des phrases, non pas en entendre, car ils ne parlaient pas.
Si je n'ai jamais oublié cette scène, c'est qu'elle était profondément humaine, que personne ne me la racontait, et
qu'il n'y avait ni littérature, ni éloquence, ni poésie, ni
musique, pour la dénaturer avec de l'art.

La résidence de Napoléon n'avait rien de gastronomi-
que, et il fallait dire adieu à la bonne chère de la Saintonge pour en revenir à la sauce jaune et au poulet maigre, ces menus légendaires qui sévissent dans toutes les
pensions de fonctionnaires. La mienne, hélas ! ne différait
en rien de ce type, mais elle m'offrait en compensation,
outre des commensaux aimables, deux hommes, l'un célèbre par un trait d'héroïsme, et l'autre qui devait devenir
immortel.

Le premier était M. Tabouret, juge au tribunal. A la
révolution de février, se trouvant substitut à Lyon, il
avait, dans une émeute, été pris comme otage par les
Voraces : ils l'emmenaient, la corde au cou, pour le jeter
au Rhône, lorsque quelqu'un, évidemment pour lui sauver la vie, proposa de l'envoyer comme parlementaire aux
autorités, mais sur sa parole d'honneur que, si ses pro-
positions n'étaient pas consenties, il viendrait se remettre aux mains des insurgés. On refusa : comme Régulus,
il leur tint son serment, et si une charge de cavalerie
n'était pas venue l'arracher à ses bourreaux, il était, cette
fois, jeté dans le Rhône.

A cet émule de Régulus, la république dédaigna d'offrir une décoration qu'on parlait déjà d'abolir comme
injurieuse à la démocratie, et on le nomma avocat général
à la cour de Lyon, croyant ainsi l'introniser sur le théâtre de son héroïsme. C'était lui jeter un pavé en pleine
poitrine : trois mois après, il était nommé simple juge à
Napoléon, sans même une promesse d'avancement : au
premier jour qu'il avait essayé de faire son service, on
dut reconnaître que de près ni de loin, il était incapable

d'y suffire, et du triomphe qu'on venait de lui décerner, on ne lui laissa qu'un morceau de pain, car il était pauvre, et un exil, car il était de Bourg. Après quelque temps de cette déchéance, il essaya de se faire accorder du moins un rapprochement de son pays : à sa démarche le garde des sceaux, espérant s'en tirer par l'intimidation, croisa les bras, renversa la tête, et lui dit ces propres paroles :

« Vous êtes magistrat, et vous ignorez que le garde des sceaux ne peut pas nommer un magistrat lorsqu'il n'y a pas de vacances !

— Monsieur le garde des sceaux, répondit Tabouret en croisant les bras et en redressant la tête, n'avez-vous pas trouvé une vacance lorsque vous m'avez nommé juge à Napoléon ? » Et sur ce mot, l'audience prit fin.

Il se l'est tenu pour dit, et un ou deux ans après, maladie ou chagrin, il est mort, triste exemple de ce que le sort réserve parfois aux malheureux qui ont le cœur trop au-dessus des médiocrités de la vie.

Mon autre commensal n'était qu'un simple capitaine d'artillerie; intelligent et modeste, excellent camarade, républicain dans l'âme, comme était toute l'artillerie en ce temps-là. Il parlait rarement politique, mais avec un fond romanesque, si j'en juge pour l'avoir entendu me dire une fois que le seul acte généreux du nouvel empereur était d'avoir fait un mariage d'amour en épousant Mlle de Montijo. Nullement mondain, il passait tout son temps, hors de son service qui était insignifiant, à faire du calcul infinitésimal, où il se passionnait. Pourquoi, je n'étais pas en état de le comprendre, mais j'ai pu le deviner plus tard, hélas! lorsqu'on le vit, seul après nos derniers vaincus, rester debout, son épée à la main, sur les murailles de Belfort : par la science et le travail, il s'était préparé pour les hasards de l'avenir, et s'il n'a pu sauver la France de ses inévitables défaites, il lui en a donné du moins la plus glorieuse consolation. Il s'appelait Denfert-Rochereau, et je tiens pour un des honneurs de ma vie d'avoir tant de fois rompu le pain et le sel avec lui et serré sa main.

M. Boby de la Chapelle était préfet de la Vendée. Nos relations devinrent en peu de temps une liaison qui devait se changer plus tard en vive amitié, quand nous nous retrouvâmes à Rodez, en disgrâce tous deux. Sa maison, très suivie, était le centre des principaux fonctionnaires, avec une nuance d'affection et d'intimité qui se rencontre rarement dans les préfectures. Le général Siméon, le commandant de Villelégier, M. Petot, ingénieur en chef, en étaient, avec leurs femmes, les visiteurs assidus, tous gens du meilleur monde. Le général Siméon fut remplacé par le général de Gallois, qui, outre son mérite et son esprit, était l'homme le plus poli que j'aie rencontré dans ma vie : c'est le seul que j'aie vu, quand il arrivait dans un salon, entrer dans le cercle, s'y placer devant chacune des dames, s'arrêter, assembler ses pieds, baisser le chapeau en arrière et saluer en s'inclinant. J'ai tant admiré cette courtoisie, que depuis ce temps-là je l'ai toujours imité. M. Régnier, receveur général, et sa femme, toujours chez eux, tenaient un salon charmant. Mais le grand centre était à la préfecture, où Mme de la Chapelle dominait avec son esprit, sa beauté, son talent, le tout rendu infiniment précieux par une vivacité extraordinaire quand elle se prenait d'amitié. Elle avait une magnifique voix de contralto, qu'elle conduisait en artiste consommée. Avec cela une gaîté folle, une grande bonté de cœur, et des caprices toujours en l'air, faisant d'elle une femme à peu près introuvable dans ce monde officiel de la province, et particulièrement chez les femmes de préfets qui, par esprit professionnel, se tiennent presque toujours dans une banalité désolante.

La grande affection de Mme de la Chapelle était pour la famille Cassin, dont le père avait été nommé recteur à Napoléon, à la suite de la mesure qui établissait une faculté dans tous les chefs-lieux de département. Il avait deux fils, dont l'un mourut de la fièvre typhoïde, l'autre devint par la suite professeur à la faculté de droit de Paris, et trois filles, dont l'aînée, merveille d'intelligence et de beauté, devait bientôt mourir de la même maladie que son frère; la dernière s'est faite religieuse; la cadette a épousé Caro, l'éminent philosophe, orateur, littérateur, dont la brillante carrière se couronna par l'Académie française. Mme Caro est une des femmes les plus éminentes de notre temps; elle le serait déjà par son intelligence et son caractère, elle l'est encore devenue par ses livres. Il suffit de citer *le Péché de Madeleine,* qui restera.

J'étais déjà assez lié avec la famille Cassin pour qu'on m'ait invité au dîner de noces de Caro. Je n'ai jamais vu de marié plus radieux. D'abord il était jeune et beau, mais outre l'expression qui a toujours élevé très haut l'effet de sa physionomie, il avait dans les yeux et sur le visage un air si triomphal, qu'il semblait lire dans l'avenir la félicité sans pareille qui s'ouvrait devant lui. Car si un homme a été heureux en ce monde, c'est bien lui, puisque au bonheur de s'unir à une femme incomparable il a eu, sans jamais faire un pas hors du bon chemin, tous les mérites, tous les succès, tous les honneurs que le plus ambitieux des hommes n'aurait jamais osé rêver.

C'est pendant mon séjour qu'on inaugura sur la grande place la statue équestre de Napoléon, moulée en bronze par Nieuverkerke et supportée par un piédestal en granit rose de Corse, avec des bas-reliefs de bronze. Napoléon est représenté arrêtant du bras gauche son cheval, le bras droit abaissé, et pointant du doigt le centre de la place où s'élèvera la ville. Quand, au bruit du canon, des tambours, des clairons, des musiques militaires jouant l'air national de l'Empire, on vit tomber, aux acclamations de tout un peuple, le voile qui découvrit la figure de Napoléon, on aurait cru le voir, en 1804, au plus grand éclat de sa gloire, dominant le monde et s'élevant vers le ciel. Je n'ai jamais compris que l'empereur Napoléon III ne soit pas venu assister à cette inauguration : sans compter l'enthousiasme que ce rapprochement aurait excité dans

4

toute la France et chez tous les peuples, n'eût-ce été que pour la poésie suprême de l'histoire, sa place était là.

Comme art, la statue est un chef-d'œuvre incontestablement digne du sujet, et s'il était possible que le nom de Napoléon s'effaçât de la mémoire du monde, la gloire du statuaire, tant que la statue restera debout, ne périra jamais, et les critiques futurs, s'il en reste, ne manqueront pas de relever la grandeur d'âme de l'artiste qui avait pu concevoir et réaliser cette œuvre sublime! Eh bien, que diraient-ils, grands dieux! si, au fond d'une de ces pierres commémoratives qu'on enfouit dans le soubassement des monuments historiques, ils découvraient, aux dernières lignes de la plaque gravée, un post-scriptum ainsi libellé :

M. le comte de Nieuverkerke, statuaire, directeur général des Musées de l'Empire français, auteur de cette statue de Napoléon le Grand, envoyé par l'empereur Napoléon III à Napoléon-Vendée, après avoir passé avec sa suite quatre jours et quatre nuits à la préfecture au milieu de dîners, de bals et de fêtes de toutes sortes, a laissé aux nombreux domestiques, cuisiniers, cochers, piqueurs et palefreniers, qui l'avaient servi pendant son séjour, dix francs.

Sur le moment, on a beaucoup ri : rirez-vous aussi? Je compte bien que non, vous avez certainement compris déjà que si je termine par une conclusion si criarde le récit épique qui précède, c'est que je vous devais l'observation d'un des plus curieux phénomènes psychologiques que j'aie observés parmi les aberrations de l'esprit humain. Voilà un grand personnage; la puissance, les honneurs, la dignité, il en est comblé; l'esprit, la délicatesse, le talent, il en est pétri; enfin, pour tout dire, il est grand seigneur jusqu'au bout des ongles, et après avoir fait dépenser plusieurs milliers de francs à l'héberger dans une pauvre petite préfecture de troisième classe, il donne dix francs aux domestiques !

Comme cancan de province, c'est simplement drôle : mais comme rareté philosophique, c'est un thème inépuisable aux plus profondes réflexions, et sans m'y enfoncer davantage, je me bornerai à vous dire : oui, comme grand personnage, et même comme simple particulier, il aurait dû donner au moins vingt francs, que diable ! Mais il était artiste, et tout s'explique : est-ce qu'une des qualités les plus sublimes de l'artiste, une des marques les plus éclatantes du génie qui l'exhausse au-dessus des médiocrités de l'espèce humaine, n'est pas d'ignorer la valeur de l'argent ?

Il y a, dans le voisinage de la Roche-sur-Yon, les ruines d'une abbaye dont la chapelle garde encore, avec quelques fragments de colonnes, les restes d'un tombeau à Mme Béatrix des Fontenelles, morte en odeur de sainteté. Ce lieu, depuis le moyen âge, sert de pèlerinage aux mères qui ont un enfant en danger de mort : elles le couchent sur le tombeau, prient la sainte, et il n'est pas rare que l'enfant guérisse.

Rien de plus original que cette béatification, car c'est pour s'être nourrie de petits enfants tout crus et s'en être vivement repentie, qu'elle est montée tout droit au paradis pour y devenir d'emblée la patronne des enfants malades.

C'était une grande dame ; elle habitait aux Fontenelles un château seigneurial où, par une horrible gourmandise, elle se faisait servir chaque jour un petit enfant rôti que son intendant devait lui présenter à son dîner.

Mais au bout de quelques années les enfants mis ainsi en coupe réglée pour assouvir sa voracité, devinrent de plus en plus rares, si bien qu'un jour l'intendant fut obligé d'avouer à la dame qu'il n'en restait plus dans tout le pays.

Cet intendant avait un petit enfant magnifique qui devait faire un morceau de roi.

« Eh bien, lui répondit cette anthropophage insatiable, prends ton fils et fais-le moi cuire. »

Le malheureux père s'inclina, et étant allé trouver sa femme, lui fit connaître l'affreuse commande qu'il venait de recevoir. Mais après qu'elle eut beaucoup pleuré de désespoir, son cœur de mère l'inspira. Elle prit un petit chien blanc bien gras, et lui ayant coupé la queue, la tête et les pattes, le bourra de poivre, de musc, d'ail et d'oignon pour ôter le goût, et le fit servir à la dame. Mais celle-ci, avec son flair de tigresse, ne s'y trompa point, et fit une scène furieuse à l'intendant en l'appelant bête féroce, pour avoir égorgé un pauvre chien. Car elle adorait les chiens, comme tous les gens à cœur sec.

« Ah ! Madame, dit-il en se jetant à ses pieds, qu'est-ce que tuer un chien en comparaison de tuer un enfant ! »

Ce fut un coup du ciel : la dame, frappée de remords, s'arrachant les cheveux, tomba la face contre terre en demandant pardon au malheureux père. Elle ordonna de semer des épines sur le chemin jusqu'au manoir de Talmont, situé à dix lieues de là, et s'étant revêtue d'un cilice, elle marcha, déchirant à chacun de ses pas ses pieds nus et sanglants, et arrivée devant le seuil du manoir de Talmont, elle expira de douleur et de repentir, et monta au paradis.

Croirait-on que cette légende, immortalisée depuis des siècles dans toute la Vendée, n'avait jamais eu un historien, pas même un de ces humbles musiciens qui, dans les pays primitifs, vont de ferme en ferme chanter les vieilles légendes du pays? Aussi je ne résistai pas au devoir de donner un corps immortel à cette légende flottante, qui un jour ou l'autre serait tombée dans l'oubli au grand détriment du folklore vendéen, et j'écrivis la complainte qui suit :

LA GRANDE COMPLAINTE

DE

MADAME BÉATRIX DES FONTENELLES

Pour le département de la Vendée.

— —

Air : DE GENEVIÈVE DE BRABANT
Ou : DE SAINT-CHRISTOPHE

Je vais conter l'édifiante histoire
Des crimes de madame Béatrix ;

Son repentir et sa mort méritoire
Pour les pécheurs sont vraiment d'un grand prix,
    Car Dieu, par grâce,
    Lui donna place
    Au temps jadis
  Dedans le paradis.

Dans un château hérissé de poternes
Elle habitait sur les bords de l'Yon,
Roulant toujours des yeux fixes et ternes,
Aussi farouches que ceux d'un lion ;
    Chaque jour, elle
    Voulait, cruelle,
    Pour son fricot
  Un enfant au maillot !

Son intendant, pourvoyeur de ses crimes,
Sur les minuit, tous les jours lui servait
Sur un plat d'argent les pauvres victimes
Entourées de choux verts et de navets ;
    Au lieu de piquette,
    Dans une cuvette
    Elle buvait le sang
  Du petit innocent.

Depuis longtemps elle mangeait l'enfance
Des métayers et bordiers d'alentour,
Et chacun était en grande méfiance
De voir enfin ses drôles avoir leur tour.
    Son caractère
    Ne pouvait plaire
    A ces parents
  Qui aimaient leurs enfants.

Pour éviter la rage dévorante
De celle qui les tenait sous ses lois,
Les pauvres mères, éperdues et tremblantes,
Avec leur fruit fuyaient au fond des bois ;
    Et leur retraite
    Restait secrète,
    Grâce au bon Dieu
  Qui en cachait le lieu.

Ces excès de bombances criminelles
De tant d'enfants ont causé le trépas,
Qu'autour du noir château des Fontenelles

Il n'en reste plus pour un seul repas.
　　　« Quel triste rôle !
　　　Plus un seul drôle,
　　　Dit l'intendant ;
　　Il m'en faut cependant... »

Il cherche en vain : tous les berceaux sont vides.
Tous les enfants ont fui ce lieu maudit,
Ou sont tombés sous les dents homicides
De Béatrix, dame de grand appétit.
　　　Comment donc faire
　　　Pour satisfaire
　　　A ce besoin
　　Dont il doit prendre soin ?

Il va, tremblant, confesser à sa dame
Qu'il ne trouve plus de provision...
« Eh quoi ! vieux sot, répond l'horrible femme,
N'as-tu pas plus que ça de prévision ?
　　　Ton fils Clitandre
　　　Paraît fort tendre,
　　　Prends ce petit,
　　Et sers-le-moi rôti ! »

A ce barbare ordre de sa maîtresse,
Le pauvre père est resté confondu,
Mais par prudence et malgré sa détresse,
A son discours il n'a pas répondu :
　　　Son cœur de père
　　　Bientôt l'éclaire :
　　　Il trouve, pour
　　Sauver son fils, un tour.

En effet, pour agir avec malice,
D'accommoder son drôle il fait semblant,
Puis, par un ingénieux artifice,
En sa place il met un chien blanc
　　　Qui joue le rôle,
　　　Dans la casserole,
　　　De son enfant
　　Qu'il conserve vivant.

Mais c'est en vain : ail, poivre, oignon, cannelle,
De Béatrix n'ont pu tromper le né ;
« Par Satanas ! dit cette criminelle

A l'intendant pâle et tout consterné,
    Quelle ratatouille!
    Le cœur m'en brouille :
    Jamais chrétien
N'eut aussi fort goût de chien!

— Oui, c'est du chien, vous l'avez dit, Madame,
D'un innocent j'ai causé le trépas :
Je voulais tuer mon enfant, mais ma femme
S'y opposait et ne le voulait pas.
    J'ai fait un crime,
    Mais de ma victime
    Jusqu'à ma mort
Je pleurerai le sort! »

A ces accents partis du cœur d'un père,
Béatrix sent son âme s'attendrir,
Un pleur furtif perle sur sa paupière,
Et dans son âme entre le repentir :
    « La mort, dit-elle,
    D'un chien, qu'est-elle
    Auprès du sort
D'un enfant mis à mort?

« Ah! quel malheur d'être mal élevée!
Que nos parents ont tort de nous gâter!
Car si les miens m'avaient bien corrigée,
D'avoir bon cœur je pourrais me vanter :
    La gourmandise
    Qu'ils m'ont apprise
    Durcit mon cœur,
Et je me fais horreur!

« J'ai mérité les flammes éternelles,
Mais pour tâcher d'échapper au démon,
Je veux aller, pieds nus, des Fontenelles
Jusqu'au manoir du seigneur de Talmont.
    Que des épines
    Longues et fines
    Soient, dès demain,
Semées sur le chemin. »

Le lendemain, couverte d'un cilice,
Les yeux en pleurs et les cheveux épars,
Elle accomplit son cruel sacrifice
Aux yeux des gens venus de toutes parts.

Son sang qui coule,
Fait sur la foule
Qui la suivait
Un salutaire effet.

En contemplant son angoisse cruelle,
Chacun se sent pris de compassion ;
Les assistants prient le bon Dieu pour elle
De pardonner à sa componction.
Mais elle tombe,
Et puis succombe
A sa douleur,
En s'écriant : « Seigneur ! »

Son âme au ciel aussitôt fut ravie,
Et désormais, par un juste retour,
Aux pauvres mères elle donne la vie
En conservant de leurs enfants les jours.
Elle les aime,
Mais pas de même
Qu'elle faisait
Quand elle les mangeait.

C'est ma première œuvre poétique. Je ne comptais pas la publier, me réservant de la joindre à d'autres s'il m'en venait. Mais un Vendéen, ne pouvant résister au désir de voir fixer cette légende patriotique, me demanda la permission de la faire imprimer, et la distribua aux chanteurs ambulants. J'y consentis avec beaucoup de plaisir. Elle fut imprimée sur papier vergé avec titre en gros caractères. J'en ai un exemplaire unique, qui, depuis le temps, doit être devenu une rareté. Quelque temps après il en fut imprimé une nouvelle édition à Napoléon, à l'occasion d'une fête locale où on l'imprima sur le char de l'imprimerie, qui roulait dans le cortège. Je regrette de ne pas en avoir demandé un exemplaire : on n'en trouverait probablement qu'au dépôt de la Bibliothèque nationale, car les pièces de ce genre deviennent vite les plus introuvables de toutes les curiosités qu'un bibliophile puisse s'aviser de rechercher.

Je n'aurais à rappeler, de mon séjour à Napoléon, que

des souvenirs agréables, si la famille Cassin, après la mort de deux de ses enfants, n'avait été encore frappée, cette fois, dans un intérêt de carrière, par un de ces coups de politique qui surgissent contre un fonctionnaire au moment où il s'y attend le moins. La plupart du temps, la cause est futile, mais malheur si la politique s'en mêle, car l'esprit de parti arrive parfois à faire d'un grain de sable un pavé pour le fonctionnaire engagé dans l'affaire. Or c'était le cas.

Au commencement de l'Empire, une partie du clergé menait une vraie guerre contre le gouvernement. Un des évêques les plus haineux était celui de Luçon en Vendée, Mgr Baillès. Fanatique comme un moine du moyen âge, fils d'un boulanger de Toulouse, ne connaissant ni égards pour les fonctionnaires ni pitié pour les honnêtes gens, quand il croyait tenir un grief contre le pouvoir laïque. L'instruction primaire était sa tête de Turc, non seulement parce qu'elle était gouvernée par l'Etat, mais parce que lui-même, ayant fait bâtir un collège à Luçon, ne demandait qu'à prendre en faute l'instruction publique pour attirer des élèves aux écoles religieuses.

Un jour, je ne sais à quel propos, on avait, du ministère de l'instruction publique, suggéré aux instituteurs une souscription qui impliquait leur dévouement à l'Empire. Ces pauvres diables n'eurent pas un instant l'idée de délibérer : une pareille invitation, imaginée sans doute par quelque zélé gros bonnet de l'Université, était un ordre souligné d'une menace en cas de refus. Mais quand arrivèrent aux mains de M. Cassin, en sa qualité de recteur de la Vendée, les listes de souscription, seul dans l'unanimité des souscripteurs manquait le nom d'un des instituteurs de sa circonscription. L'imbécile qui agissait de la sorte se jetait devant une disgrâce ou pire que cela, car on n'aurait pas manqué de lui trouver tôt ou tard un grief quelconque. M. Cassin paya pour lui, croyant, en excellent homme qu'il était, rendre un service à ce malheureux.

Je ne sais comment la chose vint à la connaissance de l'évêque, mais il s'empara de la bonne action de M. Cassin pour en tirer un coup de partie abominable : il fit l'instituteur porter une plainte en faux contre M. Cassin. Il n'y aurait pas eu un honnête homme pour le blâmer : ce qu'il faisait là était un acte de charité qui méritait plutôt une récompense. Mais l'affaire était administrative et, qui plus est, politique : il y avait une plainte en forme, il fallut faire une enquête. Sans doute il n'y avait pas crime, puisqu'il n'y avait pas mauvaise foi, mais ceux mêmes qui lui auraient dit en lui serrant la main : « Vous avez bien fait, » ne pouvaient plus, une fois saisis, l'approuver officiellement. On le déplaça, en l'envoyant dans une résidence plus importante. Mais le coup avait porté : peu de temps après, il en est mort de chagrin.

Lorsque je fus nommé à Fontenay, je ne tardai pas à avoir affaire à l'évêque. Pour soutenir son collège, qui n'avait pas d'élèves et qu'il menait en dépit du bon sens, il avait fini par s'aviser, afin de se procurer de l'argent, d'éditer des paroissiens et des rituels, au préjudice des imprimeurs de la ville, qu'il ruinait par sa concurrence, car il ne manquait pas d'abuser de ses pouvoirs épiscopaux pour obliger les prêtres, les frères et les religieuses à s'approvisionner de livres à l'évêché. Les imprimeurs se défendirent si bien qu'une plainte me fut adressée. Avec le concours de l'excellent curé de la cathédrale de Fontenay, j'arrivai, en le menaçant doucement de le poursuivre pour contrefaçon et concurrence illégale, à lui faire adresser une circulaire à son clergé les invitant à ne plus acheter leurs livres à l'évêché.

Cet abus, joint à de plus graves désordres dans son administration des fonds épiscopaux, permirent enfin au gouvernement de se débarrasser de cet intolérable pasteur, et on obtint du pape de le faire renoncer à son siège. On le garda à Rome, et pour l'empêcher de recommencer ses folies dans un autre diocèse de France, on l'y retint dans la congrégation de l'Index, où il pourrait défendre la foi, tout en laissant un libre cours à son humeur batailleuse et sans risquer, comme il venait de le faire, de tuer son homme.

Tels furent les seuls incidents de mon séjour à Napoléon. Ma mère, qui passait avec moi la belle saison, ne s'y déplut pas, mais nos regrets de quitter cette paisible résidence ne pesèrent pas une once lorsque, le 15 novembre 1854, je me vis nommer procureur impérial à Fontenay-le-Comte, une des plus enviées résidences du ressort de Poitiers.

CHAPITRE IV

Fontenay-le-Comte est une ville charmante sous tous les rapports. Le climat y est très doux grâce au voisinage de l'Océan. Elle est située au pied des hauteurs du Bocage; la forêt de Vouvant y touche, avec la rivière de la Vendée qui baigne ses bords accidentés de rochers pittoresques, et qui va traverser la ville en y arrosant des jardins maraîchers chargés d'arbres à fruits et de légumes d'une opulente végétation; à l'autre bord de la ville, elle arrose d'immenses prairies qui la conduisent, à travers les premières plaines du Marais, jusqu'au port de Luçon, où elle se jette dans la mer.

Fontenay n'a point d'industrie, et partant point de population ouvrière, de sorte qu'avec quelques artisans et marchands pour le service et l'approvisionnement de la ville, on pourrait s'y croire, au milieu de ses rues et de ses maisons d'un autre âge, dans une petite cité du bon vieux temps. Elle est habitée, à peu d'exceptions près, par une bourgeoisie et par une noblesse vendéennes qui n'ont jamais quitté le pays et en ont gardé les mœurs d'avant la révolution de 89. Ce sont de braves gens, fidèles à leur religion; les bourgeois étaient libéraux, les nobles légitimistes, mais sans aigreur et encore moins d'exaltation. La noblesse y était riche, à telles enseignes qu'il y avait une certaine rue où les plus pauvres avaient dix mille francs de rente, et les plus riches des fortunes considérables.

A la différence de la plupart des villes de province, qui après la révolution de 1848 avaient boudé la république, et continuaient à bouder l'Empire, on y trouvait, du moins lorsque j'y ai séjourné, un accueil sans réserve, particulièrement dans la noblesse, qui était d'ailleurs la seule société où l'on reçût. Non seulement on y était accueilli le soir, mais dans la belle saison on était invité dans les châteaux où on faisait aux environs des parties de campagne dans une véritable intimité. J'y ai habité quatre ans, et ces hôtes étaient tout de suite devenus pour nous de véritables amis. Je ne sais si les mœurs sont aujourd'hui restées ce qu'elles étaient alors : il s'est passé et il se passe encore aujourd'hui tant de choses dans notre malheureux pays! Quoi qu'il en soit, il me reste un bien doux souvenir de cette ville où j'ai vécu la vieille vie de France, où l'on était si bon, si gai, si heureux, et fier de vivre, tandis qu'à présent la bonté n'est plus qu'une fadeur, la gaîté qu'une niaiserie, le bonheur qu'un rêve, et vivre souvent une honte.

Deux familles personnifiaient avec un relief extraordinaire cette race noble de l'ancienne Vendée, qui était encore, avant 89, celle de toute la noblesse française. J'en avais vu, comme je l'ai dit au commencement de ces mémoires, les derniers vestiges à la Guadeloupe : mais je n'étais alors qu'un enfant, tandis qu'à Fontenay j'ai vécu avec ses quelques survivants.

De ces deux familles, l'une avait quatre garçons et une fille, l'autre quatre filles. Dans la première, le père gouvernait la maison, la campagne et les relations héréditaires; ses fils l'appelaient l'écumeur de successions. Le fils aîné faisait de la politique fossile avec les paysans : il attendait une occasion, qui arriva en 1870, où il fut élu député à l'Assemblée nationale. Le second fils s'occupait de chevaux, il les vendait dans le pays, et son père et lui ne dédaignaient pas de faire des affaires entre eux, et se vantaient, en riant, de se maquignonner l'un l'autre. Le troisième était chasseur l'hiver et danseur l'été, auquel temps il partait à cheval avec une valise garnie d'un habit noir et d'une paire d'escarpins, passait la belle saison à danser et à séjourner de château en château jusqu'à la Toussaint. Le quatrième était romanesque et rêvait un mariage. Il y parvint après avoir, pendant deux ans, suivi à l'église une riche héritière. La jeune fille était une demoiselle à marier assez agréable pour être suggérée. Son père la suggéra, et elle fut épousée, comme nous le raconterons tout à l'heure.

On passait deux jours par semaine à la maison de campagne. On s'empilait, avec un déménagement à chaque fois, dans une berline à impériale, une caisse derrière, et sous la voiture plusieurs paniers suspendus pour être bourrés de légumes, d'œufs, de volailles, de chats, d'enfants, dont une partie tombait souvent sur la route, et que les paysans ramassaient et rapportaient à la maison de campagne ou à la maison de ville, selon l'endroit de l'accident. A la ville, la maison avait un petit jardin en terrasse sur la Vendée : on avait trouvé le moyen de faire entrer le cheval dans le jardin, et on lui faisait franchir des obstacles à travers les parterres. D'ailleurs on ne pouvait aborder la maison, même par la rue, sans risquer de donner du nez contre un cheval; c'est ainsi que Mᵐᵉ Mouton, lors de ses premières visites, fut obligée de tenir la bride d'un cheval pendant qu'une domestique, qui la tenait du haut du perron, allait annoncer sa visite à la maîtresse de la maison.

Eh bien, malgré ce sens dessus dessous perpétuel, la maison tenait bon, et tandis que de temps à autre une succession venait boucher un trou, la famille prospérait. Pour commencer, on maria la fille avec un sous-préfet qui venait d'arriver. Il n'avait aucune idée de mariage. On le reçut très bien, il se laissa aller avec plaisir à ce

bon accueil, mais quoiqu'il fût à cent lieues de s'en douter, il apprit un jour, dans une visite que lui fit le père,
que la jeune fille séchait d'amour pour lui, et qu'elle
était à toute extrémité. Ce séducteur, impromptu, ainsi
pris de court et ne trouvant rien de mieux à répondre,
demanda la jeune fille en mariage, et le père la lui accorda.

Ce sous-préfet était un très honnête et très aimable
homme, mais si distrait, si myope, si ahuri, qu'il se
qualifiait lui-même : l'homme aux mésaventures, tant il
lui en arrivait. Il revenait d'Alger, où le maréchal Bu-
geaud, ami de sa famille, l'avait fait nommer percepteur.
C'était, avec un pareil début, une carrière assurée. Mais
il avait négligé de s'apercevoir que les indigènes ne
payaient leurs impôts, quand on n'y faisait pas attention,
qu'en fausse monnaie. Il n'y fit pas attention, et au bout
d'un mois il eut à payer dans ses versements, de ses de-
niers, tant de fausse monnaie arabe, que ses appointements n'y suffiraient pas : il donna au plus vite sa démission, on le nomma sous-préfet à Fontenay où, à peine
arrivé, il commença par se marier dans les conditions
que je viens de dire.

Il n'avait pas attendu cet heureux événement pour commencer la série de ses mésaventures : la première suffit
seule à en donner le type, car c'étaient toujours des maladresses ou des oublis de Jocrisse, d'où un comique
irrésistible dont il riait tout le premier. Cette fois, il
faisait ses visites d'arrivée. Tout le monde, dans ce cas-
là, prend une liste, et à chaque maison regarde le nom
et voit la maison : il regardait bien le nom avant d'entrer,
mais il remettait la liste dans sa poche, oubliait le nom,
ne regardait pas la maison, ne regardait pas davantage
les gens qui le recevaient, et encore moins la rue, si bien
qu'il se présenta deux fois à la même famille, apprenant
de nouveau à ses hôtes « qu'il était le nouveau sous-préfet, que la ville était charmante, etc., enfin leur débitant
cette série de banalités gracieuses qu'un fonctionnaire est

obligé d'offrir à des gens qui ne le connaissent pas, mais qui, pour une fois qu'ils l'auront vu, le jugeront sans appel : on peut penser quelle réputation on lui fit et ce qu'elle devint à mesure que d'autres maladresses vinrent confirmer un pareil début. Il était temps qu'il partît, car on arriva à lui faire des farces de province, comme, par exemple, de lui inviter un jour à déjeuner tous les juges de paix de l'arrondissement.

Au reste, il ne put pas tenir sa position, et au bout de deux ans on l'envoya en qualité de conseiller de préfecture à Limoges qui était son pays, et où, dans un service moins en contact avec les administrés, il pouvait exercer ses fonctions sans prêter à des plaisanteries par ce qu'il avait parfois de trop amusant.

Il vint à sa place un homme charmant, avec sa femme, sa fille et son vieux père. Il était de noblesse. Le château avait été ruiné à force de chevaux et de chiens, et il avait fallu se réfugier dans une sous-préfecture. J'ai passé chez eux, pendant près de trois ans, la plus grande partie de mes soirées. C'était du monde exquis, affectueux, gai avec cela. Ils accueillirent ma mère comme une amie; quand je me mariai, ma femme se trouva chez eux dans une famille, et lorsque je fus à Niort, ils nous invitèrent à aller passer trois jours avec eux. Je les ai beaucoup aimés.

Leur fille était charmante de tout point, mais elle n'avait rien en dot, et je n'étais pas assez riche pour me marier dans ces conditions. Aussi, au commencement de nos relations, j'y avais mis un peu de réserve, ne voulant pas les laisser s'engager dans une espérance que je ne pouvais pas réaliser. Mais ils ont mis tant de délicatesse à me montrer qu'ils comprenaient ma situation, que je n'avais pas à me préoccuper de ce qu'ils auraient pu, dans d'autres conditions, rêver avec moi pour leur fille; ils me firent sentir tout cela si délicatement, sans m'en dire un mot et en me le faisant voir à cœur ouvert, que je m'abandonnai sans réserve à leur amitié. C'est là que j'ai vu une fois de plus ce qu'étaient les vieilles mœurs en comparaison de celles d'aujourd'hui.

Je les ai revus longtemps après, puis tous sont morts, sauf leur fille, qui est entrée en religion, et qui, je l'espère, est encore de ce monde, car elle était beaucoup plus jeune que moi.

L'autre famille, celle-là authentiquement noble, avait quatre filles. La première, assez belle, avait la bonté toute simple ; la seconde, l'aristocratie un peu hautaine ; la troisième était écuyère passionnée. La quatrième, très jolie, avec le type aquilin des Vendéens de la race héroïque, était le garçon manqué de la famille. Elle partageait son temps entre l'équitation et la chasse. A cheval, elle courait tout le pays à la chasse, elle giboyait à l'arrêt, au chien courant, à l'affût, au furet, en tout temps, le parc étant clos et d'une étendue plus que suffisante. Dans ces expéditions, qui arrivaient tous les jours, elle était habillée en homme. Pour piqueur, garde-chasse, et porte-respect, on la faisait accompagner du curé de la commune, chasseur enragé, ancien chouan, qui s'était battu comme un chien pour la duchesse de Berri lorsque en 1832, elle avait soulevé la Vendée. C'était, avec la figure et les façons d'un serrurier gigantesque à moité rôti au feu de sa forge, à la fois un saint et un frère fouetteur pour ses ouailles, qu'il menait tambour battant au paradis, corrigeant les enfants, bousculant les parents, morigénant filles et garçons, et se faisant adorer pour sa mansuétude et sa charité, quand la misère, la maladie ou la mort venait frapper à la porte de la maison.

Il a survécu, hélas ! à cette famille : à part une qui a atteint une vie moyenne, comme il les avait baptisées il a administré les filles, que le père et la mère ont suivies de bien près. La première à mourir, ce fut la plus jeune, sa camarade de chasse : la pauvre enfant, si brillante de vie et de santé, fut empoisonnée par une phtisie galopante : elle n'avait pas dix-huit ans !

En arrivant à Fontenay, j'avais certainement dans l'esprit beaucoup de cette anxiété bien naturelle pour l'homme qui, après avoir servi en sous-ordre, va devenir chef de service dans une fonction telle que la magistrature, car la gravité des affaires est aussi illimitée dans le plus modeste des sièges que dans le plus important, puisque les procès et les faits punissables sont les mêmes partout. Cependant, après ce qui m'était arrivé à Draguignan, je pouvais espérer que parmi ces bons Vendéens et dans des temps moins troublés, je me tirerais sans trop de difficulté du gouvernement de mon petit parquet.

Mais une circonstance locale, bien faite pour m'inspirer une véritable terreur, menaçait de me rendre bien autrement délicate ma vie civile : il y avait dans Fontenay soixante-six demoiselles à marier, et de plus mon mariage était annoncé avec une d'entre elles. Je ne la connaissais pas même de nom, je n'avais jamais été à Fontenay, mais mon collègue de Napoléon, le substitut, passant en diligence devant la maison de la jeune fille, avait monté la route à pied et causé avec le père : donc le substitut de Napoléon, revenant de Poitiers où il était allé se faire installer, épousait la fille. Il est vrai que ce n'était pas moi, que l'autre substitut de Napoléon était marié et père de plusieurs enfants, d'où suivait que l'auteur de l'histoire ne connaissait pas plus le fiancé que la fiancée. Mais on sait que la substance d'un cancan est d'être imaginaire et de n'avoir pas d'auteur connu.

En attendant j'eus à passer un vilain quart d'heure, le soir où pour la première fois, devant toute la société de Fontenay rassemblée dans un bal et grillant de curiosité, je fis mon apparition. La jeune fille, de son côté, ne devait pas être plus à l'aise que moi. Mais tout se passa comme si de rien n'était, et comme en effet il n'y avait eu rien autre qu'un cancan, le mariage en resta là.

Mais cette jeune fille supprimée, il en restait soixante-cinq, et hors l'embarras du choix, je ne pouvais me dissimuler que mon destin était désormais d'être visé par toutes les mères, sans compter les folles passions que je ne manquerais pas d'allumer dans plus d'un cœur. Or nous étions, dans toute la ville, quatre jeunes gens sortables, mon substitut, l'inspecteur de l'enregistrement, et le garde général des forêts qui ne prétendaient à aucune main de vierge. Restait moi.

Et puis un précédent terrible était pour redoubler mes craintes. Dans une petite ville du Poitou, il y avait cent vingt jeunes filles à marier, et pas l'ombre d'un prétendant, tous les jeunes gens quittant la ville pour se faire une carrière et un ménage dans des résidences moins dénuées de ressources. Pendant de longues années les pauvres tourterelles délaissées s'étaient résignées à leur triste sort. Mais quand avaient paru les romans de George Sand, ce qui se passait ailleurs pour les femmes mariées se produisit chez les vierges de cette pauvre petite ville : une, plus impatiente, donna l'exemple en... comment dirai-je ? forçant sa cage : ce fut une traînée d'explosions, et il avait fallu plusieurs années pour remettre l'ordre dans une génération d'oiseaux envolés.

Mais comme les mariages sont écrits de toute éternité et dans leurs moindres détails, et que depuis le commencement du monde je ne figurais pas sur la liste des épouseurs de Fontenay, je réservai avec une patience inébranlable le coup de foudre qui devait décider de mon bonheur. Je n'ai été frappé que d'une impression, savoir, de mon inexplicable abstention devant soixante-six jeunes filles presque toutes charmantes, moi qui ne demandais qu'à me marier. De plus, le maire, avec un zèle très municipal, m'avait notifié une mise en demeure, dans un bal où les soixante-six demoiselles brillaient de toutes leurs grâces. Il m'avait dit : « Vous voyez, il n'y a pas là une seule jeune fille qui ne fût ravie d'être votre épouse : vous n'avez qu'à choisir ! » Je lui répondis que si je pouvais les prendre toutes, ce serait déjà fait, mais que devant un pareil bouquet, chaque fleur était si belle que je ne me sentais pas encore de force à choisir. Le madrigal était un peu rococo, mais comme il distribuait un compliment et un vague peut-être aux vierges et à leurs mères, il m'assurait la bienveillance de toutes, en me laissant mon indépendance et la fleur de ma nubilité. C'est ainsi que je pus, jusqu'à mon mariage, accomplir en paix une navigation dangereuse qui aurait pu me jeter sur quelque récif; mais si mes manœuvres ont été judicieuses, je n'en reste pas moins convaincu qu'il y a dans le mariage une force inconnue qui, supérieure aux combinaisons et à la volonté de l'homme, le conduit au point et à la minute où il doit s'unir avec telle personne déterminée. Je ne croirai jamais que celui qui a créé la race humaine n'ait pas, en lui laissant tant d'imprévoyance, eu le dessein de lui fournir une défense contre les erreurs de la raison et les écarts des désirs et des volontés : le monde serait cassé en mille morceaux depuis des siècles. Pour certaines fonctions, secondaires comme la raison ou les passions, il leur a donné, probablement comme joujou, un peu de liberté et d'intelligence : mais quand il s'agit d'une fonction de vie ou de mort comme la reproduction de l'être vivant, c'est lui seul qui mène, et ce que nous appelons hasard ou fatalité n'est qu'un geste des mouvements de Dieu.

Pendant les quatre années que j'ai passées à Fontenay, je n'ai eu à poursuivre que peu de crimes, rarement graves, ce que j'attribue aux sentiments très religieux du peuple. Les plus fréquents sont les attentats à la pudeur, genre d'infraction où la jeunesse est pour moitié, et les infanticides, beaucoup plus fréquents dans les pays religieux précisément parce que la conscience y est plus sévère. Il semblerait au premier abord que la piété dût au contraire rendre alors ce crime plus rare, mais telle fille que la nature aura entraînée à l'amour ne pourra pas supporter le déshonneur dans un pays où la religion le rend presque intolérable, et dans son désespoir elle ne reculera pas à faire plutôt disparaître la preuve de son péché. Dans les pays sans foi, la coupable prend facilement son parti, et le public se contente de la plaindre de son malheur, quand il n'en rit pas : mais dans les pays religieux, ce n'est pas un blâme, c'est une malédiction, et pour toute sa vie : voilà pourquoi, sous une forme paradoxale, l'infanticide est un crime d'honnêtes gens.

Si les crimes sont rares dans ce brave pays, les suicides y sont fréquents et, de plus, contagieux. Est-ce race, est-ce climat, mais ils ont fini par me frapper tellement par leur fréquence et surtout par leurs coïncidences, que j'ai demandé à l'excellent Robuchon, imprimeur de la feuille locale, de ne plus les insérer. Je n'en ai pas noté le nombre, mais il était saisissant : dans la moitié des cas, un homme se pendait-il à un arbre, le lendemain, dans la même commune, son voisin se pendait à un autre arbre ou au même ; ailleurs, celui-ci se jetait dans un puits, aussitôt un de ses voisins faisait de même ; et ainsi pour tous les genres de mort, avec les mêmes détails. J'avais entendu parler de cette contagion, mais là je l'ai vue dans toute son évidence. Robuchon fit ce que je lui demandais. Effet ou hasard, il n'en resta pas moins que le nombre des doubles suicides me parut dès lors moins fréquent, et que de plus le *Courrier de la Rochelle*, approuvant notre initiative, cessa de publier les suicides, de sorte que je puis espérer d'avoir contribué à empêcher quelques malheureux de céder à un penchant qu'un souffle inspire ou dissipe sans raison appréciable, mais dont une des causes les plus actives est incontestablement l'imitation.

L'imitation : ce mot me ramène de suite à une question qu'on ne peut se dispenser de toucher quand on se charge de renseigner le lecteur sur les mœurs d'un peuple, le rôle de l'amour étant un des plus caractéristiques de la vie, surtout quand la race est idéaliste. En Vendée, où le penchant à l'idéal s'emporte parfois jusqu'à l'enthousiasme, l'amour peut amener des phénomènes d'une intensité inconnue ailleurs.

On a vu plus d'une fois un amant placer sa maîtresse dans la conciergerie de son château, ou lui faire bâtir dans le parc une petite maison avec des rosiers aux murs et quelques pièces de terre; même j'ai vu cela sans trop m'en étonner : mais ce qui dépasse tout précédent connu, c'est un village entier, population et habitations, créé de toutes pièces par un seul homme, non seulement avec son argent, mais avec le plus pur de son sang.

Mervent est le nom de ce village, qui devrait s'appeler Amourville. C'est un bosquet en pleine forêt de Vouvant, à deux pas de la rivière de la Vendée, qui bondit, à travers les rochers, tantôt aux rayons du soleil, tantôt sous l'ombre des chênes, des noisetiers, des églantiers, jonchant ses bords de myosotis, de lotus, de pâquerettes, de coquelicots, de bruyères, les arrosant des perles et des diamants de son écume, comme pour enguirlander quelque fête mystérieuse qui se célébrerait le long de ses bords.

Faites quelques pas, et dans une clairière éblouissante de soleil vous verrez se développer, ornées de rosiers et de jasmins, des rangées de coquettes maisons qui se ressemblent comme des sœurs, et sur toutes les portes, des femmes qui, depuis la première jusqu'à la dernière, et quel que soit leur âge, sont ou ont été jolies comme des cœurs. Leurs enfants sont de même, et si les hommes ne se ressemblent pas autant, la plupart sont superbes; d'ailleurs beaucoup sont nés là, et ont un air de famille.

Voilà le miracle. Un matérialiste vous l'aura conté en une phrase : il vous dira :

« C'est M. X. qui donnait une maison à chacune de ses maîtresses et une dot pour se marier; il l'a fait tant de fois qu'il en est résulté ce village. »

Et il ricanera. Mais livrez le phénomène à un savant, à un économiste, à un moraliste, à un poète, ils vous démontreront que c'est là un fait unique dans l'histoire du genre humain; que si l'on a vu les conquérants et les rois bâtir des villes ou les peupler, jamais il ne leur est arrivé de créer d'un seul coup le peuple et la ville par leurs propres moyens.

On ne connaît que les sultans du Maroc qui fournissent la population à leurs sujets : mais ils ne fournissent pas les maisons ni les jardins. Comptez maintenant tant de familles créées, tant de drôlesses épurées, tant de groupes humains établis, dans des conditions inouïes d'union et d'avenir; calculez le nombre de dissertations et de vers que les philosophes et les poètes tireraient de cette mine d'or, vous arriverez à reconnaître que ce monument de prétendue débauche, quand quelques siècles lui auront mis sa patène, sera révéré comme le plus surprenant débris du génie et du tempérament d'une race disparue.

Il faut donc proclamer qu'entre les mains de M. X. l'amour a cessé d'être une vile procréation, pour devenir une création inédite dans l'histoire de l'espèce humaine.

Au riant tableau que je viens de décrire, il faut que j'oppose un monument sinistre où l'amour, cette fois dans toute son horreur, a gravé, sous forme de vers empruntés au bon Horace, l'hypocrisie d'un monstre. Traversez la Vendée, faites quelques pas, et presque en vue de ce village enchanté de Mervent vous rencontrez, tapi sous l'ombre discrète de la forêt, un petit château du temps de la Régence, entouré d'un parc où sont répandus des temples, des autels, des bosquets mystérieux, ornés de sculptures galantes ayant toutes pour sujet des colombes, des cœurs enflammés, des Amours, et sur chacun de ces édicules, des citations où les joies d'un sage et d'une âme pure sont gravées sur le marbre ou le bronze. Dans ce lieu charmant, en même temps qu'on sourit à cette sensibilité du dix-huitième siècle, si douce à rencontrer dans le monde sec et froid où nous vivons, on croirait sentir voltiger autour de son visage le souffle d'un vieillard bon, simple, qui a voulu, dans ces naïves citations, laisser revivre son cœur.

Or tout cela n'est que le masque d'un affreux bonhomme qui a voulu immortaliser sous des vers équivo-

ques les souvenirs de ses amours avec la seule personne
qu'il ne pût aimer sans crime.

On ne m'a pas voulu dire son nom. Il vivait, dans cet
agréable séjour, seul avec sa fille.

L'amour est comme la mer : tantôt adorable, tantôt
monstrueux. On dit que c'est toujours l'amour : il y a
pourtant de certaines amours qui se ressemblent comme
le paradis et l'enfer.

Fontenay-le-Comte a toujours été un foyer de science,
d'art et d'étude. Ses habitants actuels n'ont pas dégé-
néré. M. Octave de Rochebrune, dont les eaux-fortes
sont toujours égales, souvent supérieures à celles des
maîtres les plus célèbres, a publié sur la Vendée un livre
illustré qui est un pur chef-d'œuvre, sans compter un
nombre infini de pièces de paysage et d'architecture.
Possesseur du château historique de Terre-Neuve situé
dans un des faubourgs de Fontenay, il en a fait à la fois
un musée et un atelier. Architecte, graveur, peintre et
sculpteur, excellant également dans tous ces arts, non
seulement il a décoré l'intérieur de ses peintures, de ses
sculptures et de ses eaux-fortes, mais il en a reconstruit
de fond en comble tout le rez-de-chaussée avec des ou-
vertures, des plafonds, des colonnes, et jusqu'aux cheminées, dessinés par lui et sculptés de ses mains. La cheminée de l'atelier peut être comparée à tout ce que le
Louvre et le Musée de Cluny montrent de plus parfait en
ce genre. Comme collectionneur, il est à peu près hors
de prix, car il offre, en tête des objets rares et curieux
de sa collection, l'escalier du château de Coulonges-sur-
Lautize, avec ses dalles, ses rampes et son plafond cloi-
sonné de panneaux héraldiques, le tout en pierre, du
haut en bas, à trois étages!

Benjamin Fillon, qui existait encore quand j'habitais
Fontenay, s'est fait une renommée européenne par ses
ouvrages sur la Vendée, la révolution de 1789, l'histoire
du protestantisme dans l'ouest de la France. Il a écrit sur
les beaux-arts, notamment sur les travaux de Bernard

Palissy, sur les faïences de Henri II, dont il a restitué l'origine aux faïenciers d'Oiron. Enfin il a publié un nombre considérable de travaux sur la numismatique.

Cette dernière science rappelle le nom d'un autre Fontenaisien, M. Poey-Davant, qui outre d'innombrables travaux sur ce sujet, a publié un des plus beaux ouvrages qui existent sur la numismatique. Mlle Poey-Davant, sa sœur, est devenue aussi savante que lui, et elle a continué à faire de sa collection de médailles une des plus rares de l'Europe. Au risque de me répéter, je rappelle que l'ouvrage de M. Poey-Davant, hérissé de difficultés techniques et typographiques, a été imprimé à Fontenay par Robuchon, avec les seules ressources d'une imprimerie qui date de plusieurs siècles.

Ce n'était pas une des moindres curiosités de Fontenay que cet atelier resté à peu de chose près tel qu'il avait été outillé à la renaissance. C'est là que j'ai le mieux conçu une observation que les progrès continuels du tirage ont trop fait perdre de vue, savoir, combien l'imprimerie tient de près à l'écriture. Les procédés ont beau varier à l'infini, cet art est si étroitement humain, la pensée y est en contact si immédiat avec le mouvement, que les procédés d'impression, loin d'empiéter sur sa gloire, ne cessent de la ramener à son essence, qu'aucune machine ne détrônera jamais tant que les mots s'écriront avec des caractères mobiles. Car l'essence de l'imprimerie est dans la mobilité des caractères; ce n'est pas un engin mécanique, c'est une idée, et voilà comment le tirage, qui n'est qu'un résultat matériel, a toujours été et ne sera jamais rien de plus que son très humble serviteur.

Dans une vieille maison distribuée et aménagée comme au temps de la renaissance, Robuchon avait un atelier typographique où toute la machinerie consistait en une presse à bras, deux ou trois rangs de casses pour la composition, quelques bancs et tables pour poser et remanier la composition, et comme objet de luxe, une machine à couper le papier; à côté, un séchoir pour les

feuilles imprimées : tel était le réduit qui, dans sa simplicité exiguë, faisait penser plutôt au cabinet d'un vieil
érudit, et semblait marquer par sa simplicité même la
préséance de l'art sur le métier.

Là, entouré de sa femme, de son fils, de sa fille et de
son gendre, secondé par un vieil ouvrier qui était dans
la maison depuis trente ans, Robuchon menait de front
l'impression d'un journal, de livres d'école, de ces im-
primés d'affaires ou de commerce qu'on appelle des « bil-
boquets », et des ouvrages de la plus grande importance,
comme ceux de Benjamin Fillon, de Rochebrune, de
Poey-Davant, dont le traité de numismatique lui a valu
une médaille de l'Exposition universelle.

Je lui ai dû l'édition princeps des *Voyages et Aventures du capitaine Marius Cougourdan;* c'est un véritable
chef-d'œuvre de typographie, dont la belle exécution n'a
pas peu contribué au rapide succès de ce livre. Je ne
cacherai pas que j'en ai réglé presque tous les détails,
mais l'exécution en a dépassé mes espérances.

Robuchon était un homme de la plus pure probité,
mais je dois à sa mémoire de raconter à quel point il a
poussé avec moi la délicatesse. Sans qu'il y eût de ma
faute, car ma pagination était irréprochable, il s'était
trompé : après une suite d'une centaine de pages, il avait
repris la même centaine, et ce ne fut qu'après les avoir
tirées en bonnes feuilles qu'il s'aperçut de son erreur. Il
ne m'en dit pas un mot, et recommença plus d'une centaine de pages, à ses frais. Je l'ai su plusieurs années
après que son gendre, étant venu me voir à Paris, me
raconta le fait.

Un natif de Fontenay, dans les premiers temps de la
république de 1848, s'était fait une gloire européenne
avec une stupéfiante découverte, celle des « escargots
sympathiques ». Il était médecin. Sous une forme scientifique, il avait publié un travail où il annonçait avoir découvert chez les escargots une faculté électrique de communication à distance, et grâce à laquelle on pourrait les

utiliser comme appareils de télégraphie. Quelques savants
s'y étaient pris. On peut penser quelles gorges chaudes !
Il s'appelait Allix, avait beaucoup d'esprit, et je me rappelle cela à cause de l'effet extraordinaire que causa sa
plaisanterie au plus fort de la crise socialiste qui mettait
la France dans une inquiétude allant jusqu'à la terreur.
Son esprit y était pour une certaine part, mais il y a eu
là une de ces crises de fou rire qui prennent les hommes,
les foules, et jusqu'aux populations entières, sous le coup
de quelque catastrophe publique. La gaîté folle, chez un
peuple déchaîné, est un des signes les plus constants
des époques sinistres de l'histoire. On l'avait bien vu en
93, où la gaîté des égorgeurs n'avait d'égale que leur
férocité, et si le socialisme avait réalisé ce qu'il se promettait, nous aurions certainement entendu les mêmes
rires de tigres. Allix était socialiste, mais la république
ayant tourné court à l'Empire, il ne restera de son éclair
de gloire que l'observation, curieuse il est vrai, d'un
phénomène révolutionnaire, heureusement passager.

A côté des savants et des artistes, Fontenay a ses bi-
bliophiles, ceux-là aussi de premier ordre. Sans compter les écrivains et les artistes que je viens de citer, les
bibliothèques particulières y sont nombreuses et d'une
variété dont on est vraiment confondu. Dans ces vieilles
familles riches d'esprit autant que de fortune, c'est par
milliers qu'on y compte les ouvrages célèbres et rares,
choisis avec le goût de plusieurs générations d'égale
intelligence, également dévouées à une noble tâche qui
fait depuis des siècles l'honneur de la maison. La liste
serait longue rien qu'à citer seulement les bibliothèques
que j'ai pu visiter : il me suffira de mentionner celles de
M. Boncenne, de M. Brunetière, juges au tribunal. Der-
nièrement il m'est arrivé un catalogue invraisemblable
d'objets d'art et de curiosité joints à des milliers de volumes, on peut dire, sur toutes les branches de la littérature et de la science, souvent en plusieurs éditions, et
en plusieurs langues anciennes et modernes. C'est à se

demander comment le bibliophile a pu seulement les cataloguer. C'était la bibliothèque de M. Jousseaume, qui d'ailleurs a fait grand bruit à la vente. Eh bien ! l'Ouest, et surtout le Poitou, regorgent de ces trésors. Ils se concentrent en grande partie chez Clouzot, le libraire de Niort, et rien que la lecture de ses catalogues, qui paraissent plusieurs fois par an, suffit à donner une idée presque invraisemblable de la consommation des livres dans ce coin de la France. La presse, les prospectus, la concurrence, l'excès de production, ont tellement tout brouillé dans la librairie, tout concentré à Paris, qu'on en est venu à croire qu'on n'achète et ne lit des livres que là. C'est pourtant, en réalité, tout le contraire : supprimez en idée la vente en province, la librairie de Paris n'existera plus.

Jusque chez les marchands on faisait encore des trouvailles, tant les familles riches étaient gorgées de meubles anciens. Pour ma part j'ai acheté un meuble à deux corps, avec un superbe fronton décoré d'architecture et de colonnes cannelées et incrustées de bois rares, un médaillon de Diane de Poitiers en Léda caressant le cygne à la corniche; cinq têtes sculptées au centre et aux coins des tiroirs, et au milieu du fronton, la tête de Marie de Médicis entourée de branches d'acanthe, le tout en noyer vieux, complètement intact sauf quelques éclats aux baguettes, les serrures, les verrous, et jusqu'aux clefs et aux jaquemarts, sauf une. J'ai su qu'on y avait dépensé cent francs pour ces petites réparations. J'ai eu ce meuble, sans marchander, pour cent francs. La tête seule de Marie de Médicis en fait déjà une pièce unique d'autant plus intéressante que je ne l'ai jamais vue dans ces genres de meubles. Ces ouvrages, d'une des plus belles époques de la renaissance, sont l'œuvre d'un des artistes florentins qui vinrent travailler en France à la suite de Marie de Médicis. Celui-là a laissé beaucoup de meubles sculptés dans le Poitou, où il avait établi ses ateliers.

Si l'on fait quelques pas en dehors de la ville moderne

alignée sur les deux grandes routes qui se croisent à travers la ville, on se trouve dans une vieille cité très intéressante, à peu près intacte, qui s'accorde avec les mœurs simples et les goûts relevés que j'ai décrits tout à l'heure. La plupart des maisons, dans l'ancien faubourg et dans la partie accidentée de la ville, sont anciennes et souvent originales. Les ponts, les quais, les jardins, qui s'appellent *les Horts,* le marché, les boutiques, tout jusqu'au costume des femmes, y donne l'illusion d'une ville de la renaissance où l'on serait transporté d'un coup de baguette. Près de l'église, on voit une place formée entièrement de maisons anciennes à arcades. Dans une rue longeant la rivière, on trouve un château à tourelles et à toits pointus qui garde un air de château fort. Dans le vieux faubourg, on peut voir, complètement conservée, la maison où est mort le duc de Bourbon, qui au temps de la Ligue porta, pendant quelques mois, le nom de Charles X ; ce nom devait attendre bien des années avant de baptiser un roi légitime. Dans un quartier opposé, on admire une très élégante fontaine voûtée avec colonnes ioniques, datant de la plus belle époque de la renaissance. Enfin, outre la très ancienne église du faubourg, la cathédrale est un des édifices religieux les plus beaux et les plus complets du Poitou.

A tant de relations agréables et intéressantes dont je viens de parler, se joignaient mes rapports de toutes les heures avec mes collègues. Je dois surtout un souvenir bien cher à notre excellent président Robert. C'est un des hommes auxquels je dois ce qui m'a paru un des plus doux bonheurs de la vie, être aimé d'un galant homme. Sa courtoisie, sa bienveillance, son sourire, relevés d'une grâce exquise jointe à une dignité sans morgue, faisaient de lui le type achevé de cette ancienne politesse française, qui commandait avec tant de mesure et de justesse la sympathie et le respect des « honnêtes gens ». Au risque de me vanter, je ne puis résister à dire le plaisir, l'honneur qu'il m'a fait tant de fois quand, dans des affaires intéres-

santes où j'avais parlé à son gré, je voyais ses lèvres sourire, ses yeux briller, comme d'un père pour son fils, et
que, l'audience finie, il venait me dire, en me serrant les
mains doucement, comme on les serrait jadis, deux ou
trois mots discrets, comme on les glissait alors, qui cares-
saient le cœur, et non pas de ces phrases banales qui ne
viennent que des lèvres et n'arrivent pas plus loin que
les oreilles, comme aujourd'hui.

M. Letourneux, juge d'instruction, était un magistrat
de science hors ligne et d'un noble caractère. Comme
botaniste, il avait une réputation dans toute la France.
M. Robert ayant été nommé conseiller à la cour de Poitiers, M. Letourneux lui succéda comme président à
Fontenay, et y fut remplacé par M. Brunetière, dont j'ai
signalé plus haut la bibliothèque. Enfin M. Boncenne,
fils du célèbre avocat, professeur de droit et auteur d'un
traité de procédure resté célèbre, était lui-même un jurisconsulte éminent. Comme M. Letourneux, il s'occupait
de botanique, et particulièrement d'horticulture. Outre
de nombreux travaux publiés dans les recueils spéciaux
du Poitou et de la Saintonge, il a écrit sur l'horticulture
en chambre un ouvrage curieux et original dont personne
ne s'était encore occupé, et qui rend de grands services
aux nombreux amateurs qui, aimant à cultiver des fleurs,
n'ont d'autres parcs où les loger que des pots de terre
cuite.

J'ai eu successivement deux substituts, MM. de Romeuf
et Gaillard de la Dionnerie. Romeuf était gentilhomme
jusqu'au bout des ongles, beau avec cela, spirituel; aussi
faisait-il les délices de cette société aristocratique de Fontenay où nous prenions nos ébats. Avec son mérite, son
nom et sa fortune, il aurait eu devant lui un brillant avenir. Il est mort peu de temps après avoir quitté Fontenay. Il a été pour moi un parfait collègue, un bon ami. Ce
brillant cavalier a fini comme un saint, et sa piété lui a fait
une mort douce qu'à cet âge il aurait trouvée bien cruelle,
car il n'avait que vingt-sept ans.

L'autre substitut, Gaillard de la Dionnerie, était fils d'un magistrat de Poitiers. Très intelligent, admirablement élevé, il a fait une carrière honorable comme celle de son père. Il l'a finie à Fontenay, où il est revenu épouser une des soixante-six demoiselles avec lesquelles nous avions dansé. Il y est devenu président du tribunal, il est mort étant encore en fonctions. J'ai appris qu'il n'avait pas su se rendre sympathique au barreau : l'âge, quelque maladie peut-être, lui aura sans doute gâté le caractère, car au temps où je l'ai quitté, il était très gentil.

Son souvenir me rappelle une anecdote qui peut donner une idée de l'étiquette, probablement bien disparue, qui en ces temps d'aristocratie judiciaire régnait dans certaines cours de judicature. Il me racontait qu'un soir, à une réception chez le premier président, où il entrait pour la première fois, étant allé s'asseoir dans un cercle de dames qu'il connaissait, la maîtresse de la maison était venue le prier de lui donner sa place, ce qu'il avait fait pour aller s'asseoir devant d'autres dames. Aussitôt la première présidente se lève et vient vivement lui faire la même prière. Il va prendre une autre place : même jeu. Il se relève, regarde dans tout le salon, voit que pas un homme n'est assis. La prière de se lever était tout simplement une défense aux hommes de s'asseoir dans le salon de Mme la première présidente; il apprit bientôt qu'il en était de même dans tout salon où on se trouvait avec elle en soirée. Un homme indépendant aurait pu, sans trop de sévérité, s'amuser à la promener indéfiniment de chaise en chaise jusqu'à la dernière minute de la soirée, pour ne plus remettre les pieds dans la maison : mais Gaillard était candidat à la magistrature, il y allait de sa carrière, c'était à prendre ou à laisser; il aurait été le seul révolté contre cette impertinence acceptée de tout le monde : il courba le dos, et fut nommé, trop heureux que son ignorance seule n'eût pas suffi à le juger indigne d'être le très humble valet d'une pimbêche sottement élevée.

Au reste il y avait, dans certaines cours, de certains premiers présidents qui, ayant de leur grandeur une idée véritablement colossale, étaient arrivés à inventer pour eux des honneurs indéfinis. On m'en a nommé un qui, quand il allait en visite ou en soirée, exigeait que la porte cochère fût ouverte à deux battants, si bien qu'un jour de neige et de tempête, étant déjà descendu et ne la trouvant qu'entr'ouverte, il refusa d'entrer jusqu'à ce qu'on eût réussi à dérouiller les barres et les loquets qui n'avaient pas été décrochés depuis des siècles. Dans un ressort où j'ai été, un nouveau conseiller étant arrivé avec sa voiture et ses chevaux, le premier président lui fit dire par un autre conseiller, qui se chargea de la sommation, de se défaire de sa voiture parce que, lui n'en ayant pas, ce luxe offenserait la dignité du premier président. Dans un autre ressort, la cour considérant que l'inégalité, même de vagon, portait atteinte à l'égalité de prestige dû à tous et à chacun de Messieurs de la cour, avait pris une délibération décidant que tous, pour voyager aux alentours du chef-lieu, ne prendraient que des troisièmes. J'aime à croire qu'on n'a pas invoqué la dignité, ou que les plus économes auront trouvé cette métaphore pour masquer honnêtement leur économie. Au reste, comme on voit, la question voiture tenait une grande place dans les protocoles de fantaisie que se décernaient quelques personnages un peu plus fourrés d'hermine que leurs collègues. Un procureur général ayant la vanité plus pratique en fait de voitures, avait retourné la question pour s'en faire un avantage : au lieu d'empêcher les conseillers de rouler voiture, il les y encourageait. Chaque matin à tour de rôle, du 1er janvier au 31 décembre, il envoyait son valet de chambre informer un conseiller, un président de chambre, voire même un membre du parquet, que M. le procureur général disposait pour ce jour-là de leur voiture. Et on l'envoyait. Ne négligeant pas d'ailleurs ses prérogatives de parade, il était parvenu à dresser la société indépendante à se lever tout entière quand sa femme entrait dans une réunion; les plus fiers le faisaient, les uns par faiblesse, les autres par intérêt, la plupart par indifférence, et le pli étant pris, se rebiffer était une impolitesse. C'est ainsi qu'on arrive à opprimer jusqu'aux plus indépendants.

J'ai pris intérêt à raconter tout cela. Comme cancan il y a de quoi rire, et comme abus, on pourrait trouver de quoi faire la grosse voix. La résistance à chacune de ces impertinences peut être en effet suivie, pour qui s'y frotte, de désagréments et de vengeance de la part de ces tyrans de bas étage, puisque l'avenir d'un homme en peut dépendre. Mais outre que cet état de choses doit avoir fait son temps depuis bien des années, c'est une page des derniers jours de cette vieille magistrature qui aura duré jusqu'à la fin du dix-neuvième siècle.

Les choses de ce monde sont si vieilles qu'on en est arrivé à les compter et à les classifier par siècles : c'est vouloir donner une tête et une queue au ciel ou à l'Océan. Les siècles n'existent pas : il n'y a de réel que le temps : au lieu donc d'enfiler à tort et à travers les idées qui meurent à celles qui naissent ou qu'on prétend naître, qu'il vaut donc mieux les présenter telles qu'on les a vues : au lieu d'une vaine philosophie, on fait de l'histoire vivante. C'est ainsi que je considère les traits de mœurs que je viens de raconter : qu'ils aient ou non disparu, il me suffit qu'ils soient historiques, car en terminant ce que je viens d'écrire sur des magistrats avec lesquels j'ai vécu, j'ai cru intéresser le lecteur sur ce qu'a été de mon temps cette magistrature qu'on respectait quand on respectait l'armée.

J'ai exercé mes fonctions, pendant vingt ans, dans la Provence, la Champagne, la Saintonge, le Poitou, la Vendée, le Rouergue : je puis donc me flatter d'avoir mené ma barque aux quatre vents de la justice. Eh bien, tout considéré, je conclus que s'il y a en France un corps vénérable par ses vertus professionnelles, c'est la magistrature.

Il faut remarquer que j'ai parlé des « tribunaux », parce

que leur nombre restreint donne à la voix de chaque juge beaucoup plus d'indépendance. Dans un arrêt de cour, chaque voix ne compte que pour un septième au moins des décisions, et même, quand on juge toutes les chambres réunies, jusqu'au quarante-deuxième, comme il arrive pour la cour de cassation. L'autorité de chaque opinant se réduit donc à presque rien, d'où celle des présidents augmente d'autant. Il en est de même pour les délibérations d'ordre intérieur, notamment pour les affaires de cabinet, de chambre du conseil, de discipline, de personnel; pour les présentations, l'avancement, le choix des présidents d'assises, où tout est sous la main du premier président et du procureur général. Dans un tribunal, chaque juge dispose du tiers ou du quart de la décision à prendre, dans tous les genres de délibération; il détient donc directement le tiers ou le quart du pouvoir judiciaire. On peut mesurer combien son indépendance est supérieure à celle d'un conseiller. Personne ne peut vivre en ce monde sans avoir à désirer ou à craindre quelque chose pour soi ou les siens : un conseiller peut tout obtenir ou tout perdre; un juge ne dépend de personne.

On peut donc là toucher du doigt cette vérité, toujours évidente et toujours violée, que plus les corps constitués sont nombreux, moins ils ont de force : les hommes sont toujours les mêmes, mais chacun perd de son énergie à proportion des quantités de résistance qui se pressent autour de lui. Comme à propos de tous les autres genres de fonctions, je répéterai qu'un conseiller qui est indépendant a plus de mérite qu'un juge, mais la preuve qu'il a moins de chances de l'être, c'est la différence sensible, en fait et en opinion, qu'on remarque entre la magistrature de province et... l'autre. Si des ennemis pouvaient être équitables dans leur sévérité, ils devraient du moins reconnaître que l'énormité du travail, en nombre et en importance, fait de la justice à Paris un service hors de toute comparaison avec les tribunaux de province. Le

temps manque, le personnel est insuffisant; les trois
quarts de l'instruction criminelle sont faits par des officiers de police judiciaire ou des agents de police; au civil, une proportion considérable d'actes en chambre du
conseil laissés pour ainsi dire aux soins des hommes d'affaires, et si l'on voulait tout faire strictement, on serait
submergé par l'inondation de ces détails. D'un autre côté,
la résidence du ressort de Paris est tellement désirée
qu'on n'y arrive qu'à force de protection, ce qui rend les
bons choix difficiles sinon impossibles. Et bien au-dessus
de tout cela, le tribunal de la Seine, la cour d'appel, la
cour de cassation, sont inévitablement des corps politiques où certaines affaires, qui ne se produisent que là,
font craquer les cadres de la justice normale et sauter la
forme pour sauver le fond. Ce que j'en dis là n'est pas
pour absoudre les auteurs des abus de ce genre, mais la
première faute est à ceux qui ont organisé ce service dans
ces conditions.

CHAPITRE V

Mgr Baillès, évêque de Luçon. Le séminaire agenouillé devant
Mme Mouton. — Les fous en titre des parquets. Les incestueux
innocents. — Une amitié poétique devenue basse intrigue. — Philosophie de l'inquiétude. — Mes premiers articles au *Figaro*.
L'Invalide à la tête de bois. Origines de ma littérature. — Mon
mariage. — La famille. — Installation à Fontenay. — Naissance
de mon fils. — Mort de ma mère. — Nomination à Niort. Départ
de Paris.

En arrivant à Fontenay, j'ai fait ma visite d'arrivée à
Mgr Baillès, évêque de Luçon, évêché situé dans mon arrondissement. J'ai raconté plus haut l'affaire que je devais
avoir plus tard avec lui. Sans y revenir, j'ai vu dès cette
première visite à quel point il manquait de tact et d'ailleurs d'éducation : il trouva le moyen, je ne me rappelle
plus à quel propos, d'appeler le drapeau français « ce
drapeau de malheur ». Ce n'était qu'un propos d'ouvrier
fanatique, et non d'un évêque. Je ne l'ai pas relevé, bien
qu'il le méritât, mais ç'aurait été vraiment pitié. Même
dans ses bénédictions il mettait du fanatisme, les lançant
jusque du fond de sa voiture, non seulement sur les passants, mais sur les fenêtres, ouvertes ou fermées, où il
dénichait une figure : c'est ainsi qu'on le vit un jour en
asperger un homme qui, la mâchoire barbouillée de savon,
se faisait la barbe derrière les vitres de son cabinet de
toilette.

Qu'eût-il fait s'il avait assisté à l'abomination que le
hasard devait réaliser peu de temps après, et cela dans sa
cathédrale, un jour que, marié depuis peu, j'avais mené
ma femme à Luçon pour visiter les environs, la ville, le
cloître et, bien entendu, la cathédrale où Richelieu a pon-
tifié ! C'était jour de fête carillonnée, il y avait grand'messe

en musique, tout le clergé affluait pour l'office. Nous allâmes à la cathédrale, où nous trouvâmes des chaises ré-
servées pour nous au premier rang à gauche de l'entrée
du chœur, contre la première marche. A peine étions-
nous assis que nous vîmes arriver deux par deux le séminaire, au nombre d'une centaine au moins de catéchu-
mènes, tous aussi jeunes et aussi roses les uns que les
autres, qui arrivaient de côté en nous faisant face, et qui,
parvenus à notre droite, s'arrêtaient et, tout en commençant le signe de la croix, s'agenouillaient en face
de l'autel. Or comme pas un ne manquait de regarder
Mᵐᵉ Mouton, plus il en venait, plus on aurait juré qu'ils
s'agenouillaient à ses pieds, d'autant que le rythme de la
manœuvre s'accentuait de minute en minute au point de
devenir inquiétant. Je ne sais pas, mais quoique le diable
ne pût être dans l'église, il n'était pas bien loin, et je ne
doute pas que si Mᵍʳ Baillès avait vu la scène, il n'eût,
par précaution, exorcisé tout le monde.

Il y a, attaché à tous les parquets, certain nombre de
fous qui viennent périodiquement porter une plainte,
presque toujours la même et portant sur un procès perdu
ou imaginaire. A chaque fois, on leur donne toujours la
même réponse. Qu'on reste un an ou dix ans dans le même
parquet, on ne cessera de ne voir le fou que quand on
changera de résidence, auquel cas on est sûr qu'un autre
fou est déjà venu demander quand vous arrivez pour commencer, jusqu'à ce que vous soyez envoyé à une autre
résidence, et ainsi de suite : c'est une servitude du parquet, il faut en prendre son parti. Même dans les cas
ordinaires, c'est plus désagréable qu'on ne pense : ces
discussions avec le fou, outre l'ennui, ont quelque chose
de fantastique qui finit par obséder, puisque raisonner
avec lui, c'est déraisonner. Encore faut-il se tenir pour
content quand le fou n'est pas dangereux : or j'en avais
à Fontenay deux en titre d'office, tous deux dangereux et
menaçants. Pour le premier, c'était un procès. Il avait
demandé l'assistance judiciaire pour faire appel, on la

6

lui avait refusée **parce** que son appel n'avait pas le sens commun ; mais quelqu'un m'ayant dit qu'il pouvait avoir raison, et d'ailleurs espérant l'apaiser ou peut-être même le ramener à l'évidence, je saisis **le juge** d'instruction de sa plainte à titre de déni de justice, ce **qui m'autorisait**, si la plainte ne se justifiait pas, à ne plus écouter **ses** réclamations. Il fut d'abord ravi et parut calmé, mais **bientôt** il se plaignit du juge d'instruction, puis, ayant rencontré ce magistrat dans l'escalier du tribunal au moment même où je montais, il commença, en gardant son chapeau sur la tête, à l'insulter. Je lui arrachai son chapeau et le jetai à terre. Je jouais gros jeu, mais je ne pensai qu'à une chose, que c'était moi qui l'avais mis aux prises avec mon collègue, et que s'il arrivait un malheur, j'en serais la cause.

Sur le moment il n'arriva rien, parce que, hors les fous furieux, devant l'énergie et même la violence, un fou n'ose pas se révolter ; mais pour la suite, j'étais inquiet, et je le fus bien davantage lorsqu'on m'avertit que le fou avait proféré des menaces de mort, non seulement contre le juge d'instruction, mais, ce qu'il n'avait jamais osé, contre moi. D'un autre côté sa haine se réveillait contre plusieurs autres personnes qu'il avait précédemment mêlées à ses réclamations, et je ne savais plus comment mettre à l'abri tant de gens menacés par ce malheureux fou. La solution finit par sortir de la crainte même qu'il inspirait : plusieurs des personnes de la ville se cotisèrent pour lui payer un voyage à Paris, toujours à propos de son procès, sûres qu'il n'en reviendrait jamais, n'ayant pas un sou pour pouvoir payer son retour, ce qui s'est réalisé. Je pouvais me croire délivré de mon fou.

Tant que je fus à Fontenay, je ne pensai plus à lui, d'autant qu'il m'en restait un autre, dont je parlerai tout à l'heure : eh bien, je n'étais pas quitte ! Bien longtemps après que j'eus changé de résidence, étant en congé à Paris, un jour que je passais sur le boulevard de Sébastopol, je le vis s'arrêter devant moi, ôter son chapeau d'un air respectueux. Il me fit l'effet d'un revenant prêt à reprendre la suite de l'obsession dont il m'avait affolé. Mais nous étions à Paris. Je ne lui demandai pas son adresse, il ne me demanda pas la mienne, je lui dis quelques mots de bon souvenir, et pour être bien sûr qu'il ne me suivrait pas pour découvrir où je logeais, je sautai dans un fiacre en promettant double pourboire.

Il faut avoir passé par là pour s'imaginer ce que c'est que d'avoir à ses trousses un fou qui vient une ou deux fois par semaine se dresser devant vous pour répéter les mêmes insanités, tantôt sanglotant, tantôt excité, et qui le reste du temps vous envoie des pancartes couvertes d'écritures insensées qu'on lit malgré soi. J'ai souffert ce supplice pendant deux ans! La folie est plus qu'odieuse, elle exerce une sorte de contagion, comme tout ce qui est mystérieux. La femme de ce pauvre fou était devenue aussi folle que lui, et on a vu des ménages entiers frappés de la même folie, par imitation. Je ne sais pas comment je n'ai pas eu plus peur de celui-là, puisqu'il me menaçait comme les autres : c'est probablement parce que mon inquiétude se concentrait sur son collègue, car j'ai eu assez peur d'être assassiné par un autre fou pour demander sa séquestration au préfet.

Celui-ci était venu au parquet se plaindre qu'à Luçon le maire ne faisait pas afficher régulièrement le *Bulletin des communes*. On m'avait prévenu de sa folie; pour me débarrasser de lui, je lui dis que cela regardait l'évêque. Il prit un air furieux, et brandissant son bâton, il me dit : « Ah! çà, vous voulez me rouler? » Cependant il s'en alla en grognant. Quelques jours après, me faisant la barbe dans un cabinet donnant sur l'escalier et dont je laissais toujours la porte ouverte, je ne sais quel pressentiment me vint à propos des fous, et comme je me tenais le dos tourné à la porte, je me disais que si ce fou entrait précipitamment derrière moi au moment où je manœuvrais mon rasoir, il n'aurait qu'à tirer mon bras pour me faire couper la gorge. J'avais à peine achevé de penser, que dans le miroir je vis sa tête : il marchait sur moi sans dire un mot. Je fermai mon rasoir, je le fourrai dans ma poche, et comme il y avait entre nous une grande table à manger, je tournai autour, en me tenant toujours à l'opposé de lui de manière à gagner la porte. Je ne me rappelle plus ce qu'il voulait, mais je lui dis n'importe quoi pour le satisfaire, et il s'en alla sans insister.

Mais comme, depuis sa première apparition, on m'avait appris sur son compte des actes de folie dangereuse, j'écrivis au préfet pour demander qu'on le séquestrât à l'asile des aliénés. On me répondit, comme d'usage, qu'il n'était pas dangereux, les administrations départementales tendant toujours à esquiver ce genre de dépense. Quinze jours n'étaient pas écoulés qu'il prenait la campagne comme un loup enragé. Il commença par se jeter sur des faucheurs qui purent heureusement se défendre avec leurs faux; il courut vers la route, et y rencontrant le maire de la Châtaigneraie qui passait en cabriolet, sauta au marchepied, lui arracha son chapeau, et si le maire n'avait pas mis son cheval à fond de train, il aurait été tué. On réussit enfin à arrêter le fou et à le garrotter, mais il fallut dix hommes pour en venir à bout. On le porta à l'hospice, où il mourut sans que sa furie se soit calmée un instant.

Au reste, ce que j'ai dit s'est réalisé : en arrivant à Niort, j'ai vu arriver au parquet une folle qui venait depuis quinze jours demander chaque matin si j'étais arrivé. La première fois, je lui dis que je partais pour quinze jours. Elle revint le seizième. Je m'étais fait rendre compte de son affaire : je la laissai déraisonner, puis je la lui expliquai. Au lieu de se calmer, elle recommença avec plus d'insistance. J'eus alors une inspiration. Je me mis à crier je ne sais quelles phrases de fureur, en gesticulant et en marchant à grands pas de mon air le plus furieux. Elle se tut et trembla comme la feuille. Je l'avais terrifiée, et elle n'a plus reparu.

Enfin j'ai encore eu affaire à une folle, mais celle-là était douce et discrète : elle venait seulement, en souriant, demander à être guillotinée, ce qui d'ailleurs ne paraissait pas lui être même désagréable, et s'en allait en faisant la révérence. D'ailleurs elle n'insistait pas pour obtenir une réponse que j'aurais été fort en peine de lui rendre, car toutes ses explications se bornaient à répéter : «... Ceux qui ont tué les moutons... » Je n'ai même jamais pu distinguer si elle était folle ou imbécile. En contraste avec mes autres fous, elle m'a plutôt laissé je ne sais quel souvenir d'innocence.

Je me suis trouvé un jour à Fontenay dans un cas d'autant plus difficile qu'il était touchant jusqu'aux larmes : il ne s'agissait de rien moins que d'un inceste pommé, puisque les époux étaient frère et sœur. Ils étaient mariés depuis vingt ans, ils avaient plusieurs enfants. Ces braves gens, d'ailleurs très pauvres, ne s'étaient jamais doutés de leur situation; c'était un mariage putatif s'il en fût, mais qui, en droit, n'avait jamais existé, et par conséquent il fallait le faire annuler à moins qu'ils n'en prissent eux-mêmes l'initiative.

Je les fis venir au parquet. Deux campagnards, timides, l'air honnête et modérément effarés, d'abord ne comprenant guère ce que je leur voulais, puis, à mesure que je leur expliquais la position, pleurant en silence, devenant de plus en plus hébétés, et restant là à me regarder comme en rêve.

Je restai un bon moment aussi interdit qu'eux-mêmes; je ne pouvais pas me décider à prendre la parole, cherchant ce que je pourrais leur dire, sinon que j'allais les séparer pour la vie. Alors, pour les préparer à la conclusion suprême, j'eus l'idée de leur dire qu'avant toute chose il leur fallait se séparer, et vivre chacun dans une maison éloignée d'une certaine distance.

« A quelle distance? me demanda la femme en pleurant.

— Mais... lui dis-je un peu embarrassé, au moins à une lieue... »

Elle leva les bras en répétant :

« Une lieue! » Et ils partirent sans attendre le reste.

Je voudrais vous raconter la fin, mais il faut bien que je l'avoue, il n'y en eut pas. Pendant plusieurs jours, je réfléchis à la façon dont j'allais procéder à cette exécution, et finalement je ne fis rien du tout. J'ai eu tort : mais que celui de vous qui est sans péché me jette la première pierre. En matière de discipline, ce n'a été qu'une faute de négligence ou de faiblesse, et je puis à la rigueur m'excuser sur une raison, que je ne trouve pas irréfutable, c'est vrai, mais que je soutiens présentable vaille que vaille : c'est qu'un magistrat n'est pas obligé de poursuivre tous les faits qu'on lui signale, et celui-ci n'étant qu'une affaire d'ordre public, j'ai usé de mon droit d'abstention pour me laisser aller à un sentiment irrésistible de pitié pour des innocents.

Je me suis bien souvent demandé si je n'ai pas commis là une faute grave, car il s'agissait d'une énorme infraction aux règles essentielles du mariage, et la bonne foi ne pèse pas une once devant les lois civiles, sociales et naturelles qu'elle viole abominablement.

Pendant que j'en suis aux mésaventures qui ont parfois troublé la paix de mon séjour à Fontenay, autant fermer la liste par un événement assez mince à son début, mais qui, prolongé pendant six mois, a fini par me pousser à l'exaspération : c'était simplement la visite d'une amie et de sa fille, dont l'annonce nous avait charmés. Quoi de plus charmant, en effet, que de revoir une personne qui vous a aimé comme la plus tendre des mères, qu'on n'a pas revue depuis trente-quatre ans, et qui, le cœur aussi tendre qu'autrefois, vous écrit que, venant de Rochefort pour aller à Paris et s'en retourner aux colonies avec sa fille, elle s'arrêtera à Fontenay pour vous voir ?

En 1824, ayant un peu plus de dix-huit mois, j'étais à Paris avec ma mère, en partance pour la Guadeloupe, où nous allions rejoindre mon père, nommé chef d'état-major de l'amiral des Rotours, gouverneur de cette colonie. Dans le même hôtel était de passage une toute jeune et jolie créole, mariée, et qui se désolait de n'avoir pas encore d'enfant. Elle se prit pour moi de toute l'ardeur de sa maternité déçue, et quand nous nous séparâmes, elle me laissa un petit cœur en filigrane d'or garni d'une pensée en améthyste et topaze, que j'ai porté au cou pendant toute ma première enfance comme amulette; et qui, depuis le jour où j'avais eu une montre, était resté accroché à ma chaîne comme un fétiche sacré, à telle enseigne que je le portais encore le jour où je reçus la lettre d'arrivée de ces dames. On peut penser quelle joie ce fut pour ma mère et pour moi : c'était un de ces traits de poésie, si rare au cours de ce fleuve de la destinée, qui laisse si peu de fleurs fraîches derrière lui! Le moment de l'arrivée fut une des grandes émotions dont je me souvienne dans ma vie. J'y allais de bon cœur! Les yeux troublés par les larmes, bouleversé de ces souvenirs si lointains et si fidèles, je sautai au cou de la mère et de la fille, et je ne les vis pas.

Mais quand, après cet élan rapide, je les regardai avec mon sang-froid, grand Dieu! La mère, défigurée par l'âge, vulgaire au dernier point : il me tombait une montagne de glace sur le cœur!

Dans les premiers jours je m'en tirai en appuyant sur mes occupations pour me tenir à l'écart le plus souvent possible; enfin, un second mois ayant passé dans le *statu quo*, et le secret de leur persistance à ne pas partir se trahissant de plus en plus, je me décidai à recourir aux grands moyens.

Je ne pouvais plus en effet garder le moindre doute : la mère venait pour me faire épouser sa fille! Je les prenais en pitié, car enfin est-ce un si grand crime à une mère de rêver, puis d'espérer, puis de s'exalter, pour donner à sa fille le bonheur, la vie même, car elles avaient l'air, à la pauvreté de leur mise, d'être aux abois?

Cependant notre situation était de plus en plus intolérable. Être reçu, dans une ville étrangère, comme un ami, s'y faire presque une famille, remplir toutes ses heures à partager leurs mœurs, leurs plaisirs, leur vie, et voir tomber en travers de cette intimité des personnes redevenues inconnues depuis trente-quatre ans, qui non seulement ne sont pas présentables, mais qui ne sont même pas avouables, puisque leur élan de vieille amitié n'est qu'une expédition d'intrigantes : et voir cela se continuer sans prévoir quand cela finira, c'est presque aussi cruel qu'un chagrin. Enfin, après six mois de cette campagne décidément infructueuse, et probablement faute d'argent pour la continuer, elles partirent.

A un autre âge, j'aurais dû m'estimer heureux avec ma position, un service facile, une résidence charmante, un bel avenir : mais je désirais me marier. j'avais de longues heures de mélancolie, et j'avais beau lire éperdument, je m'ennuyais. Tant que ma mère était auprès de moi, j'étais moins triste, mais elle ne restait pas l'hiver, et je m'ennuyais de plus belle, car elle emmenait notre bonne Cécé, et même mon chien Paris, qui m'avait, à Draguignan, tant adouci mon premier exil, ni la lecture ni le travail, pas plus que les soirées et les parties de campagne, ne suffisaient à remplir les vides de ma tête et de mon cœur. Aussi ne manquai-je pas de commencer par le début obligé de l'hypocondrie. Elle s'offre souvent en tête des mauvais rêves pouvant servir de thème aux gens qui ont besoin de se distraire. Je décidai que je devenais aveugle.

Quoique ce genre de distraction soit un peu triste, il a l'avantage de ne pas faire souffrir physiquement, de remplir tout le temps disponible, de s'oublier aussitôt qu'on est occupé d'un travail ou d'un plaisir, et de n'exiger aucun matériel pour fonctionner à commandement, puisqu'il suffit de penser à ses yeux. Il est surtout d'une ressource inépuisable dans les villes de province, car on y trouve des médecins qui, ne sachant pas un mot d'ophtalmologie, ont l'honnêteté de vous donner, tant que vous en voulez, des remèdes imaginaires.

Maintenant qu'arrivé à la fin de ma carrière j'en écris l'histoire, je suis frappé de voir avec quelle précision mon avenir s'est préparé à l'avance, alors que j'avais devant moi à parcourir plusieurs années de magistrature sans penser à ce que je ferais plus tard. C'est à Fontenay que cela m'est arrivé. Là, comme au centre d'une battue, le cours des idées et des choses a fait se rencontrer les mystérieux rabatteurs qui chassent dans une direction déterminée l'avenir de chacun de nous; et du mélange d'événements graves et de détails insignifiants ainsi rassemblés, s'est préparée la seconde moitié de ma vie.

Quelque précieuses que puissent être les relations de société, elles ne suffisent pas à charmer les vingt-quatre heures dont se compose un jour : à part un ou deux moments de plaisir qu'elles nous donnent de temps à autre, elles laissent à l'isolement et à l'ennui une vaste carrière. Déjà, lors de mon séjour à Chaumont, j'avais écrit et publié, dans l'*Union de la Haute-Marne*, un conte intitulé *la Solitude*. C'était le roman d'un naufragé qui, au lieu de se bâtir une cabane et d'apprivoiser des bêtes, devenait fou. Mais c'était en 1849, depuis je n'avais plus songé à écrire, n'ayant pas l'humeur à la gaîté, et il ne restait de ce précédent littéraire que ce pseudonyme de *Mérinos*, dont j'ai longtemps signé mes livres et plusieurs de mes articles.

Dans un service peu chargé comme celui de Fontenay, cette occupation ne suffit pas à l'esprit. Je lisais donc le plus possible. Mais qu'est-ce que la lecture si l'on n'écrit pas? J'avais donc conçu et commencé un livre sur les lois pénales de la France; il devait devenir plus tard un énorme ouvrage, mais n'était pas encore ma seule occupation. L'idée me vint d'écrire pour mon plaisir. Tant qu'à faire, je me dis que je m'amuserais mieux à le faire gaîment, et j'écrivis presque coup sur coup *l'Invalide à la tête de bois, les Mouches, A quoi sert de fumer?* Quelque temps après, étant allé en congé à Paris, je les présentai au *Figaro*, qui était alors dans tout l'éclat de sa gloire naissante. Ce fut mon ami Maurel-Dupeyré, chef des secrétaires rédacteurs de la Chambre des députés, qui, ayant lu l'*Invalide*, me conseilla cette démarche. Qui m'aurait dit que c'était là le début de toute une carrière littéraire !

Le 5 avril 1857, le *Figaro,* en tête de son feuilleton, commençait, par une « Préface d'un des éditeurs », l'*Histoire de l'Invalide à la tête de bois.* Cette préface débutait en ces termes :

« Le feuilleton que vous allez lire est, si je ne me trompe, la chose la plus grotesquement comique qui ait été écrite depuis des siècles. Lecteurs, vous êtes priés de ne pas vous y méprendre : ceci est de la gaîté d'homme sérieux, et quand les gens graves font des folies, ils n'y vont pas de main morte : vous en jugerez. »

Le 24 mai, paraissait *A quoi sert de fumer ?* le 29 mars précédent, *les Mouches.* Dix ans devaient se passer sans que je pusse même songer à la littérature. En dehors de mon service, j'allais consacrer tous mes loisirs à écrire les *Lois pénales de la France :* mais je n'en étais pas moins, dès ce moment, voué en fin de compte à la littérature. Sans compter les plaisirs et les avantages que j'y ai gagnés, je me suis demandé comment, sans cette résolution bénie, j'aurais rempli la moitié de ma vie, la plus difficile à utiliser quand on s'est réduit, comme j'ai fait, à n'avoir d'autre professeur que soi-même.

Je raconterai en son lieu mon histoire littéraire, et l'on y trouvera mêlée celle de mes œuvres d'art, dont l'origine se rapporte aussi à mon séjour à Fontenay. Car c'est aussi là que, tantôt dessinant et tantôt modelant, j'ai inauguré, par un album sur la *Société d'acclimatation,* par le modèle d'un pupitre en bois de chêne, les aquarelles, les gravures à l'eau-forte, les dessins au crayon, les ouvrages de sculpture, qui après m'avoir fait passer tant d'heures délicieuses, m'ont donné la joie d'illustrer quelques-uns de mes livres et l'honneur insigne d'avoir été admis quatre fois à l'Exposition des œuvres de peinture et de sculpture : moi, simple amateur ! et grâce à ces plaisirs intellectuels, d'avoir échappé à cette décrépitude de l'amateur d'art : la poésie !

Sans doute je ne veux pas mentir : j'ai fait des vers ; mais des vers de circonstance, quelques douzaines de chansons, de sonnets, de légendes, de dithyrambes, et même quelques romances dont j'ai composé la musique, mais tout cela s'est produit dans ces conditions de mesure et d'opportunité qui, loin d'en être le ridicule, sont les fleurs discrètes d'une intelligence variée.

Comment donc ne célébrerais-je pas, par une fête du souvenir, le nom et la mémoire de ce temps et de ce lieu où, par une heureuse rencontre de hasards et d'influences, d'âge et de maturité, ma jeunesse a formé ce qui allait devenir pour mes vieux jours les fruits de l'avenir ? La plupart, je ne puis me le dissimuler, sont des fruits secs, mais à côté des noix cassantes, des pruneaux ratatinés, des marrons pâteux, on peut encore croquer la noisette qui garde je ne sais quel arrière-goût de printemps, la pistache, avec son parfum de baiser oriental ; et puis on peut les confire, savourer le nectar de l'ananas, croquer les grains embaumés de la fraise, et pendant quelques secondes rêver et rajeunir la vie du temps passé...

Certainement je ne demande pas mieux que de rapporter à la destinée une part indéfinie d'action sur le cours de notre sort, mais pour plus de sûreté je recommande instamment, à qui arrive à l'épanouissement complet de sa jeunesse, de faire bien attention à ce qui se passe alors en lui et autour de lui : presque toujours, là, dans ce tournant des idées et des choses, il doit trouver tracé le chemin de son avenir.

C'est le 11 novembre 1857 que je me suis marié. Quand je considère le bonheur sans nuage que depuis ce jour j'ai dû à ma chère Claire, l'orgueil et le charme qu'elle a répandus sur ma vie par sa grâce, sa vertu, son esprit, sa bonté, sa raison, sa mansuétude pour mes défauts, si je n'avais eu ma mère, je croirais volontiers n'avoir pas vécu jusque-là. Ma jeunesse avait été triste, entre la mort de mon père et les rebuts de l'éducation ; puis j'avais passé, sans respirer, de ces angoisses aux incertitudes, avec l'ennui, l'exil, des fonctions toujours pénibles, parfois douloureuses, sans compter les écueils où alors, plus que jamais, un jeune magistrat pouvait voir sa carrière brisée. Se marier dans de pareilles conditions, si ce n'est pas revivre, c'est du moins renaître à une vie inespérée, inconcevable, quand on voit comment d'une situation qu'il ne pouvait plus supporter, une jeune fille de la veille fait pour un homme, du jour au lendemain, un avenir, un paradis jusqu'à la fin de ses jours.

C'est à Mme Chapu, amie de notre famille, que j'ai dû ce bonheur. Elle eut l'idée de me proposer pour Mlle Claire, seconde fille de M. Camus, ancien recteur de l'Académie de Lille. Il avait été mon professeur de mathématiques, mais heureusement il ne se souvenait aucunement de moi, car si je ne lui avais été recommandé que pour la façon dont j'avais suivi son cours, et qu'il eût retrouvé mon nom dans ses cahiers de classe, il n'y aurait trouvé qu'une note lamentable, n'ayant connu mon nom qu'en me mettant un jour à la porte pour je ne sais quelle distraction. Mais j'étais procureur impérial, on lui montra à la chancellerie mon dossier, qui était excellent, et il accueillit fort bien la présentation. Je fus reçu, et il ne me fallut pas longtemps, dès que j'eus regardé sa charmante fille, pour en devenir amoureux.

Les affaires d'intérêt se passèrent sans difficulté. M. Camus possédait, en maisons et en terrains libres d'hypothèques, une fortune d'un million et demi au bas mot, évidemment destinée à s'accroître; de mon côté, ma mère me donnait quarante mille francs; le contrat devait se conclure à la communauté réduite aux acquêts, les dots se payer comptant : cette négociation, qui se hérisse si souvent de méfiance, de traquenards et de tours de bâton, fut ce qu'elle devrait toujours être, le cadeau par écrit de deux braves gens pour assurer l'avenir de leurs enfants.

La famille de M. Camus se composait de quatre filles : Louise, âgée de vingt-trois ans, mariée au colonel Louis

Ferradou, d'une vieille famille de Toulouse; Claire, âgée de vingt ans, ma fiancée; Marie, âgée de dix-huit ans; enfin Mathilde, encore en pension, et qui n'avait que quatorze ans. Les amis surnommaient Louise l'ange de la maison; Claire, la perle; Marie, qui avait un cœur de flamme, et Mathilde, éclatante de beauté, restaient sur leurs positions en attendant de faire leur entrée et de recevoir leur surnom dans le monde.

Ferradou, après treize ans de mariage, est mort général de brigade et commandeur de la Légion d'honneur, laissant quatre enfants dont une fille mariée à un officier d'artillerie, et qui a eu deux enfants.

Louise est morte en 1882.

Marie a épousé en 1861 le docteur Henri Dal Piaz, ancien interne des hôpitaux de Paris. D'affreux chagrins ont accablé ce ménage, par la mort de deux fils, enlevés l'un, Charles, à seize ans par une méningite, l'autre, Maurice, à dix ans par une angine couenneuse. Il ne leur est resté que leur fils John, qui est devenu secrétaire général de la Compagnie transatlantique. Son mariage avec une femme exquise, fille et petite-fille de nos meilleurs amis, a complété son bonheur.

Son père a été décoré de la Légion d'honneur pour ses services dans les épidémies et l'assistance publique.

Marie, dont la vigoureuse santé faisait espérer une longue carrière, a été enlevée, à l'âge de cinquante ans, par une congestion à la suite des froids extraordinaires de l'année 1890.

En 1861, Mathilde, alors âgée de dix-huit ans, a été mariée à Manuel Charreyron, alors chef d'escadron, et qui, après s'être signalé notamment à la guerre de Crimée et à la défense de Paris en 1870, a fini sa carrière avec le grade de général de division, grand officier de la Légion d'honneur, et a été nommé membre du conseil de l'Ordre. De ce mariage sont nées trois filles et un garçon. Celui-ci est mort peu de temps après sa naissance.

L'aînée est mariée à Gaston de Vignières, actuellement

capitaine de cavalerie, chevalier de Légion d'honneur, et a deux enfants, Fanny et Antoinette.

La dernière, *la belle* Madeleine, sans enfants, a épousé Edmond Martell, alors sous-lieutenant de cavalerie et qui, quelques années après, a donné sa démission pour s'occuper d'affaires.

La seconde, Marie, n'est pas encore mariée.

M. Camus avait épousé en premières noces Mlle Aglaé Cuvillier, dont il eut ses quatre filles. Sa femme étant morte en 1844, il ne pouvait s'occuper assez assidûment de ses quatre filles, et avait épousé Mlle Chaigneau, fille du célèbre imprimeur, et qui devint pour elles la plus tendre et la plus sage des mères. Mme Camus était le type achevé de la haute bourgeoisie du siècle dernier. Née et élevée dans le quartier Saint-Germain, elle avait la politesse, la dignité, et surtout le beau langage de ce quartier où n'a cessé de fleurir le pur français qui a toujours régné sur la rive gauche et qui s'y retrouve encore parmi les vieilles familles de ce quartier, tandis que sur la rive droite, entre les ouvriers, les provinciaux, les marchands, les industriels, les étrangers, les voyageurs, les journalistes, les artistes, le bas peuple, l'argot d'un certain grand monde, la langue française est devenue un charabia digne de cette Babel d'hommes, de sentiments et de monstruosités, qui s'entasse, s'étend, s'élève de jour en jour et d'heure en heure sur la place où fut cette reine du monde d'autrefois.

Le 11 novembre 1857 nous fûmes mariés à l'église de Chaillot. Nous avions comme témoins, de mon côté nos amis le vice-amiral Dupetit-Thouars, grand-croix de la Légion d'honneur, et Alphonse Pénaud, inspecteur en chef de la marine, commandeur du même ordre; du côté de ma fiancée, le général Marulaz et le vice-amiral de Suin, tous deux grands officiers, amis de M. Camus.

Quelques jours après, accompagnés de notre notaire Me Bazin, nous allâmes présenter notre contrat de mariage à la signature du roi Jérôme et du prince Napoléon, qui nous reçurent fort gracieusement. M. Camus, à la suite du licenciement de l'École polytechnique dont il était élève en 1814, avait été placé chez le roi Jérôme comme précepteur du prince Louis son fils, et lors du rétablissement de l'Empire il avait retrouvé toute sa faveur au Palais Royal.

Après quelques jours nous partîmes pour Fontenay, laissant à Paris ma mère, qui ne devait nous rejoindre que dans six mois. Nous fîmes un délicieux voyage par Blois, Chaumont, Chambord, Amboise, Tours et Poitiers, où je présentai ma femme au premier président de Sèze et au procureur général Damay. Arrivés à Niort, nous prîmes pour Fontenay un cabriolet ouvert, et par un temps superbe nous fîmes au galop le trajet le plus doux de ma vie.

Nous descendîmes dans une petite maison, où nous fûmes reçus par la bonne Mme Marillet, notre propriétaire, qui allait devenir notre cuisinière, et par l'aimable Madeleine, femme de chambre digne de sa maîtresse, jolie comme un cœur et habillée du costume et de la grande coiffe à barbes du Bocage vendéen. Un détail de ménage peut donner l'idée de la simplicité de ce temps-là : ses gages étaient de huit francs par mois !

Nous habitions sur la route de la Châtaigneraie, au premier montant du Bocage, avec la campagne verte et accidentée à quelques pas de la maison. Notre appartement se composait d'une salle à manger avec cuisine au rez-de-chaussée, trois pièces au premier, et une chambre au second.

Le salon avait une jolie vue sur la ville et ses alentours. Je ne puis laisser dans le vague d'une simple mention cette salle de réception si modeste, mais si solennelle dans l'histoire de mon bonheur, quand je me souviens que là ma jeune femme a pris pour la première fois possession, chez elle et chez moi, de notre avenir à tous deux et de la place qu'elle allait tenir avec tant de dignité dans le monde. Le fond de ce jeune mobilier était fait de vieilles choses, fines et en bon état : fauteuils et canapé Louis XVI

en noyer naturel garni de velours d'Utrecht jaune, sans
tache, sans écorchure, la couleur fraîche comme dans ces
salons de jadis où on n'ôtait les housses que dans quelques grands jours ; un meuble à deux corps, chef-d'œuvre
de la renaissance italienne ; un guéridon de la même école,
que j'ai décrits plus haut ; un piano d'Érard, installé chez
ma mère depuis de longues années. Sur la cheminée,
une pendule en marbre jaune du temps de la Restauration, avec la statue de Napoléon en redingote grise, accompagnée de deux flambeaux assortis, et qu'un cousin
de mon père, ancien chef de bataillon de l'Empire, m'a
d onnée « pour représenter », lorsque j'entrai dans la magistrature. Et au beau milieu de ce vieux faste si respec-
table, une gentille femme en longue robe traînante d'écar-
late bordée de soie blanche ouatée avec col et pèlerine
pareils, gouvernait la maison, recevait les visiteurs et
faisait le bonheur de son mari.

J'ai déjà raconté l'accueil charmant qu'elle trouva dans
la société de Fontenay. Nous passâmes six mois seuls à
la maison, après quoi ma mère arriva accompagnée de ma
belle-sœur Marie, qui demeura avec nous jusqu'à notre
retour à Paris au mois de septembre.

La bonne Cécé, notre négresse fidèle, était avec elle ;
ma chienne Méra se joignit à nous, et cette aimable bête
caressait les derniers jours de paix et de bonheur que la
mort de ma pauvre mère devait bientôt couvrir de nos
larmes. Mais en attendant, nous étions bien heureux, et
nous attendions mon fils.

Il naquit à Paris, le 16 novembre 1858.

Je m'attendais à une de ces scènes d'apparat où la mère,
le père et le médecin allaient représenter, au premier cri
de l'enfant, un tableau pathétique, mais j'oubliais la nature ;
je la vis dans une brutalité cent fois plus imposante que
les rêves de l'imagination et de la littérature. J'entendis
le râlement de l'enfant, ce râlement qui ne ressemble
point à la voix humaine. Une femme se précipita sur lui,
l'emporta, le lava rapidement dans un bassin d'eau, et

l'ayant couvert de son premier vêtement, le porta au lit de sa mère. Là nous vîmes le fils, jusque-là je n'avais vu que la mère.

Ma femme avait, avec l'autorisation du médecin, résolu de nourrir. Pendant plusieurs jours elle essaya, mais quoiqu'elle eût un excellent tempérament, son lait tardait à venir. Nous eûmes à changer quatre fois de nourrices; enfin, à la dernière, nous mîmes la main sur une que j'avais choisie sur sa bonne mine. Nous l'avons gardée six années, et je l'ai mariée à un brave gendarme des brigades de Rodez. Avec la morale fruste des gens du peuple, il n'avait pas hésité à l'épouser bien qu'elle fût fille mère. C'est une des plus honnêtes femmes que j'aie connues : un ange rustique, mais un ange, et nous ne l'oublierons jamais.

Peu de jours après la naissance de mon fils, ma mère tomba malade. Depuis qu'elle avait perdu ma sœur, elle ne s'était pas guérie de son chagrin, que la mort de mon père était venue redoubler. Mon mariage, la naissance de mon fils, avec les émotions de joie et les inquiétudes qui s'y mêlent toujours, avaient ébranlé son âme autant que son corps, mais plus la joie l'avait relevée pour un moment, plus cette secousse était venue peser sur sa faiblesse. Elle fut atteinte d'une de ces bronchites équivoques qu'on guérit d'abord, mais qui chez les vieillards finissent presque toujours par la mort. Le médecin la déclara guérie, on essaya de la mettre sur un fauteuil, mais après plusieurs jours, la convalescence demeurant stationnaire, je pus retourner reprendre mon service à Fontenay.

Au bout d'un mois, l'épuisement devint tel qu'on me rappela. Je m'établis à son chevet, et le 25 février, à quatre heures de l'après-midi, assistée de mon ami le docteur Félix Beaudouin, elle mourut.

Nos amis nous comblèrent de ces sympathies si tendres dans les cœurs créoles, et à voir l'interminable procession du cortège, les passants croyaient voir se dérouler les funérailles d'un grand de la terre. En tête de ces amis, Mme Irmis Lahens, qui demeurait porte à porte avec nous, nous donna un appartement dans son hôtel, pour nous dérober les détails de ces moments funèbres; nous y restâmes huit jours, et en rentrant chez nous toute trace matérielle avait disparu.

Le matin même de l'enterrement, je reçus une dépêche télégraphique m'annonçant que j'étais nommé procureur impérial à Niort. Nous prîmes nos dispositions pour aller directement à Niort avec notre mobilier et rendre l'appartement que ma mère n'avait cessé de garder depuis que j'étais magistrat.

CHAPITRE VI

Niort est une jolie ville de vingt et quelques mille âmes
traversée par la Sèvre Niortaise, très pittoresque dans
son passage à travers les bords des jardins qui s'y bai-
gnent sans quais, et enveloppant des moulins, des usines
et des maisons construits sur des îles couvertes d'arbres
et de fleurs; elle se détourne à l'ouest sous de hautes rives
au delà desquelles s'étendent des plaines boisées donnant
l'aspect de forêts sans fin. Au milieu du passage de la
rivière, et la dominant au bord de la ville haute, s'élève le
Château, grand donjon carré avec tours de même, fameux
pour avoir été le berceau de Mme de Maintenon, dont le
père était geôlier de cette forteresse, alors aménagée en
prison.

Le cœur de la ville est composé de deux plateaux séparés par deux pentes traçant d'un bout à l'autre une
grande avenue qui est la rue principale. Les faubourgs
s'étendent largement, avec des routes plantées dans toutes
les directions en plaine, mais au nord on trouve presque
directement la campagne, dont les environs sont pittoresques, surtout dans le Marais Mouillé, où tout le sol est

divisé par mottes entourées de canaux, seules voies de communication.

Là tout se fait en bateau. Le pays étant inondé l'hiver, les maisons sont bâties sur pilotis, et dans cette saison les planchers en sont couverts d'eau, le bateau est mouillé dans la chambre, au pied du lit, tandis qu'au dehors les bestiaux, confinés sur une élévation de terrain à sec, y restent jour et nuit et vivent du fourrage qu'on leur apporte par bateau. C'est l'installation des maisons lacustres de l'âge de pierre. La plupart des canaux ayant leurs bords plantés d'arbres, de têtards, de taillis ou de haies, on navigue tantôt sous des avenues prolongées, tantôt sous des berceaux plus ou moins touffus, à travers des îles stagnantes de joncs, de roseaux, de lotus, presque toujours en fleur dès le printemps, et l'on rencontre de temps à autre sur un bateau une récolte de blé ou de foin, des bestiaux qu'on mène au travail, une paysanne allant vendre à la foire ses volailles, ses légumes ou ses jeunes cochons; plus loin, toute une montagne de luzerne emportée sur un bateau plat par un paysan debout à l'arrière, qui le pousse avec une gaffe, tandis que les faneurs, leurs faux démontées entre les jambes et assis au sommet de la récolte, se reposent en riant ou dorment à poings fermés. Une journée passée sur cette vie flottante donne des impressions agréables et étranges qu'on ne peut trouver que dans cette partie de la France.

Niort est le centre du commerce de ces fameux mulets du Poitou, qui sont recherchés dans toute l'Europe. Les autres commerces n'y ont pas autant d'importance, et l'industrie y est peu développée. Ce n'est qu'un pays de richesse moyenne, et les fortunes de même. On peut en dire autant de la société, qui se compose d'une bourgeoisie riche, intelligente, aimant l'art, le luxe et le plaisir, et d'un petit groupe de noblesse où l'on trouve, avec toute la distinction des fines races, un accueil charmant : c'était, au moins sous l'Empire, ce que nous y avons trouvé. J'en aurais donc eu assez et plus pour garder de

la société de Niort un souvenir profondément reconnaissant, si, par les généreuses ovations dont on m'y a comblé
à la suite de l'affaire Desclonds, je n'avais pas reçu d'elle
un honneur que je n'oublierai jamais.

J'ai retrouvé à Niort, chez mes collègues, les mêmes
relations de service que dans les autres tribunaux, avec
moins d'intimité : d'abord parce que la plupart de ces
messieurs, étant propriétaires, s'occupaient surtout de
leurs campagnes, et puis parce qu'ils voyaient fort peu
le monde où j'aurais pu les rencontrer.

Le président était un des principaux personnages politiques et municipaux du département. M. Giraud avait
commencé par être avocat. Par son très grand talent de
parole, il s'était du premier coup placé à la tête du barreau, et de là au conseil municipal, au conseil général.
Jusqu'au coup d'État il était resté ardent républicain,
mais lors du voyage de Napoléon III alors président de
la république, il s'était rallié complètement au nouvel
ordre de choses. Longtemps maire de la ville, il l'a em-
bellie et améliorée par de superbes travaux, notamment
en y créant, dans un jardin public en pente jusqu'au bord
de la Sèvre, une machine à vapeur fournissant à toute la
ville des eaux d'une énorme abondance et parfaitement
saines. Peu de temps après son adhésion à l'Empire, il
fut nommé président du tribunal, où il a rempli avec honneur ces fonctions jusqu'à la révolution de 1870. Il les
quitta alors pour se faire nommer à l'Assemblée nationale. Ici s'arrêta sa fortune : attaqué, pour ses changements d'opinions, par le parti républicain, il fut malmené,
renié, par ses amis politiques, et dut renoncer à la vie
parlementaire.

M. Clerc-Lasalle, vice-président, appartenant à une
ancienne famille de Niort, était un parfait honnête homme.
Il avait, à la suite du coup d'État, été un des quelques
magistrats que le nouveau gouvernement avait exilés de
leur siège. La mesure était exorbitante, mais pleine de
mansuétude, car on ne l'exila pas bien loin, à Périgueux.

Il n'avait rien à expier, sinon de s'être signalé par des opinions ultra-républicaines avant le coup d'État. Vue dans ce lointain, cette mesure indéfinissable était au moins aussi ridicule que violente, et sans doute on avait espéré qu'il répondrait en donnant sa démission. Il eut le bon sens de n'en rien faire, revint tranquillement à son siège, où il est resté en paix jusqu'à sa retraite, respecté et honoré comme devant. Je laisse aux hommes de parti à qualifier politiquement cette atteinte à la liberté, à l'égalité et à la fraternité, mais si j'y puis voir une injustice ou une maladresse contre M. Clerc-Lasalle, je n'en reste pas moins convaincu qu'à cette époque, et vu les circonstances, on a beaucoup mieux fait d'écarter quelques révolutionnaires des pays où ils pouvaient, au premier moment, faire du mal, pour les relâcher plus tard, au lieu de les emprisonner et de les condamner.

Niort porte la statue d'un homme que j'avais laissé avocat persécuté par ses confrères, et qui est devenu ministre de l'intérieur après la guerre de 1870. M. Ricard était, lorsque j'arrivai à Niort, en tête du barreau. C'est lui qui, avocat de M. de la Bigotie, était venu me demander un jour pour assigner Desclonds à la requête de son client. On sait que, sur mon rapport au procureur général, je fus autorisé à poursuivre l'affaire à la requête du ministère public. M. Ricard avait été élu à l'Assemblée nationale. Il garda le silence à la tribune, mais son activité dans les bureaux lui avait fait une influence assez considérable pour que, après la Commune, on lui donnât le ministère de l'intérieur; mais il mourut, et sa ville natale lui érigea un monument. Ses anciens confrères, qui, non sans une certaine inspiration de jalousie, lui avaient infligé une peine disciplinaire, se mirent au premier rang pour célébrer son apothéose, tant il est vrai que :

Selon que vous serez puissant ou misérable,
Les jugements de cour vous rendront blanc ou noir,

même si vous êtes mort.

En tête de mes relations officielles, j'ai hâte de nommer M. Lowasy de Loinville, préfet des Deux-Sèvres. Commencées par d'excellents rapports de service, elles sont rapidement devenues une amitié de plus en plus vive, à mesure que se sont développées des circonstances qui nous rapprochaient par nos devoirs et nos sentiments communs, et qui ont fini, pour lui d'abord et pour moi ensuite, par nous unir dans une même disgrâce. J'y reviendrai tout à l'heure à propos de l'affaire Desclonds, mais en lui l'homme était trop intéressant pour que je ne présente pas tout de suite son portrait.

Très grand, pâle, blond, les joues pendantes, les lèvres mousues, le regard flamboyant, la figure rasée, il rappelait, de traits et d'expression, la figure terrible de Bismarck, avec un air de colère que son caractère ne démentait aucunement, car il avait le diable au corps, dans ses idées, dans ses sentiments, dans ses opinions ; mais dans son imagination, au lieu d'un diable il en avait au moins deux. Fort comme un Turc, avec une sensibilité aussi violente, pour un manque d'égards à son chien il se serait brouillé avec son meilleur ami. Avec cela, des façons de seigneur, galant pour les dames, mais si grand et si athlétique que, quand il les faisait valser, il les enlevait de terre comme un paquet sous le bras.

Il était adoré des uns, abhorré des autres, craint de tous, mais comme il ne connaissait pas plus la dissimulation que la crainte, on pouvait le haïr, mais non pas le mépriser. Enfin c'était un de ces caractères qu'on voit, dans les pièces de théâtre, se déployer aux applaudissements des spectateurs, mais qu'on ne rencontre guère dans ce monde administratif où le comble de la supériorité est de ne différer en quoi que ce soit de ses collègues en médiocrité : car ce n'est qu'à ce prix-là qu'on devient administrativement parlant « un homme supérieur ».

Notre amitié avait commencé par une pique. A ma première visite à l'asile des aliénés, les sœurs m'avaient fait attendre avant de m'introduire dans les salles, ce qui était incorrect, parce que, les visites du procureur impérial étant établies pour empêcher toute séquestration irrégulière, les portes devaient s'ouvrir devant lui à l'instant où il se présentait. Je me plaignis donc à M. de Loinville, lui demandant d'y mettre ordre pour l'avenir. Il le prit d'assez haut, me disant que l'asile était parfaitement tenu. Sans discuter avec lui, je lui fis remarquer qu'en ma qualité de surveillant j'avais une responsabilité dont découlait un droit que rien ne pouvait ni arrêter ni même retarder, et je parlai d'autre chose. Je n'ai pas besoin de dire que, cette boutade calmée, j'ai trouvé les portes de l'asile, chaque fois que je me suis présenté, ouvertes à deux battants.

Ce premier nuage fut le dernier. Peu de jours après, causant avec lui, comme il me parlait, avec son ardeur habituelle, de son amour pour les animaux, je lui dis que moi aussi je sentais comme lui, et que surtout je les respectais dans leur vie au point de recueillir les insectes inoffensifs égarés dans l'intérieur de la maison, et d'aller leur ouvrir une fenêtre pour les remettre en liberté. De ce moment il se prit pour moi d'une amitié violente comme tous ses sentiments.

Elle fut un instant bouleversée par un incident étrange qui me donna vingt-quatre heures de vive émotion. C'était le temps des tables tournantes, il m'en avait parlé, il y croyait, je n'y croyais pas, ayant fait à Napoléon des expériences qui m'avaient fait toucher du doigt le mécanisme grossier de cet escamotage : malgré tout ce que je pus lui dire, il me supplia de venir faire avec lui des expériences qui me convaincraient.

J'y allai par complaisance, et le lendemain, dans son cabinet préfectoral, les portes mystérieusement fermées, il me fit asseoir devant un guéridon à trois pieds, les mains posées dessus, et attendant. Sa figure avait pris tout de suite une expression recueillie, qui ne tarda pas à devenir extatique. Pendant le premier quart d'heure je tins bon avec cette curiosité vague qui, malgré l'évidence, fait chanceler un instant la curiosité la plus ferme devant l'illusion du merveilleux : mais à mesure que le temps passait, la situation me semblait tourner au ridicule, et je ne pouvais m'empêcher de m'apercevoir que le préfet des Deux-Sèvres et le procureur impérial de Niort prenaient de plus en plus manifestement l'air de deux imbéciles. Au bout d'une grande demi-heure, la table n'ayant pas bronché ni même craqué une seule fois malgré les mouvements furieux que l'opérateur imprimait à ses sourcils et à ses lèvres, il s'arrêta avec un mouvement de dépit, me disant que nos fluides n'étaient pas d'accord, et se précipitant sur un cartonnier, y saisit un énorme cahier, le brandit d'un air de triomphe, et tantôt assis, tantôt marchant à grands pas avec des gestes solennels, me lut plusieurs pages enflammées d'admiration éperdue, sur qui ? Sur lui-même ! C'était le Cantique des Cantiques, il n'y manquait que la Sulamite.

« Voilà ! me dit-il, voilà ce que cette table m'a écrit ! Elle m'a mené un jour de ce cabinet, en traversant ce palier, jusqu'au fond de la pièce que vous apercevez, et ramené ici, sans que toute ma force y pût résister, et elle écrivait tout le temps. Si je vous répétais tout ce qu'a fait ce cartonnier, tout ce qu'il m'a dit ! Parfois des vers sublimes !

— Elle écrivait ? Comment ? lui dis-je.

— Par des coups correspondant au nombre d'ordre des lettres de l'alphabet. »

Je ne répliquai pas.

Au moment où l'expérience venait de manquer, j'avais commencé une phrase pour m'excuser de ne pas pouvoir changer de sentiment, faute de la preuve qu'il m'avait promise ; mais là-dessus je lui vis prendre un air si contrarié, le sang lui monta si violemment au cou, aux tempes et aux joues, ses mains tremblèrent si fort, que je n'osai pas insister, et je le laissai parler, espérant qu'il se calmerait par l'excès de son exaltation : mais ce fut tout le contraire, et quoiqu'il n'eût aucune colère contre

moi, ma simple opposition muette lui donnait une espèce
de fureur.

Je n'avais jamais assisté aux exaltations d'un spirite,
ni eu lieu de mesurer la violence ordinaire de cet homme
si sérieux, si intelligent, si calme dans le cours ordinaire
du monde et des affaires : tout à coup une idée affreuse
me vint : il est fou !

Je ménageai ma retraite avec prudence, par le plus
court vers la porte, en esquivant un certain yatagan de
six pieds que Loinville avait reçu d'une tribu arabe,
trempé en son honneur du sang de cinq rebelles (car il
avait été commissaire en Algérie au temps de la conquête), et en rentrant chez moi j'étais si sincèrement désolé, que je dis à ma femme :

« J'ai une affreuse nouvelle à vous annoncer : nous
apprendrons demain matin que Loinville est fou ! Voilà
ce que je viens de voir. » Et quand je lui eus raconté cette
scène stupéfiante, elle le crut comme moi.

Ce que j'avais vu était simplement l'exemple de ce que
le spiritisme peut produire de folie lucide sur l'exaltation d'un homme crédule, quand il est aveuglé par l'orgueil. J'ai vécu deux ans avec lui pendant mon séjour à
Niort, et pendant des années nos relations se sont reprises après mon retour à Paris : il n'a jamais été plus
fou que vous et moi.

C'est peu de temps après que, dans un dîner de grand
apparat à la préfecture, ma femme fit sa première épreuve
d'un repas préfectoral. Cette réception piquait sa curiosité et la flattait en lui faisant pour la première fois y
prendre rang à sa place officielle. Il y avait d'ailleurs,
outre le général, le maire et le président du tribunal, les
principaux chefs de service, et surtout La Rochejacquelein, qui, par son nom célèbre et le bruit qu'il faisait
alors dans le monde politique, était une grande curiosité
de circonstance.

Il y avait de plus le curé de la cathédrale.

Les premiers compliments de table expédiés en hors-d'œuvre, comme il sied à l'exorde de toute réunion de bon ton, la conversation devint générale, et après quelques passes sur divers sujets, M. de Loinville la mit sur la botanique, et développa cette thèse qu'en plantant un arbre par le feuillage, les racines en l'air, les feuilles devenaient racines, et les racines feuillage. Aussitôt s'élevèrent de tous les côtés des cris de surprise et de protestation. M. de Loinville, qui d'ailleurs était dans le vrai, partit là-dessus d'une dissertation de plus en plus vive, comme tout ce qu'il mettait en avant, et prenant à partie un lieutenant du 12e dragons, M. de Toulouse-Lautrec, qui avait risqué quelques timides objections, le rabroua si rudement que le jeune convive se tut, et que la conversation générale s'arrêta net. L'officier était tout juste content, ce qui commençait mal la fête, et le préfet agacé, ce qui était pire. Mauvais départ, que ma femme observait déjà avec un peu de désappointement sur les solennités préfectorales.

M. de La Rochejacquelein n'avait pas pris part à l'escarmouche. En ce temps-là il avait d'autres chats à fouetter, vraiment, que de dépenser son éloquence sur des feuilles et des racines. N'ayant plus rien à faire du suffrage universel puisque ce n'était plus une question, il s'était jeté, avec son extravagance habituelle, sur le cléricalisme, qui battait son plein, et quoique le curé de la cathédrale fût à la même table en face de lui, il se répandit en véritables injures contre le clergé, les évêques, les prêtres, et arrivant aux moines, se mit à chanter à haute voix :

> Laissez paître vos bêtes,
> Capucins, capucinots,
> Laissez paître vos bêtes
> Le long de votre dos.

On se regarda pétrifié : c'était à ne pas en croire ses oreilles. Le reste du dîner fut une déroute générale : on ne savait plus que dire.

On pense quelle figure pouvait faire le pauvre curé,

d'autant que, non content de parler à ses voisins du haut de sa tête, M. de La Rochejacquelein l'apostrophait de temps à autre, et qu'en manière de conclusion il finit ses tirades en chantant de nouveau :

> Laissez paître vos bêtes,
> Capucins, capucinots,
> Laissez paître vos bêtes
> Le long de votre dos.

Après le dîner, lorsqu'on se fut rendu dans le salon, il recommençait à poursuivre ses sorties contre le clergé. M. de Loinville, qui, comme maître de maison, était arrivé à une véritable exaspération, n'y put plus tenir : il alla prendre le curé par le bras, et approchant un fauteuil de la table de jeu, le fit presque de force s'y asseoir et alla retrouver son monde dans le salon.

Le lendemain, M. de La Rochejacquelein vint me voir chez moi et me porta des plaintes violentes sur les procédés dont Loinville avait usé à son égard. Tant bien que mal j'essayai de le calmer en lui exaltant le dévouement de Loinville. Mais le coup était porté, et à la première occasion La Rochejacquelein devait en profiter pour se venger, ce qui ne manqua pas d'arriver, comme nous verrons bientôt.

En même temps que nous, le 12e dragons venait prendre garnison à Niort. Ce devait être pour nous deux bonheurs à la fois, car nous allions y faire connaissance avec plusieurs personnes qui sont restées de nos meilleurs amis, et nous saisîmes à la volée une maison délicieuse, toujours prise par le colonel du régiment, mais que cette fois nous pûmes louer avant qu'il ne fût arrivé. Elle était située au haut des anciens remparts, dominant la Sèvre, ayant en vue le donjon, la vallée, et sur deux façades douze fenêtres aux trois étages, avec douze points de vue variés dans toutes les directions de la campagne; écurie; remise, bûcher, grenier à foin, deux chambres de domestique, volière, grand jardin en terrasse avec parterre de fleurs et de fruits, charmille, pelouse; enfin porte et clé sur le jardin public, contigu à la maison. Le tout pour 1,200 francs par an. Et la bonne fortune était d'autant plus rare qu'à Niort, comme en général dans tout le Poitou, c'est une misère pour les étrangers que de trouver une maison : presque toutes sont à deux étages et sous-sol, comme les maisons anglaises.

Notre première amitié se noua avec Mme de Chevarrier, femme d'un capitaine du 12e dragons, et Mlle de Pène, sa sœur, que nous recommandait Henry de Pène, leur frère, qui était lui-même le mari de Mlle de Mauret, dont j'ai chanté plus haut les grâces et nos amitiés de jeunesse.

Après deux ou trois rencontres, nous nous liâmes intimement avec Mme Lescot, dont le mari, capitaine commandant, est devenu plus tard, sur le choix direct de l'empereur, son officier d'ordonnance. A la guerre de 1870, il fit campagne avec le grade de lieutenant-colonel, combattit à Reichshoffen. Il est mort des fatigues et des désespoirs de cette affreuse guerre. Sa femme est devenue notre meilleure amie.

Le médecin aide-major Jules Servier était alors dans toute la fraîcheur de sa jeunesse : il a perdu la jeunesse, mais il a, en esprit, en gaîté et en santé, gardé la fraîcheur. Une seule chose a vieilli chez lui, son amitié pour nous, et voilà demain trente-sept ans qu'elle grandit sans s'être affaiblie une minute, d'autant plus suivie que nous avons eu la bonne fortune de l'avoir près de nous à plusieurs reprises pendant de longues séries de services à Paris. Il y a fini sa carrière en qualité de médecin principal directeur du Val-de-Grâce, et où il habite désormais six mois chaque année, passant chez nous la plupart de ses soirées. Déjà, étant au service, il faisait des vers charmants et des scènes de marionnettes dont il fabriquait les acteurs avec un esprit de polichinelle; puis il a publié des poèmes d'un romantisme abracadabrant, des traités sur l'hygiène, sur l'amour, sur l'astronomie, sur l'esprit, sur les idées innées; un volume de contes; enfin une édition nouvelle

des *Mémoires de Pontis,* qu'on oubliait, et dont la résur-
rection a fait merveille.

Voici son œuvre, sans compter ce que nous réserve
sa veine inépuisable :

La Fille du charcutier, suivie de *la Fée des vers luisants,* poèmes, 1863;

Études sur l'esprit, l'intelligence et le génie, 1890;

L'Amour vainqueur, 1889;

Abus de l'hygiène, 1892;

Calendrier perpétuel, 1893;

Contes du foyer et du boudoir, 1894;

Hygiène des fiancés, 1897;

Les idées innées (Revue générale internationale).

Ce sont par excellence des livres de bonne foi : on y
trouve l'auteur tout entier, avec ses qualités, ne se répétant jamais, ayant toujours une raison pour dire quelque
chose de vraiment nouveau sur les sujets qu'il découvre
ou qu'il aborde à un point de vue inédit; quand il rit,
c'est de bon ton; quand il raisonne, c'est simple et convaincant, et on ne regrette pas le temps perdu, parce
qu'on y apprend toujours une idée vraie et utile ou amu-
sante. Tour à tour fou, savant, profond, spirituel, philosophe, médecin, astronome, il n'a pas écrit une ligne
d'ennui, de tristesse, ni de critique. Son seul défaut serait
d'avoir fait des vers, s'ils étaient faux ou navrants, mais
ils sont justes, gais et inspirés d'une philosophie saine et
abondante qui nourrit à la fois le cerveau et la rate. Et
puis, rare vertu par le temps de littérature qui court,
son français est de la vieille roche. Si, au lieu de vivre
à ce dix-neuvième siècle détraqué dans toutes ses articulations, il avait paru au temps de la renaissance, il
aurait une place, et non des dernières, dans l'histoire de
notre littérature : il serait un primitif, parce qu'il est sincère et original comme tous les écrivains indépendants.

Le lieutenant Barbaud était un de nos intimes, et quoique nous ne nous soyons rapprochés que lorsqu'il devint
capitaine instructeur de cavalerie à l'école de Saint-Cyr,

son amitié, dès le premier jour, était un dévouement absolu. Froid en apparence, mais violent et horriblement concentré au fond, c'est un caractère d'un intérêt suprême, au point d'en devenir touchant. Il ne fait pas de phrases, pas de sentiment, ne parle jamais de lui-même. Sous son calme on sent frémir une force qu'il tient en main, une sensibilité qui le tourmente, mais qu'il dompte comme il dompte les chevaux : car c'est un cavalier d'une puissance irrésistible, comme si la nature lui avait accordé ce don pour lui soulager un peu la continuelle tension de son cœur. Qu'il en est bien, de cette race franc-comtoise, athlétique en tout, en force comme en caractère, en passion comme en sagesse, qui a donné à la France tant de grands hommes, et qui envoie à la capitale tant de gens supérieurs dans les grandes positions, qu'ils peuvent en effet se dire, quand ils se rencontrent, qu'à Paris tous les personnages en vue sont Franc-Comtois!

A la fin de mon séjour à Niort, le 12e dragons fut envoyé en garnison à Pontivy et remplacé par un régiment de chasseurs commandé par le colonel de Gondrecourt, qui, en outre de ses brillants services militaires, s'était fait une grande réputation comme romancier, et dont plusieurs ouvrages resteront dans l'histoire de la littérature romantique. Il était de nos amis, créole de la Guadeloupe, et sa mère était liée d'enfance avec ma mère.

Je ne dois pas, quand ce ne serait qu'à la louange de notre aimable maison, manquer de noter que, grâce à l'aise qu'elle nous donnait, nous avons pu recevoir confortablement mon beau-père, ma belle-sœur, Mme Ferradou, Mme Nolte et sa fille, et enfin mon cousin Sainte-Rose Suquet avec sa femme, sa fille et son fils, pendant quinze jours, un mois, quatre mois, cinq mois, même donner dans la remise, tout le temps de notre séjour, un logement à notre couturière et à son père.

Niort, mémorable par tant de souvenirs rattachés au cours de notre vie, y marque l'origine d'un ouvrage, *les Lois pénales de la France*, d'où, comme je l'ai déjà dit, devait dériver ma carrière littéraire. Il justifiait le projet, que j'avais toujours caressé, de donner ma démission quand j'aurais servi vingt ans dans la magistrature. Au commencement de notre mariage, ma femme m'avait fait donner ma parole d'honneur d'achever ce travail : c'est à Niort que je l'ai sérieusement commencé, et je n'ai pas cessé, en dehors de mon service, d'y consacrer plusieurs heures par jour pendant huit années jusqu'en 1868, date de sa publication.

Parmi les personnes aimables que nous avons connues à Niort, se trouvait une vieille dame, Mᵐᵉ la marquise de Massignac, dont l'accueil nous avait d'autant plus flattés qu'elle était venue à nous d'elle-même, sur la gracieuse renommée de ma femme. Elle était aveugle, causait fort bien, avait tant de choses bienveillantes à nous dire, que nous mettions toute notre reconnaissance à la recevoir du mieux que nous pouvions. Elle demeurait près de chez nous, dans une vieille rue de la ville haute, et lorsque j'eus l'honneur de lui rendre visite, j'y trouvai le premier mot d'une énigme qui avait piqué ma curiosité, parce que, passant un jour devant sa maison, j'avais vu devant la porte une grande voiture peinte et dorée, qu'un domestique lavait et époussetait comme un carrosse de gala ayant appartenu jadis à quelque ancêtre haut placé. Je ne manquai pas, à la première occasion, de lui en parler : j'appris que c'était le carrosse de gala de son fils, qui avait été diplomate, et avec un air triste elle me fit à ce propos un récit qui vaut la peine d'être raconté, car il est un des témoignages extraordinaires et authentiques de ces perceptions à distance dont j'ai déjà donné un exemple. Certainement on en a souvent abusé, mais ce trait-ci, comme l'autre, montre une fois de plus que si elles sont parfois des mensonges, d'autres sont seulement des mystères dont la science, tout en ne pouvant les expliquer, reconnaît la réalité.

Voici donc ce qui est arrivé. C'était au temps où l'Allemagne n'était encore que la confédération germanique.

Le fils de Mᵐᵉ de Massignac était ministre de France à Dresde. Il était marié. Sa mère habitait Niort. Un jour, son valet de chambre, le même que j'ai vu encore chez elle, lui dit que pendant la nuit, étant parfaitement éveillé, il avait cru voir, dans une chambre d'apparat, la femme du ministre son maître couchée sur un lit de parade jonché de fleurs violettes, immobile, les yeux fermés, un crucifix entre les mains, comme une personne morte. Des prêtres et des religieuses, aux côtés du lit, récitaient des prières; les fenêtres voilées; et dans la chambre éclairée de cierges, défilaient des personnages chamarrés d'uniformes et de décorations, et venant l'un après l'autre s'agenouiller sur un prie-Dieu.

Tout en se disant que ce n'était qu'un rêve, la pauvre mère n'en ressentit pas moins une affreuse impression, et avant la fin du jour elle n'avait pas pu résister à écrire à son fils pour le supplier de la délivrer de ce cauchemar.

Le surlendemain, une lettre de son fils arrivait : tout était vrai, et s'était passé à l'heure même où l'âme du domestique, de ce pauvre diable, qui de sa vie n'avait eu même l'idée d'un cérémonial funéraire pour les femmes de diplomates, avait tout vu.

La criminalité, dans les Deux-Sèvres, est un peu au-dessous de la moyenne. A part quelques grands crimes passionnels qui éclatent dans toutes les contrées, les crimes contre les mœurs y sont, avec les infanticides, en majorité constante. Je n'aurais donc rien à raconter à ce sujet, si des circonstances poignantes, dans une poursuite contre un notaire accusé de faux, ne me restaient comme un de ces souvenirs de carrière si nombreux dans l'exercice de la justice criminelle.

Nous partîmes de bon matin, accompagnés d'une brigade de gendarmerie, et vers neuf heures nous arrivâmes devant la porte du notaire. Il était en tournée d'affaires. Nous fûmes accueillis par sa jeune femme, très belle, parfaitement élevée, qui nous reçut comme une maîtresse de maison, l'air très gracieux, ne se doutant aucunement qu'il s'agit de son mari. La maison étant la seule bien installée dans le bourg, elle croyait que nous venions nous y établir plus convenablement pour opérer à propos de quelque méfait commis dans les alentours.

La maison avait l'aspect riant de l'ordre, de l'aisance, du bonheur. Par de grandes fenêtres, le soleil y semblait faire tout briller de joie. Dans un beau jardin couvert de fleurs, de treilles, d'arbres fruitiers, on voyait picorer les poules, sautiller les oiseaux, voltiger les papillons, et dans la chambre où l'on nous fit entrer, il y avait, à côté du lit de son père et de sa mère, le berceau où s'ébattait un bel enfant qui poussait des cris de joie à voir tout ce monde s'agiter autour de lui. La mère m'avait déjà assez ému, mais l'enfant, qui était juste de l'âge du mien, me bouleversait. On peut sentir ce que ce contraste avait de déchirant pour mon cœur de père.

Quelques minutes se passèrent. Nous n'avions encore que murmuré de vagues paroles en réponse aux politesses de la dame; arrivés à la chambre, nous n'avions plus qu'à dire ce que nous venions faire, et notre silence finit par déconcerter la malheureuse : l'idée ne lui était pas encore venue que son mari pût être arrêté pour faux, mais certainement elle le savait plus ou moins compromis. Elle s'arrêta, nous regarda dans les yeux, et nous dit :

« Mais, Messieurs, que se passe-t-il donc? Je vois sur vos visages une froideur de glace! Vous ne parlez pas. Viendriez-vous m'annoncer un malheur?

— Madame, répondit le juge d'instruction d'un ton sourd, en désignant une porte fermée, il faut que nous entrions dans cette pièce. »

C'était le cabinet du notaire.

Elle alla s'adosser à la porte, les bras écartés :

« C'est le cabinet de mon mari, s'écria-t-elle, je ne veux pas que vous entriez! »

Et comme le juge d'instruction faisait un geste pour ouvrir, elle tourna sur elle-même, se jeta à genoux devant moi, et avec des cris et des sanglots, me demanda grâce pour son mari, pour son enfant, pour elle-même, comme si j'étais seul à tenir leur sort dans mes mains!

Il ne m'était jamais arrivé rien de pareil. Dans nos transports de justice, quand nous entrons dans une maison, y apportant le désespoir, nous voyons couler bien des larmes, nous entendons bien des sanglots, nous voyons des femmes égrener leur chapelet en criant : « Jésus! Marie! Joseph! » et s'évanouir; on tient bon, parce qu'on le doit à sa dignité de justicier, quand on pleurerait si la scène se passait sur un théâtre : mais cette femme tordue à mes pieds, prête à m'embrasser les genoux, c'était à en perdre le sang-froid. Je n'ai jamais senti, dans tout le cours de ma carrière, en des occasions analogues, une émotion aussi pénible.

La suite de l'affaire ne fut pas moins navrante. Installés dans le cabinet, nous vîmes arriver le notaire. Il tremblait tellement de la tête aux pieds, que je ne pus m'empêcher de l'inviter, même dans son intérêt, à ne pas s'abandonner à tant de lâcheté. Il ne me répondait pas. Je remarquai que tout autour de ses pieds il y avait une mare d'eau : on me dit alors qu'à peine avait-il été arrêté, il s'était jeté dans un canal profond, pour s'y noyer D'ailleurs, comme la preuve des faux et des abus de confiance était écrite dans les minutes qui se trouvaient là dans son cabinet, il avoua tout, et ayant achevé nos opérations, nous le fîmes emmener à Niort, et nous quittâmes la pauvre maison sans avoir, heureusement, été obligés de revoir la pauvre femme.

Pendant le cours de l'instruction, elle venait chaque semaine me supplier pour son mari. Tout ce que je pouvais faire était de lui dire combien je prenais part à son malheur et de l'exhorter le plus doucement possible à la résignation, les faits étant prouvés et de la dernière gravité, car il y allait des galères sans compter d'autres peines. Pour comble d'angoisse, son mari essaya encore de se suicider.

La conclusion fut terrible. Je le fis destituer de son

office de notaire, condamner à quatre ans d'emprisonnement pour abus de confiance, et à cinq ans de travaux forcés pour faux en écriture publique.

Il y a, dans tous les services publics, mais particulièrement dans les parquets, des affaires de juridiction gracieuse dont l'exercice est déterminé par la loi, dont elles ne sont que des abréviations, et qui, faites pour simplifier, ne donnent lieu à aucune difficulté : mais en dehors des services légaux, professionnels, pourrait-on dire, il y a des faits où la loi est douteuse, et surtout des circonstances accessoires où, malgré la légalité, on ne peut résoudre la question que par des à peu près qui vont presque à l'illégalité, mais que les intéressés acceptent sous peine de s'exposer à avoir pis.

C'est à Niort que j'ai fait connaissance avec un de ces casse-tête. J'en suis venu à bout ; mais on pourra se faire une idée du fagot d'épines qu'il m'a fallu débrouiller, quand on saura qu'il s'agissait d'arracher à un couvent de carmélites une jeune fille riche enlevée à sa famille ; que je traitais l'affaire seul, au parloir, devant la grille voilée d'un rideau, avec la supérieure entourée de toute la communauté ; qu'il pouvait y avoir avec elle, pour la souffler, un ou plusieurs prêtres, et qu'entre autres objections, on me faisait entendre la voix de la jeune fille me disant : « Je suis majeure. »

La plainte m'était adressée par M. Renaud, mon ancien chef à Napoléon ; il était en ce moment procureur impérial à Poitiers. Il me recommandait cette affaire, me disant que la famille était une des plus riches du pays ; qu'il se faisait dans tout ce coin du Poitou un abominable racolage par deux vieilles dévotes, au profit des couvents, où elles avaient déjà fait disparaître plusieurs jeunes filles riches, malgré la volonté de leurs parents. L'affaire était donc de nature à prendre des proportions. Or, si je la prenais par la rigueur, je serais obligé d'en référer au procureur général, elle irait à la chancellerie, et on n'en entendrait plus parler.

Je résolus donc d'abord de prendre les choses en douceur, mais après avoir établi comme point de départ que
je me présentais, en qualité de magistrat, sur une plainte
en séquestration de personne ; que je ne poursuivrais que
si on refusait de remettre la jeune fille à ses parents. Je
ne sortais pas de la loi, et je laissais la porte ouverte à
l'obéissance : gant de velours, main de fer, et pas d'éclat.

A la première entrevue, je passai deux heures au parloir du couvent, avec la supérieure, en ce tête-à-tête à
l'aveuglette. Résolu à ne pas sortir de la plus stricte politesse avec mon inconnue, qui se déclarait la supérieure
du couvent, et qui pouvait d'ailleurs être n'importe qui,
j'eus besoin de toute ma patience et de toute ma force
pour subir ce qu'une femme intelligente, habile, pouvait
imaginer et tenter pour se délivrer de ce gant de velours
où je la tenais avec une imperturbable courtoisie. Mais
c'était à perdre la tête. Non seulement elle parlait avec
une continuité et une émotion intarissables, mais à tout
instant elle faisait intervenir ces scènes, vraies ou imaginaires, qui se passaient derrière le voile de la grille ; autour d'elle, les religieuses en pleurs, la jeune fille s'éva-
nouissant de désespoir. Et comme, en fin de compte, elle
ne pouvait pas sortir d'un cercle infranchissable, elle ne
faisait que s'y débattre comme un oiseau pris au piège.
Au bout de deux heures, ne sachant plus à quel saint se
vouer, elle se rendit à merci, consentit à remettre, en ma
présence, la jeune fille à ses parents, promettant de le
faire trois jours après. Je la saluai et je sortis en m'essuyant le front, convaincu que la restitution allait se faire
sans difficulté.

Je me trompais : tout était à recommencer. Cette fois
je n'étais pas seul : le père et le fils, sur une dépêche de
moi, étaient arrivés, et je les amenais avec moi pour y
reprendre la jeune fille. Bien entendu je leur défendais de
prendre la parole sans ma permission, car je ne voulais
à aucun prix rouvrir la discussion, puisque l'entrevue
n'avait plus d'autre objet que d'exécuter la promesse faite.

8

Mais à ma grande surprise, aux premiers mots de la supérieure je pus voir qu'elle prétendait reprendre l'affaire comme si de rien n'était, espérant qu'à force d'argumenter elle m'amènerait à renoncer à la tenir quitte de sa promesse. C'était un simple enfantillage, mais évidemment elle y était poussée par des conseils autorisés. En conséquence je lui dis d'abord que je ne venais plus pour discuter, puisque j'avais obtenu ce que je demandais, et je la priai de remettre la jeune fille à son père et à son frère, ici présents.

Alors recommença une scène encore plus irritante que la première, animée des mêmes épisodes, tout cela caché derrière ce voile, et consistant à répéter que la jeune fille ne voulait pas sortir, que toute la communauté était penchée autour d'elle pour la tirer de ses crises de désespoir, et moi répliquant indéfiniment, sous toutes les formes et avec une exquise politesse, ce dilemme : « Si vous ne voulez plus le faire de bonne volonté, je vous le ferai faire de force, car je suis saisi d'une plainte en séquestration. » Je n'en sortais pas, et malgré tout ce qu'elle disait, elle n'en pouvait pas sortir.

Cela dura trois heures d'horloge, et quand je me rappelle à quel degré d'énervement j'étais arrivé, surtout parlant devant un rideau, obligé de peser chacune de mes paroles sans savoir devant qui je parlais, j'admire comment j'ai pu retenir ma patience jusqu'au bout. Le fils, à force d'être exaspéré, finit par s'élancer contre la grille, et la secouer avec rage !

Je ne pouvais pas douter qu'il n'y eût derrière le rideau des témoins embusqués pour me compromettre dans le cas où j'aurais fait quelque abus de pouvoir ou quelque maladresse. Je sautai sur lui, je le pris par le bras, et d'un ton de violente colère je lui fis des reproches furieux et je le poussai à la porte du parloir, en lui défendant de rentrer.

Mais je fis quelques pas dehors, et je lui dis à l'oreille :
« Au lieu de faire de la violence, allez donc veiller à

cette porte cochère qui est là derrière le couvent, et par
où on ferait peut-être évader votre sœur, pendant que
vous faites des maladresses ! »

Comme il faut que tout ait une fin, la supérieure, me
reconnaissant imprenable, poussa un soupir de résignation en me disant qu'elle allait me remettre la jeune fille.
J'entendis un remue-ménage, une porte s'ouvrit, dans un
coin du parloir, sur un corridor noir éclairé par des lanternes sourdes, et d'un groupe de femmes à peine visi-
bles nous vîmes arriver au dehors la jeune « délivrée
malgré elle ». On la remit à son père, sur le front duquel
elle laissa tomber un baiser de glace, et je l'emmenai chez
moi, où ma femme lui offrit une chambre pour passer la
nuit en attendant son départ. Nous lui donnâmes à dîner,
ainsi qu'à son père et à son frère. Le dîner ne fut pas
précisément semé de roses. Les deux hommes, tout en
nous remerciant respectueusement, étaient des demi-
paysans, la fille ne leur disait pas un mot, et à nos reproches ne répondait que par des stupidités. Ils partirent,
et je ne sais pas ce qu'elle est devenue, mais telle que je
l'ai vue, je crois que si elle n'est pas retournée au couvent, bête comme elle l'était, c'est parce qu'elle aura eu
peur de moi. Elle, ou peut-être bien les carmélites. A
cette époque la situation était très tendue entre l'Empire
et le clergé, et j'ai la vague espérance que le parti cléri-
cal aura conseillé aux couvents de ne pas attirer sur eux
l'attention du ministère des cultes.

La première année de notre séjour à Niort fut signa-
lée par une série d'orages d'un nombre et d'une violence
extraordinaires : pendant un mois, il tonna de telle façon
qu'un jour j'eus sérieusement peur de l'orage, ce qui ne
m'est arrivé que cette fois dans toute ma vie. Pendant
deux heures, les coups de tonnerre se suivirent sans interruption, avec tant de fracas et de lumière, que le jardin semblait sauter contre la maison, qui en tremblait
comme prête à s'écrouler.

Un autre soir, nous étions dans le salon, dont le mur

latéral, entièrement couvert d'un lierre épais, descendait jusqu'au bas de la vallée ; l'autre mur donnait de plain-pied sur le jardin. A chaque façade il y avait sur la vallée une fenêtre, et sur le jardin une porte et une fenêtre, le tout fermé par des crochets aux contrevents et des espagnolettes aux croisées. Je chantais au piano avec Mllo Nolte, dans le coin opposé, ma femme était étendue sur une chaise longue, et à sa gauche reposait, sur un guéridon de vieux noyer, une lampe allumée. Tout à coup, sans bruit, sans secousse, contrevents et croisées s'ouvrirent à la fois ; une lumière éblouissante, rouge, éclata dans le salon, un tourbillon de vent s'engouffra, secouant les tentures, et fit pencher la lampe. Chose inexplicable, j'eus le temps de traverser le salon et de la retenir pendant qu'elle tombait, et je vis ma femme qui, les mains sur les yeux, paraissait simplement avoir peur. D'un tour de main je fermai tout, et je courus à elle. Mais elle resta un bon moment, toujours les mains appliquées sur les yeux, et ne répondant pas. Quand elle se remit enfin, nous vîmes qu'elle avait, à gauche du front et près de la tempe, une plaque d'une vive rougeur, qui disparut peu à peu avant la fin de la soirée, sans lui faire d'ailleurs d'autre mal. Mais elle avait été tout simplement foudroyée à la tête, et c'est miracle que ce coup de tonnerre ne l'ait pas tuée. Cette fois, je n'avais pas eu le temps d'avoir peur, mais je dus reconnaître qu'on peut n'être pas si poltron quand on se voit secoué par la foudre en fureur.

Quoi qu'il en fût, il m'était resté, au milieu de mon bonheur, une de ces impressions sinistres qui viennent rappeler à un homme heureux combien la mort est près de la vie, comment elle ne cesse point de marcher pas à pas sur les talons de ceux qui lui sont plus chers que lui-même. Quelques jours après, la mort allait essayer de m'arracher mon fils. Cette fois, je l'avoue sans honte, j'ai eu peur, mais cette peur même en exaltant mon caractère naturel, a sauvé la vie de mon enfant.

C'était donc peu de jours après la scène du coup de

foudre. Je n'ai pas noté le jour, mais les dames Nolte étaient encore avec nous. Nous étions dans le salon, la porte ouverte sur le jardin, et recevant une visite d'un de mes bons amis et père comme moi. Tout à coup, la nourrice entre, tenant l'enfant tout droit, se jette à genoux et dit, en le tenant debout devant sa mère :

« Mon petit étrangle ! Il étouffe ! Il va mourir ! » Et se relevant, elle sort dans le jardin, essayant de le ranimer en le faisant teter, mais il ne pouvait plus avaler, et le lait débordait des deux côtés de ses lèvres. Nous étions debout autour d'elle. Elle retira de la bouche un fragment d'abricot vert, mais elle nous dit qu'elle lui en avait donné à sucer un morceau, qu'il l'avait avalé, qu'on le sentait avec le doigt à l'entrée de la gorge. Nous essayâmes tous de l'enfoncer : il recula, mais il était trop loin pour le saisir. Ces dames, les domestiques, étaient affolés, la nourrice pleurait ; ma femme, éperdue de désespoir, s'était jetée dans le salon et priait Dieu en criant. Tout à coup la tête du pauvre petit se penche sur l'épaule de sa nourrice, son visage pâlit, ses yeux et ses lèvres deviennent livides : c'était la mort !

Je fis un tour sur moi-même, les bras grands ouverts, et, tourné vers l'espace qui s'étendait devant moi, je poussai un cri prolongé si terrible que tout le voisinage en fut épouvanté et se précipita vers notre maison.

Mon cri n'avait pas duré deux secondes : en ces deux secondes, j'eus le temps de me ressouvenir qu'un jour, quel jour ? étant à ma toilette, je m'étais dit, en maniant une brosse à dents, que cette brosse étroite, emmanchée d'une longue palette, mettait sous la main un outil parfait pour pousser plus loin un corps étranger arrêté dans l'œsophage ; et, aussi rapide que ce souvenir, je sautai au premier étage, je me jetai dans le cabinet de toilette, et la brosse serrée entre mes doigts, je me précipitai dans l'escalier. D'un bond j'étais devant mon fils, et d'un trait, lui enfonçant la brosse dans la gorge, je lui rendis la vie. J'eus quelques secondes d'épouvante : un peu de sang sortait de sa bouche. Mais il respirait, et au bout de quelques minutes il recommença à teter.

Un épisode pathétique vint ajouter une sorte de solennité à cette scène : au moment où je m'élançais pour monter dans la maison, un flot de gens qui avaient entendu mon cri descendaient en courant un chemin en pente rapide qui menait de la grille extérieure au jardin. Le temps de revenir auprès de l'enfant, ils étaient descendus en grand nombre et venaient l'entourer pendant que j'accomplissais mon sauvetage.

Une telle secousse ne pouvait manquer, tel que je suis fait, de m'infliger une rude réaction : répète qui voudra qu'un homme, même dans un héroïsme de sentiment, ne doit jamais pleurer, j'ai pleuré, j'ai tremblé de tout mon corps, mes jambes fléchissaient, et mon ami fut obligé de me prendre sous les bras et de me faire promener longtemps dans le jardin pour me remettre.

Je n'ai jamais été névropathe : jamais mes nerfs ne m'auront fait faire une sottise, une maladresse ou une lâcheté ; bien au contraire, s'il m'est arrivé parfois de trouver dans un moment critique une dose suffisante de sang-froid, d'à-propos ou d'énergie, c'est à mes nerfs que je le dois, parce que là où la sensibilité n'est pas la maîtresse, l'intelligence n'est qu'un mécanisme.

Au mois d'août 1861, Francisque Sarcey, l'un des plus vaillants rédacteurs du *Figaro,* et qui devait, pour son incomparable talent, être surnommé le prince des critiques, publiait un volume intitulé : *le Nouveau Seigneur du village.* C'était le roman d'un maire de village qui, abusant de ses attributions politiques et administratives, parvenait presque légalement à se faire le tyran de toute la population de sa commune et à écraser les récalcitrants sans qu'ils pussent se défendre. Ce livre, avec beaucoup d'esprit, était pétri du bon sens qui donnait à tout ce qu'écrivait Sarcey une autorité irrésistible; il fut accueilli, ainsi qu'à l'ordinaire, par ses partisans, mais enfin accueilli comme une satire, où il est entendu que l'exagération est de style, l'optique de la satire, comme celle de la comédie, exigeant un grossissement pour mettre au point les personnages et les jeux de scène. Il n'est pas besoin de dire que dans le monde officiel on en haussa les épaules. Donc, les uns rirent de bon cœur, les autres rirent de pitié, mais des deux côtés on convint que la donnée était drôle.

Trois mois après, l'affaire Desclonds éclatait.

Cette affaire était le premier scandale électoral de l'Empire. Le suffrage universel, jusque-là gouverné à peu près sans résistance par l'administration, découvrait une de ses misères, la nécessité de s'appuyer sur les maires de campagne, qu'il fallait prendre tels qu'on les trouvait, et de leur donner une confiance sans réserve. Tant que les choses se passaient entre l'administration et le maire mal noté, on écartait son influence ou on lui ôtait doucement son écharpe, et tout était dit. Mais cette fois, le maire d'un chef-lieu de canton, agent patenté du préfet dans les élections, était attaqué pour fraude électorale par un haut fonctionnaire du même département. Candidat au conseil général, ayant pour concurrent ce fonctionnaire, il avait, de ses propres mains, fraudé le scrutin, et une information ayant été suivie par le parquet de Niort, on découvrit sur son compte des abominations de toute espèce, qui duraient depuis des années, et que tout le pays savait, excepté l'administration.

Une fois l'affaire engagée, la nouvelle s'en répandit comme une traînée de poudre, et bien qu'aucun reporter, en ce temps-là, n'en fût encore à assiéger, comme ils font maintenant, les témoins, les avocats, les magistrats, les greffiers et jusqu'aux guichetiers, rien que par les lettres qu'on écrivait de Niort, il n'y eut pas un détail de l'affaire qui ne fût répandu dans tout Paris. Un de nos substituts de Rodez, qui avait fait à ce moment un voyage à Paris, m'a raconté que dans les cafés, sur les boulevards, il avait vu les gens s'aborder de toutes parts pour causer de l'affaire; l'Europe entière en retentissait.

M. de la Bigotie, directeur de l'enregistrement, avait chargé M. Ricard, son avocat, de citer Desclonds, pour fraude électorale, devant la chambre de police correctionnelle de Niort, M. Ricard vint chez moi me demander un jour pour assigner. Ces sortes de demandes se faisant d'ordinaire au parquet, et les qualités des parties attirant mon attention, je lus l'assignation, ce qui ne se fait guère non plus. Comme elle contenait, outre les fraudes électorales, des délits de droit commun, je lui dis que mon intention était de poursuivre d'office, que j'allais en demander l'autorisation au procureur général, ce que je fis le jour même, et celui-ci m'y ayant autorisé courrier par courrier, je saisis le juge d'instruction, et l'information commença.

Desclonds, en commençant sa carrière, avait fait une profession de foi qui le peint tout entier, et qui devait réaliser son histoire : « J'aurai des honneurs et de la fortune, avait-il dit un jour, et pour y parvenir, j'emploierai tous les moyens possibles. » Il y est arrivé, mais, de son histoire, il avait oublié le dernier chapitre.

A part la catastrophe, que les ambitieux ne mettent jamais en ligne de compte, on est confondu de voir comment, à force de faire du mal autour de lui, chacun de ses méfaits, on peut le dire, l'a fait avancer d'un pas vers ces honneurs et cette fortune qu'il s'était juré de conquérir. Violent, débauché, indélicat, au lieu de lui faire des ennemis, chacun de ses vices devenait entre ses mains autant d'instruments de corruption pour qui se livrait à lui, de persécution pour qui lui refusait complicité : c'est ainsi que, la menace d'une main, la faveur de l'autre, il se faisait de tous les méchants des exécuteurs aveugles de ses volontés, et de tous les honnêtes gens des victimes. Au commencement, quelques uns s'étaient défendus, mais les uns après les autres, grands ou petits, avaient été brisés « par tous les moyens possibles », et dans les derniers temps qui précédaient la poursuite on se défendait si peu, que dans les rues, sur les chemins et jusque dans les champs, on n'osait plus dire certaines choses qu'à voix basse, tant il y avait d'espions de Desclonds embusqués derrière les murs, les haies ou dans les fossés. C'en aurait été déjà plus qu'il n'en fallait pour démoraliser les honnêtes gens; mais quand ils voyaient la faveur et la puissance de cet être malfaisant grandir invariablement à mesure que sa tyrannie devenait plus exécrable, la superstition s'en mêlait, et cette puissance mystérieuse allait, chez beaucoup de gens de la campagne, jusqu'à voir en Desclonds un suppôt du diable.

J'ai donc pu dire dans mon réquisitoire, sans un mot d'exagération :

« Que voyons-nous en effet? Un pays qui, sous le gouvernement le plus démocratique et le plus fort qui ait jamais existé en France, au dix-neuvième siècle, était opprimé, corrompu, broyé aux pieds, par un tyran qui pesait à la fois sur les intérêts, sur les actions, sur la volonté, sur les pensées mêmes, dont il savait, et par quels moyens, grands dieux! surprendre tous les secrets, arrivant de la sorte à imposer son autorité à tous, même aux agents du gouvernement qu'il prétendait servir. Voilà, Messieurs, ce qui s'est passé sous nos yeux, et ce qui constituait pour le malheureux canton de Lenville un état social qu'on n'eût pas toléré dans les plus mauvais jours des siècles passés. »

Il arriva, petit médecin, à Lenville. C'était à la fin de la Restauration. Le gouvernement des Bourbons, battu en brèche par le libéralisme chaque jour plus puissant, se défendait par une réaction franchement désespérée; aussi quiconque se dévouait à lui était assuré de sa faveur. Desclonds, à force d'hypocrisie et de bassesse, se faufila dans la noblesse et dans le clergé, et non content d'affecter son dévouement pour les Bourbons, il affecta la religion au point qu'un jour l'évêque de Poitiers étant venu à Lenville, il obtint l'honneur de porter dans la procession la crosse épiscopale, et seul de toute la population, s'approcha de la sainte table à la grand'messe, et reçut la communion des mains de Monseigneur.

Par malheur, le moment se trouvait aussi mal choisi que possible pour cette édifiante manifestation : c'était en juin 1830; un mois après, la révolution de juillet renversait les Bourbons, et de suppôt du trône et de l'autel, Desclonds devenait suspect au nouveau régime.

C'était une chute à casser les reins de la plus vigoureuse ambition : mais il avait pour lui, servie par un caractère de fer, une hypocrisie telle qu'on ne la retrouve plus de notre temps. Sa vie l'a bien fait voir : il faut ressusciter un empereur romain ou un tyran du moyen âge, pour comprendre comment, dans un pauvre petit canton de France, dans l'humble condition d'un médecin de village, sans talent, sans fortune, sans moralité, sans autres précédents que des bassesses ou des vilenies, cet homme soit parvenu où je l'ai trouvé, et qu'il ait eu encore assez de force, rien qu'en se débattant contre le châtiment, pour faire destituer le préfet qui avait osé accepter sa démission, et m'envoyer en disgrâce.

Après une pareille déconfiture, la convalescence avait été longue; et quand on pense qu'elle l'a tenu dix-sept ans à cuver sa rage et à avaler des couleuvres sans pouvoir s'en tirer, on peut mesurer ce qu'il a mis de patience à tisser cette toile d'araignée où il devait un jour envelopper toute une population. Ce ne fut qu'en 1847, au moment où les vainqueurs de 1830 allaient être à leur tour les vaincus du lendemain, qu'il obtint, grâce au mauvais air qui soufflait déjà sur l'avenir, une méchante place d'adjoint. Faute de mieux, il s'y trouvait tout porté pour trahir dans le cas où la révolution qui s'annonçait lui serait moins malencontreuse que celle de 1830.

La preuve qu'il y avait pensé, c'est qu'aussitôt la république de 1848 proclamée, il se trouva républicain de la veille, et établit immédiatement un club, ce qu'il n'aurait certainement pu entreprendre s'il ne se fût pas déjà signalé comme républicain avant la république.

En quelques semaines, grâce à sa profession de foi, il regagna les dix-sept ans d'impuissance que lui avait valus sa communion de juin 1830. Par l'influence d'un de ses parents, il est nommé commissaire du gouvernement provisoire. A l'aide des hommes tarés du canton, il organise une véritable terreur, commence par le curé, qu'il fait chasser de Lenville sur une délibération de son club, au risque de le faire assassiner, et continue en menaçant et en dénonçant tant de personnes que déjà tout le canton tremble devant lui. Au passage du prince Louis-Napoléon dans son voyage triomphal à travers la France, il court à Niort, avec drapeaux et fanfares, à la tête d'une bande de manifestants éperdus d'enthousiasme. Par la menace, l'espionnage, la corruption, la dénonciation, il enrégimente une police d'estafiers, neutralise les fonctionnaires et les agents du gouvernement, jusqu'aux gendarmes; se fait livrer les correspondances de la poste, terrifie le conseil municipal, et par la débauche des femmes et des filles, se rend maître de tous les secrets et de toutes les influences, en comblant de faveurs leurs maris et leurs parents.

Et de 1848 à 1861, pendant treize années, cette abominable tyrannie a duré, non pas combattue, non pas secouée, non pas même dénoncée, car nul n'osait se plaindre ou parler, mais s'étendant, s'affermissant, enfonçant ses racines, et qui désormais semblait défier la foudre.

Tout le miracle n'était pourtant que dans une force misérable, mais dont Desclonds avait su faire une puissance : l'hypocrisie. Pour faire ses victimes, certes il usait de menaces, de violence, de corruption et de débauche; c'était assez bon pour des villageois ou des pauvres diables de fonctionnaires; mais dans ses rapports avec la préfecture et les personnages influents, il n'avait qu'un outil, la flatterie. On ne connaissait que lui, on ne s'adressait qu'à lui, et chaque fois qu'on le consultait, chaque fois qu'il dénonçait, c'était avec un débordement de flatteries qui, si grossières qu'elles fussent, effaçaient toutes les objections, le souffle de la flatterie ayant la vertu singulière de dissiper toute méfiance. Longtemps avant d'avoir à le poursuivre, et étant encore procureur impérial à Fontenay-le-Comte, je m'étais rencontré à un dîner chez un de mes juges de paix, où il était invité en qualité d'homme considérable et d'ami. On me le présenta. Il me débita des flatteries si enthousiastes et si basses sur la magistrature, que j'en emportai sur son compte un vague mépris. Qui m'aurait dit que si peu de temps après j'allais trouver de si terribles confirmations à ce jugement!

Après une information qui avait duré plus de trois mois, les débats de l'affaire ont duré six jours. Sept journaux avaient envoyé des rédacteurs pour rendre compte des audiences, sans compter un sténographe que j'avais fait venir à mes frais pour me garer contre les inexactitudes que la presse ne manquerait pas sans doute de commettre à mon préjudice. Outre la salle comble de curieux venus de partout, les quatre rues aboutissant au tribunal étaient bondées d'une foule d'au moins dix mille personnes qui se communiquaient de bouche en bouche les détails de chaque incident d'audience saisis à la volée par les gens qui sortaient de la salle. Il a été entendu deux cent quarante témoins. Mon réquisitoire a duré sept heures, et la réplique, que j'avais confiée à mon premier substitut M. Brault, trois heures. Un volume in-8° ne suffirait pas à reproduire les débats : c'est dire qu'il me serait impossible d'en donner même un résumé. Je ne puis donc que rapporter les dispositifs du jugement avec les motifs des condamnations : on y verra les délits relevés à la charge de chacun des condamnés. Je ne puis donc que renvoyer à mon réquisitoire, publié en 1861 par L. Favre, à Niort, et aux journaux du temps, les lecteurs désireux d'en apprendre davantage. Pour donner une idée de l'émotion que cette affaire a excitée, il me suffira de dire que, dans un article du 21 décembre 1861, le *Journal des Débats* commençait en ces termes : « Le procès de Niort vient de se terminer par la condamnation du principal accusé. Il comptera parmi les plus instructifs qui aient été plaidés en France depuis 1815. »

Trois chefs de prévention étaient relevés contre Des-clonds :

1° Complicité d'excitation à la débauche, avec la femme Bély, auteur principal. Il s'agissait de deux filles que, moyennant argent, la femme Bély avait procurées au maire de Lenville.

2° Complicité d'ouverture d'une lettre confiée à la poste, et qui lui avait été communiquée tout ouverte par Mlle Ravan, directrice de la poste, inculpée comme auteur principal.

3° Fraudes électorales, comme auteur principal, avec la complicité de son fils et de Reau, garde champêtre à Lenville.

Le premier chef ne présentait en lui-même rien qui sortît des détails ordinaires de ces sortes de manœuvres. Mais Desclonds en étant le bénéficiaire, la défense essayait de ressusciter une jurisprudence abandonnée par la cour de cassation, et par laquelle celui qui devenait l'amant d'une fille après avoir employé l'entremise d'un tiers pour la séduire, ne pouvait être condamné comme complice, parce qu'il n'avait pas participé directement aux actes de séduction. Mais la jurisprudence de la cour de cassation est depuis longtemps fixée dans un sens contraire, notamment par un arrêt du 10 novembre 1860, et le séducteur, bien qu'il en ait ultérieurement profité, n'en est pas moins punissable pour s'être d'abord rendu complice, par des actes personnels, de l'agent qu'il aura soudoyé.

C'est dans l'ouverture d'une lettre confiée à la poste et dans les fraudes électorales que se sont développées dans toute leur étendue la puissance et l'audace du maire de Lenville. Rien que dans le cadre de ces deux incri-minations, on a pu embrasser d'un regard l'histoire de sa vie et l'infernale organisation de ce pouvoir dont j'ai tracé plus haut l'ensemble et le plan. Dans l'affaire de la lettre, c'est en séduisant la directrice de la poste, ou plu-tôt en la terrifiant, qu'il est parvenu à en faire son instru-ment et sa complice; dans l'élection, c'est par la menace,

la corruption, la calomnie, l'hypocrisie, par ses escoua-
des de complices et d'espions, qu'il a continué ce qu'il
faisait depuis treize ans, sauf que cette fois, vu la solennité de l'opération, il a mis la main à la besogne. Nuit et
jour en voiture, il inspectait ses bulletins, se les faisant
montrer par les électeurs, et leur arrachant ceux de son
concurrent.

Parmi les anecdotes qui signalèrent ces inspections,
une que plusieurs témoins ont répétée, mais qui n'a pas
été relevée parce qu'il ne pouvait pas y avoir de preuve,
a flotté comme un voile noir sur toute cette partie des
débats, bien que personne n'y ait même fait allusion ; mais
on la voyait écrite sur les visages des témoins.

L'avant-veille de l'élection, Desclonds, en sa qualité de
médecin, arrive chez la veuve Litibrain. La malheureuse
est entre le corps d'un de ses fils, qui vient de mourir,
et son second fils, dangereusement malade. Le docteur
Desclonds jette un regard indifférent sur le mort, un coup
d'œil distrait sur le malade : mais Desclonds le candidat,
qui a les yeux toujours ouverts sur son élection, aperçoit
sur un meuble un pli de papier. Il le saisit, l'ouvre : ce
sont des bulletins de vote au nom de son concurrent ! Il
les saisit, les fait jeter au feu, ordonne une potion pour
le malade, et s'en va.

Il n'a pas eu lieu de revenir : le lendemain le malade
était mort. La veille au soir, Desclonds avait fait prendre
au malade une dose de calomel. La potion qu'il ordon-
nait en s'en allant était simplement un loch blanc ; mais
il oubliait que le loch blanc, ordinairement inoffensif,
puisqu'il ne contient que du lait et des amandes amères,
forme, quand il se rencontre dans l'estomac avec le mercure, un poison des plus violents, le sublimé corrosif...

Dans tout le cours de l'information, ce ne fut qu'un cri
d'horreur : « Il l'a fait exprès ! » Mais outre l'invraisemblance d'un crime aussi abominable, et sans compter que,
le fait étant admis, il aurait fallu prouver l'intention, ce
qui était impossible, jamais, quelle que fût mon opinion

sur la démoralisation de Desclonds, je ne l'aurais, sur de simples propos, poursuivi pour empoisonnement : il m'aurait fallu plus que cela. Mais sans être un chef d'accusation, la mort du jeune Litibrain n'en restait pas moins un fait de moralité. De la part d'un médecin comme Desclonds, oublier que combiner des amandes amères avec du mercure produit du sublimé corrosif, c'était une erreur absolument inadmissible, et l'opinion se jetait sur un homme qui s'était montré capable de tout. Il n'y avait néanmoins de saisissable qu'un oubli, où la préoccupation et la colère du candidat avaient dû affoler jusqu'à la mémoire, d'ordinaire si imperturbable, du vieux praticien. C'est pourquoi je me suis borné dans mon réquisitoire à faire simplement allusion à la déposition sinistre d'un des témoins entendus.

Bien que ne se rattachant pas aux fraudes électorales poursuivies à la suite de l'élection de Lenville, la destitution de M. Lowasy de Loinville, préfet des Deux-Sèvres, intervenue au cours de l'élection, est bien faite pour montrer comment, jusqu'aux derniers jours de sa puissance et de son audace, au cours des manœuvres électorales qui devaient l'amener où il allait tomber, le maire de Lenville avait conservé son crédit en haut lieu.

Après avoir été longtemps engagé par la confiance que ses prédécesseurs lui avaient transmise, il en était venu à le démasquer, Desclonds ayant écrit sur son compte des lettres abominables. Il lui avait retiré sa confiance. Desclonds, furieux, lui envoya sa démission : à sa profonde stupéfaction, le préfet l'accepta. Peu de jours après, M. de Loinville était révoqué.

Tout le monde pensa que le coup venait de Desclonds, et on n'en doutera pas si l'on veut bien se rappeler le dîner à la suite duquel M. de La Rochejacquelein était venu chez moi se plaindre si amèrement du préfet : or Desclonds était un de ses agents électoraux, et il est manifeste pour moi que M. de La Rochejacquelein était l'auteur de la révocation, qui fut exploitée à grand renfort de réjouissances grossières contre M. de Loinville et M. de la Bigotie.

Quand Desclonds, encore tout chaud de sa bataille électorale, qu'il prenait pour une victoire, se vit poursuivi par la justice, loin de se déconcerter, lui qui venait de se voir sacrifier un préfet se dit sans doute que grâce à ses protecteurs, et au moment où les électeurs de Lenville venaient de l'élever sur le pavois du suffrage universel, il n'allait faire qu'une bouchée du procureur impérial qui avait l'audace de le poursuivre.

Tout le temps de l'élection, il menaçait ses adversaires du procureur impérial : maintenant, c'est le procureur impérial qu'il menace, et avec lui le juge d'instruction. Des brouillons de lettres saisis chez lui prouvent qu'il les dénonce à ses protecteurs comme « animés par la haine et la vengeance », et Mesnard, le tambour de ville, son âme damnée, va répétant que « les magistrats sont des sots, que M. Desclonds tient le procureur impérial et va le mettre en prison ».

Que Desclonds nous ait fait attaquer en haut lieu, il n'y a pas à en douter : au moment où l'instruction arrivait à l'apogée des infamies de toute sorte qu'on révélait de jour en jour, alors que les témoins, peu à peu rassurés, osaient enfin parler, on me demanda communication du dossier, et en me le renvoyant on m'invita à ne pas insister davantage sur les faits de moralité. Évidemment c'était nous serrer la bride : on peut penser quel sentiment pouvait me commander une telle atteinte à mon indépendance, et si cette étrange intervention me fit broncher dans mon devoir tel que je le voyais.

Ainsi allait se réaliser ce que, plusieurs mois auparavant, j'avais écrit à mon ami Alphonse Pénaud au moment où j'engageais les poursuites : « Je viens de commencer une affaire qui peut me valoir ma destitution. » Un Pénaud, c'était tout dire : il ne s'amusa pas à parler prudence ou intérêt : il me répondit simplement : « Que diable veux-tu ! mon cher, va de l'avant. » Il n'y avait que cela à faire, et je l'ai fait rudement. Quoi qu'il en soit, il était trop tard pour atténuer l'affaire, trop tôt pour m'arracher à ma résidence, et les cinq prévenus furent condamnés.

Le 2 janvier, je recevais une lettre du procureur général m'annonçant que le garde des sceaux m'envoyait à Rodez; que, tout en rendant justice à mes anciens services et à mon zèle dans mes fonctions, il voulait « me faire sentir que le tact dans les affaires et la réserve dans les discours sont des qualités qui ne doivent jamais abandonner les officiers du ministère public ».

Le procureur général me conseillait d'aller voir le garde des sceaux pour lui faire une espèce d'amende honorable, qu'il me recevrait avec mansuétude. Comme j'avais fait mon devoir, je restai chez moi : subir était assez, mais faire le voyage de Paris pour aller remercier, cela dépassait ma mansuétude à moi. Adoucir l'information aurait été de ma part une bassesse après avoir reçu l'étrange consigne de fermer les yeux sur des infamies qui sautaient aux yeux : un magistrat doit son obéissance, mais non son honneur, et au surplus, en l'état où en étaient les choses, la vraie maladresse aurait été de mettre de la réserve dans un scandale aussi désespéré. Pour ce qui est des paroles que j'ai dites, quand bien même il y en aurait eu quelques-unes d'inconsidérées, on pouvait bien me les pardonner en reconnaissance et en respect du bien immense que j'avais fait, sachant à quoi je m'exposais, en rendant à tout un canton, à huit mille citoyens, la dignité, la liberté, les lois, qui pour tous les Français sont un patrimoine inviolable, et qu'un seul homme, rien qu'à force d'audace et d'hypocrisie, avait transformées en une insupportable tyrannie.

Si l'orgueil pouvait faire oublier un malheur injuste, je n'aurais qu'à me féliciter des sympathies et de la reconnaissance qu'elle m'a values. Je n'ai point gardé de révolte contre mes chefs, parce que j'ai toujours tenu qu'un chef, même quand il se trompe, doit avant tout être obéi; qu'on n'a pas le droit de se plaindre, ayant toujours, notamment dans toutes les carrières civiles, la faculté de donner sa démission quand le grief passe la mesure tolérable.

Le tribunal de Niort avait condamné : Desclonds, à deux ans d'emprisonnement; Desclonds fils, à trois mois; Mlle Ravan, à trois mois; la femme Bély, à dix-huit mois; Réau, à deux mois. Sur l'appel des condamnés, la cour de Poitiers a condamné Desclonds à trois ans d'emprisonnement, Mlle Ravan à huit mois, et confirmé les autres condamnations.

Pour ce qui me concernait personnellement, j'ai reçu, outre la sanction de mes poursuites, le très grand honneur des paroles suivantes, prononcées par M. François Saint-Maur, avocat général, portant la parole sur l'appel des condamnés :

« C'est un éloquent, loyal et courageux magistrat, qui s'est fait l'ouvrier de cette vaste procédure : M. Mouton. De tous les actes tant attaqués de cette longue instruction, il n'en est pas un qui n'ait été imposé par le devoir et la conscience du magistrat. J'en revendique à cette place, hautement, la responsabilité, désirant que tous m'entendent; cette instruction complète, courageuse, contre un grand coupable, sera l'éternel honneur de M. Mouton, et aussi la consolation de sa vie. »

Je le répète, je ne me suis pas désolé, mais rien que dans ces quelques mots je trouve résumée l'histoire d'un des actes les plus importants et les plus honorables de ma vie.

C'est dans ces circonstances que je quittai Niort, y laissant de bons souvenirs que j'ai continués et que je rencontre parfois encore, sans compter plusieurs excellents amis que nous retrouvons à Paris.

CHAPITRE VII

En arrivant à Rodez, je croyais inaugurer de longs jours de pénitence pour expier le crime qui me valait cet exil dans un pays perdu, dont toute l'histoire se réduit, pour les Parisiens, à la complainte de Fualdès. J'y ai trouvé, dans le climat, dans le caractère des hommes, dans l'aspect de la nature, une rudesse, une simplicité, une énergie lourde et franche, qui m'ont inspiré tout de suite de la sympathie et du respect pour le pays et pour la race où j'allais rendre la justice. Cette première impression n'a fait que se confirmer avec le temps, chose rare dans les villes de province, où l'exiguïté des plaisirs amène si vite l'épuisement des premières joies.

Le secret de cette sympathie est dans l'unité : tout est d'accord, c'est aveyronnais partout, terre, ciel, maisons, bêtes et gens, et à force de s'y intéresser, on s'y attache. Rodez est une de ces villes perchées comme il y en a tant en France, mais sans bâtisses, sans embellissements, rigoureusement sanglée par le boulevard d'un vieux rempart démantelé, et elle ne communique avec ses faubourgs que par des chemins en pentes rapides. En bas, l'Aveyron contourne l'étroite vallée qui d'un côté la sépare d'une plaine à perte de vue, et de l'autre arrose des prairies basses. C'est, dans toute sa fraîcheur, une ville religieuse de la renaissance, avec ses rues étroites, tortueuses, mystiques, et sa cathédrale, l'une des douze plus belles de France, dominant les paroisses, les couvents, le séminaire et l'évêché.

Dans toutes les directions s'étendent des panoramas d'une étendue indéfinie, Rodez étant situé à 1,500 mètres d'altitude. A un kilomètre à l'ouest de la ville, au bord du plateau du Ségala, on voit le pic du Midi.

Le climat est rude, tout le plateau étant constamment balayé par le vent du midi, mais il est sain, car pendant mon séjour, deux habitants de la ville, ayant contracté le choléra à Paris, sont venus mourir à Rodez, et il n'y a eu aucun cas dans tout le pays.

Deux terrains se partagent le territoire de l'Aveyron : le Causse, qui est calcaire, et le Ségala, qui est schisteux. Le premier, fécond et arrosé, forme les vallées, nourrit une population d'hommes grands, forts, intelligents et beaux; le second est stérile, les hommes y sont petits, faibles de corps et d'esprit, et laids; ils habitent les plateaux. Au nord du département, et contigu à la Lozère, l'Aubrac et la Guiole présentent d'immenses pâturages d'une fécondité au moins égale à ceux de la Suisse. Des milliers de bestiaux y viennent, jusque des Pyrénées, pacager pendant la belle saison.

C'est à M. Girou de Buzareingues qu'on doit la création presque tout entière de ces pâturages : pour son compte, il y a, en vingt ans, quadruplé sa fortune, et c'est par millions que se sont répandus sur ce pays les trésors qu'on retire chaque année de ces terres autrefois stériles.

Ainsi que tant d'autres pays qu'on ne connaît pas, l'Aveyron devrait être visité par les voyageurs comme un des plus beaux de France : ses vallées peuvent rivaliser avec celles des Pyrénées, et quant à l'Aubrac, on ne trouverait, sauf en Autriche, rien en Europe de comparable à ces pâturages et au spectacle sans pareil qu'on y voit se dérouler dans une perspective immense.

Mais ce qui domine tout cela, c'est ce peuple, aussi intéressant dans les campagnes que dans les villes. Au repos, une énergie lente; en mouvement, une violence terrible; un sentiment d'ordre, de hiérarchie et d'obéissance; le zèle et la résignation au travail, voilà les qualités de l'homme du peuple. Chez l'homme du monde, une aptitude extraordinaire pour les affaires contentieuses ou administratives, une puissance de travail que rien ne lasse. Je n'ai qu'à nommer, dans le nombre, M. Bru, avocat, et M. de Saunhac, vice-président du tribunal de Rodez. Le premier, d'une grosseur énorme, semblait un mastodonte; il avait la tête rasée, une barbe épaisse, et une paire de grosses lunettes d'argent qu'il retroussait à chaque argument et qu'il abaissait à chaque lecture d'une pièce ou d'une citation d'auteur ou d'arrêt : c'étaient ses seuls gestes, mais ils venaient si à propos, que chacun semblait un pas décisif dans la conviction. Debout et comme établi dans l'affaire, on l'aurait pris plutôt pour un maître faisant les honneurs de sa maison, que pour un justiciable défendant un droit contesté. Il allait ainsi pendant des heures, et pas une minute l'attention ne cessait de rester suspendue à ses lèvres, en même temps que les arguments devenaient de plus en plus invincibles.

Je me rappelle une affaire où il avait plaidé pendant quatre audiences, et où je l'avais suivi avec un véritable enthousiasme. On allait rendre le jugement, et bien que je connusse la science et la supériorité de M. de Saunhac, j'étais impatient de voir comment il pourrait élever le jugement à la hauteur d'une pareille plaidoirie, car je n'ai jamais vu une affaire aussi compliquée, ni surtout aussi étendue, car le code civil et la procédure tout entiers semblaient s'y être donné rendez-vous pour casser la tête à un tribunal. Sans doute les juges avaient employé toutes leurs forces à la débrouiller, mais c'est une bien autre

affaire de discuter un dispositif que de rédiger le jugement. M. de Saunhac s'assit, posa ses deux mains croisées
sur son code, et la tête légèrement inclinée, les yeux bais-
sés, sans s'arrêter une seconde, sans chercher un mot,
pendant une grande heure il prononça un jugement qui
était, d'un bout à l'autre, un pur chef-d'œuvre de science,
de raison et de justice. La plaidoirie m'avait charmé, mais
le jugement me frappa d'un profond respect.

J'ai pris, je puis dire, ces deux exemples au hasard, et
j'en pourrais citer bien d'autres là et dans tous les genres d'affaires. J'ajoute que dans mes rapports avec les
Aveyronnais, j'ai trouvé en eux une honnêteté d'une trempe
en rapport avec leur caractère si marqué. Aussi, en y
joignant leur remarquable aptitude aux affaires administratives, ai-je toujours répété que si jamais j'étais devenu
roi, je n'aurais voulu pour ministres, pour financiers et
pour diplomates que des Aveyronnais. En attendant, ils
font d'excellents prêtres. L'Aveyron en produit un grand
nombre : pendant le temps que j'y ai séjourné, plus de
huit cents Aveyronnais, sans compter plusieurs séminai-
res, étaient dans les ordres, s'y faisant remarquer par
leurs vertus et leur intelligence. Les Aveyronnais sont
religieux et intelligents, et si leurs qualités sont gâtées,
hélas ! comme chez nous tous, par d'affreux défauts, le
fond en est fort solide et elles deviennent, soignées par
de bons prêtres de leur race, des vertus chrétiennes.

Un hasard de carrière pareil à celui qui m'amenait à
Rodez y fit, quelques jours après mon installation, arriver M. Boby de la Chapelle, avec lequel j'avais, à Napoléon-Vendée, noué une vive amitié. Lui aussi était en
disgrâce, et outre notre camaraderie d'infortune, notre
amitié se resserra, ou plutôt se quadrupla tout de suite,
grâce à sa femme, qui, avec son élan habituel, se passionna
pour la mienne. A cela se joignit l'arrivée de M. Magne,
créole de la Guadeloupe, un de nos amis, qui était nommé
ingénieur. Au bout de peu de temps nous trouvâmes dans
la colonie des fonctionnaires beaucoup de personnes qui

devinrent autant d'amis : M. Marchal, ingénieur en chef
des ponts et chaussées; M. Gottran, sous-lieutenant sortant de Saint Cyr; M. Pol Berthot, ingénieur des télégraphes; le chef de bataillon Pittié, devenu plus tard général,
chef de la maison militaire du président de la république
Grévy. La plupart, sauf M. Marchal et M. Pittié, sont
restés nos amis intimes. Avec M. Adrien de Séguret,
juge au tribunal, et sa femme, qui est d'un caractère et
d'une intelligence hors ligne, nous formions une société
si unie, si gaie et si brillante, qu'avec nos réunions et nos
parties de plaisirs continuelles il nous semblait souvent
mener la vie de château. Ce premier groupement s'est
maintenu pendant plusieurs années, puis la dispersion,
comme il arrive d'un jour à l'autre dans les colonies de
fonctionnaires, nous a emporté quelques amis pour nous
en apporter d'autres, et nous en gardons encore comme
les premiers, au rang desquels mon substitut Révy, aujourd'hui grand-père, et qui, avec toute la famille Girou
de Buzareingues, est établi à Paris. La sœur cadette de
Mme Révy a épousé l'illustre chirurgien Péan, qui est
mort l'année dernière.

Pendant mon long séjour à Rodez, deux autres préfets
ont succédé à M. de la Chapelle. Le premier, marié à
une grande dame écossaise, ayant deux jeunes filles. Ces
dames étaient de la plus haute distinction, lui un peu
apprêté, mais capable, bienveillant, et de qui j'ai gardé
un souvenir d'autant plus précieux qu'il n'a cessé de me
témoigner son estime et sa sympathie. Dans les premiers
temps de son arrivée, son ignorance du patois et son
manque de réserve sur l'affaire Fualdès (dont il ne faut
pas parler à Rodez, même à présent, à cause des familles
qui y furent compromises), donna lieu à quelques doutes
sur son tact. A sa première réception de fonctionnaires,
deux jeunes gens, qui ne se quittaient pas, sont annoncés : voulant leur dire une de ces banalités gracieuses
qu'un haut fonctionnaire croit devoir offrir à ses premiers
visiteurs, il leur dit, avec un sourire de bienvenue :

« Ah ! Messieurs, vous êtes tous deux de ce pays-ci ? »

Or ces deux messieurs s'appelaient M. Bastide et M. Jausion, et nommer Bastide et Jausion, c'était rappeler les deux assassins de Fualdès et dire à ces messieurs : « Parfaitement, je connais votre famille. »

M. Bastide ne répondit rien : il était le petit-fils de Bastide. M. Jausion lui répondit d'un ton sec : « Monsieur le préfet, je suis de Saint-Malo. »

L'autre aventure était moins lugubre : elle faisait seulement ressortir en charge le genre représentatif que la haute noblesse anglaise aime à déployer quand elle veut paraître, et que le préfet de l'Aveyron avait cru devoir étaler aux regards du peuple des campagnes. Ne pouvant pas atteler quatre chevaux à sa voiture, n'en ayant que trois, mais trouvant qu'un attelage à deux ne serait pas assez imposant, il fit atteler le troisième en arbalète, ce qui faisait un effet assez insolite pour offusquer même des paysans aveyronnais, et en cet équipage il partit, accompagné de ces dames en grande toilette de gala anglais, pour aller à Salles-la-Source, pays de vignobles très accidenté, assister aux vendanges. L'effet dépassa ses espérances : cet équipage étrange, monté par ces toilettes insolites, fut salué d'une acclamation ininterrompue ponctuée de gestes fous, et quand il rentra à sa préfecture, le préfet et ces dames se montrèrent attendris, fiers et reconnaissants de l'enthousiasme et de l'admiration que ces bons vendangeurs leur avaient témoignées.

Je ne sais si quelqu'un aura eu la cruauté de les désenchanter, mais la vérité est que ces acclamations n'avaient été d'un bout à l'autre qu'une immense huée de moqueries et d'injures de toute une population de vendangeurs ivres, exaspérés par le ridicule de cette fantastique carrosserie.

J'ai connu pendant très peu de temps le second préfet. C'était, physiquement au moins, un des plus grands préfets de France, et aussi un des plus beaux ; ses qualités de gentilhomme et de représentant de l'Empire, mises en valeur par une courtoisie aussi grande que sa taille; une légère solennité douce, des gestes larges et gracieux, le prédestinaient à une vie d'apparat, dont je lui avais, à part moi, tiré l'horoscope, ce qui n'a pas manqué. Comme pour ces unions providentielles où la disproportion de taille produit des mariages irrésistibles, le plus exigu des souverains de l'Europe ne pouvait avoir que le plus gigantesque des grands chambellans : il fut nommé à cette dignité par le prince de Monaco.

Comme relations de société et rapports de service, j'ai gardé de lui des souvenirs charmants; comme phénomène cosmique, j'ai surpris dans sa carrière une de ces échappées que nous appelons notre destinée, et qui n'est qu'un des innombrables secrets de la nature. Entre cette organisation de parade et la solennité finale de sa vie publique, il y a eu, non pas un vain hasard, non pas un jeu de la nature, mais l'opération réfléchie d'une de ces forces latentes qui, pour nous comme pour l'univers, font la moitié de la vie.

J'ai eu pour substituts trois magistrats de la plus haute valeur. Je viens de parler de Révy : « l'épuration » a brisé sa carrière au moment où il était chef du parquet à Prades. Onillon, qui a été épargné, est revenu achever ses services comme président du tribunal de Rodez; il s'y est montré, comme magistrat, d'une supériorité reconnue, et comme citoyen, de la plus noble énergie pour la défense de l'ordre. Picas, que j'avais laissé un bon vivant ne songeant guère à la politique, et encore moins à la religion, a changé de caractère à la suite d'un mariage de raison avec une femme laide. Soit chagrin, soit influence conjugale, il s'est épris d'une piété profonde, et devenu vice-président à Perpignan son pays natal, il a déployé contre les socialistes du pays, qui sont nombreux et capables de tout, une impitoyable énergie, laissant la mémoire d'un vrai héros de justice et de courage. Il est mort depuis des années. Onillon est en retraite à Rodez, où il est vénéré. Pour ce qui est de Révy, c'est un de mes plus chers amis.

Parmi mes collègues du tribunal, je frayais beaucoup avec un juge qui portait un **nom** illustre : il était le petit-fils du grand de Bonald. Avec un **caractère** fantasque qui lui faisait bien des antipathies, il était intéressant à cause de sa race, et puis parce qu'il y avait en lui beaucoup du caractère de son aïeul. Dans la littérature religieuse, il avait un nom respecté. Sa théologie s'enfermait rigoureusement dans l'infaillibilité du pape ; il la soutenait avec tant d'absolutisme, que ses adversaires prétendaient que le pape lui-même ne trouvait pas toujours grâce devant lui. De toutes les façons, donc, il m'intéressait, d'autant plus qu'il me marquait de l'affection. Je causais souvent avec lui de religion, en profane curieux mais respectueux, de sorte que j'en vins un jour à lui déclarer mes sentiments sur ce sujet délicat. Je lui parlai sincèrement, sans réticence. Il m'écouta avec un calme, il me répondit avec une modération qui me surprirent, vu la violence qu'on lui attribuait. Je fus encore plus surpris de l'entendre conclure : « Vous êtes un catholique orthodoxe. » Je le remerciai de bon cœur, d'abord de sa bienveillance, et puis pour le repos où il mettait ma conscience, car l'idée même ne me serait jamais venue qu'après ce que je lui avais déclaré de mes idées théologiques, je pusse me savoir si bon catholique. Depuis ce temps-là, grâce à sa consultation, je dors sur les deux oreilles.

M. Rozier, médecin éminent, était maire de la ville. On pourra juger de notre affection pour lui quand je dirai que nous devons à ses soins la guérison de mon fils, pris d'une fièvre pernicieuse qui l'a mis à deux doigts de la mort.

Si, dans cette maladie, on n'est pas parvenu à couper le troisième accès, le malade est perdu. L'inquiétude des parents y est d'autant plus poignante que la mort, par je ne sais quelle effroyable ironie, semble, dans les intervalles des deux premiers accès, jouer comme le tigre avec sa proie, et quand après le premier accès, nous vîmes l'enfant se lever sur son lit et jouer en poussant des éclats de rire, le médecin, tout en murmurant d'un air sérieux : «... Nous en serons les maîtres... » nous dit ensuite que ce retour de gaîté était un des signes de la fièvre pernicieuse.

Le troisième jour était arrivé. On attendait l'accès suprême pour midi; il fallait couper l'accès à midi juste, ni plus tôt ni plus tard. La mère, la nourrice, notre vieille Cécé, étaient debout devant le lit, le faisant jouer, et moi, ma montre à la main, je suivais la marche des aiguilles. Ma femme tenait d'une main la fiole et de l'autre le verre. Tout à coup ses mains tremblèrent, la fiole lui échappa des mains, et tomba en se brisant.

Je ne me rappelle pas ce que nous avons fait, ce que nous avons dit; seulement, comme le seul pharmacien de confiance était sur la place de la Cité, au milieu de la ville, je partis comme un fou pour aller prendre une autre potion que je fis faire en double pour le cas d'un nouvel accident, et tout courant, j'arrivai à la maison, je sautai quatre à quatre l'escalier : on m'attendait, toutes les portes ouvertes. D'un saut j'arrivai au pied du lit, on fit boire la potion : l'enfant était sauvé!

Mais quelle scène! J'ai passé à Rodez par une autre alarme où mon sang-froid, comme à Niort, m'a permis de tirer ma femme d'un grand danger. Un soir, au moment où elle allait changer de robe, elle fut saisie d'un étouffement si violent qu'elle perdait connaissance. Après quelques minutes je lui appliquai un fer brûlant sur la jambe, et la respiration revint. Quelques minutes après arriva le médecin.

« Vous avez fait ce qu'il fallait, me dit-il; un jour qu'on m'avait appelé pour une femme prise de cet accident, je l'ai trouvée morte. »

Au reste, si la vie de mon fils était sauve, la santé était encore loin; une fièvre d'accès suivit, si tenace, qu'au bout de deux mois il fallut l'emmener aux eaux ferrugineuses d'Andabre, qui le guérirent.

M. Rozier était si désintéressé et si charitable qu'il a passé sa vie dans la gêne. Sans compter qu'il soignait pour rien les gens pauvres, il ne refusait jamais d'aller voir quiconque, dans les environs souvent très éloignés, le faisait appeler. Il ne demandait que cinq francs pour des déplacements qui, rien qu'en voitures, lui coûtaient vingt et trente francs, et comme, au surplus, il n'envoyait jamais de notes à ses clients, beaucoup d'entre eux en abusaient pour ne jamais le payer, et il n'a jamais consenti à les assigner. Il n'en avait pas moins une clientèle enviable, et un jeune médecin étant venu s'installer à Rodez pour s'y faire une place, n'eut pas honte de le diffamer pour lui prendre à la fois sa mairie et ses clients. Ses attaques, aussi absurdes qu'odieuses, ne lui procurèrent qu'une condamnation, pour diffamation, en police correctionnelle, où j'ai pu, en portant la parole, rendre hommage à la belle vie de M. Rozier, et lui donner une marque de mon respect et de mon inaltérable attachement.

Sa renommée, qui s'étendait bien loin au delà du département, a valu au chef-lieu de l'Aveyron une cérémonie douloureuse mais historique, qui, selon toutes les vraisemblances, ne devait pas se célébrer si loin de Paris. M. Buchez, qui fut le digne président de l'Assemblée nationale, c'est-à-dire le magistrat suprême de la république de 1848, revenant d'une cure d'eaux, et passant en chemin de fer à Capdenac, département du Lot, se trouva tellement malade qu'il dut s'arrêter. Son état se trouvait si grave que ses parents, qui l'accompagnaient, demandèrent où se trouvait, assez près pour l'y transporter, le médecin le plus renommé des environs. On leur désigna M. Rozier, et ce fut à Rodez que M. Buchez, déjà presque à l'agonie, reçut les derniers soins. Il mourait d'une maladie de la vessie arrivée à son terme fatal. Avec le clergé, les fonctionnaires en corps, les tribunaux en robe, l'escorte de la gendarmerie et de la garnison, nous pûmes, quoique modestement, mais avec le respectueux cortège d'une foule d'habitants de la ville et des alentours, faire de dignes funérailles à l'un des hommes les plus éminents et les plus honnêtes de ce gouvernement qui, à défaut d'avenir, a eu la probité.

Le docteur Rozier était fils du juge qui avait instruit l'affaire Fualdès. Il avait un répertoire inédit de détails locaux et rétrospectifs sur ce procès devenu immortel dans cette ville, où les assassins et la victime ont laissé plusieurs descendants. Ses conversations à ce sujet étaient d'autant plus intéressantes qu'elles survenaient presque toujours au moment où nous passions à quelque endroit se rapportant au drame, et la scène devenait presque un tableau, tant l'aspect sinistre des maisons et des rues où le crime s'était accompli en faisait revivre l'horreur. J'ai pu voir encore intacte la chambre où Fualdès fut égorgé, le cabinet où Mme Manson, habillée en homme et venue là en rendez-vous galant chez la femme Bancal, fut découverte par Bastide, épisode que la   mplainte a rapporté dans ces couplets :

> Certain bruit frappe l'ouïe
> De Bastide furieux :
> Un homme s'offre à ses yeux,
> Lui dit : « Sauvez-moi la vie ;
> Car sous ce déguisement,
> Je suis Clarisse Enjalran. »

> Lors, d'une main téméraire
> Ce monstre licencieux
> Veut s'assurer de son mieux
> A quel homme il a affaire ;
> Et, trouvant le fait constant,
> Teint son pantalon de sang.

La maison Bancal est restée pendant quarante ans un pèlerinage de voyageurs, anglais surtout, qui venaient retremper leurs émotions à la vue du bouge où s'était développé un crime immortel, et les locataires se faisaient des rentes à leur en faire les honneurs. Il a fini par se trouver un brave savetier qui n'a plus voulu rester le cicérone de ce lieu sinistre, et en a changé la disposition en supprimant le célèbre cabinet.

Le café Divan, d'où les assassins avaient entraîné Fualdès pour le conduire chez la Bancal, existait encore lors de mon séjour : il était tenu par un nommé Victor, un des deux enfants de la Bancal, cachés sur le lit, et qui assistèrent à l'égorgement. C'était un bon homme. Si j'en juge par ses funérailles, que je rencontrai par hasard, il était aimé des gens qui allaient boire à son comptoir, car tous les officiers de la garnison suivaient sa dépouille mortelle, à la tête d'un cortège nombreux. Il faut croire qu'il leur servait du cognac honnête.

A côté de la cathédrale, M. Rozier m'a fait voir, assise à la porte d'une boutique de mercerie, une femme encore jeune et assez jolie, qui était la fille de Mme Manson.

Ainsi finissent toutes les gloires, même celle des crimes amusants. Comme à toutes les époques critiques, où les nerfs d'un peuple entier sont tendus à rompre, l'affaire Fualdès a été en son temps un sujet d'exaltation comme l'est aujourd'hui, par suite du même état d'âme, l'affaire Dreyfus. En tout autre temps, elle aurait passé sans troubler la France et l'Europe, car sauf un peu d'originalité dans quelques détails, si la complainte, œuvre folle du grand avocat Berryer, n'avait pas donné le branle à la gaîté d'un peuple en deuil, elle n'eût pas fait plus d'effet que tant d'autres crimes aussi noirs.

Avec ses cinq arrondissements, Rodez, Espalion, Villefranche, Millau, Saint-Affrique, et ses quatre cent mille habitants, l'Aveyron envoyait à la cour d'assises un grand nombre de crimes contre les personnes. Le jury y était plus ferme et plus intelligent que dans la plupart des autres départements. Peu sensible aux phrases et aux sentiments, il se rendait presque toujours aux faits et aux preuves. J'ai gardé le souvenir de deux affaires qu'on aurait eu beaucoup de peine à faire aboutir devant un autre jury.

Dans l'une, où précisément je portais la parole pour la

première fois, il s'agissait d'un incendie où la culpabilité
était manifeste, mais subtile à faire comprendre par des
jurés. Comptant sur la solidité des têtes aveyronnaises,
e pris soin d'écarter de mon réquisitoire tout hors-d'œuvre sentimental ou littéraire, je me renfermai strictement
dans la froide raison, et malgré que la certitude ne pût
être établie que par la combinaison de plusieurs faits dont
chacun pris à part ne suffirait pas à prouver une culpabilité décisive, le jury condamna. Ce verdict était d'autant
plus rare que l'incendiaire ne peut presque jamais être
pris sur le fait, et c'était le cas; de plus, on ne parvient
presque jamais à trouver de témoins, tous les gens du
pays craignant de se faire incendier s'ils dénoncent le
coupable. Il faut donc des jurés à la fois intelligents et
courageux, et je n'ai guère trouvé de ces gens-là que dans
l'Aveyron.

Dans une affaire encore plus difficile, j'ai vu ce jury
juger comme on aurait pu l'obtenir d'un tribunal, et
encore d'un tribunal exempt de cette faiblesse dont bien
des juges ne sont pas exempts, pour peu qu'une question
de responsabilité soit soulevée en faveur de l'accusé. Un
paysan avait assassiné à coups de faux son beau-père, à
propos d'une question d'intérêt. La vie entière de l'accusé, jusque-là parfait honnête homme, son caractère
sombre et violent, son avarice éperdue, et les circonstances mêmes du crime, autorisaient la défense, et aussi
l'accusation, à poser la question de responsabilité. Après
examen de l'état mental, les médecins conclurent que l'accusé ne pouvait pas être considéré comme assez fou pour
être entièrement irresponsable de son crime, mais que l'excès de sa violence et de son avarice, en le poussant jusqu'à assassiner son beau-père pour une question d'intérêt
assez faible, constituait une aberration momentanée de la
moralité, mais non une irresponsabilité complète; qu'en
conséquence il était coupable, mais coupable à demi.
Devant un jury de grande ville, cette thèse, qui est la
justice, la science et l'évidence mêmes, n'aurait pas pesé

une once : devant le bon sens des Aveyronnais, il a été déclaré coupable, mais avec des circonstances atténuantes. Ces jurés ont compris, bien mieux que beaucoup de savants et de philosophes, qu'il y a dans la conscience humaine deux degrés : le fou, qui n'a pas de conscience, est un innocent; le méchant, même quand il est ivre de mal, l'est par sa faute et doit en répondre; il en est de même pour l'ivrogne. Juger autrement, c'est nier le mal.

Comme dans tous les chefs-lieux de cour d'assises où j'avais exercé, j'ai trouvé dans les présidents d'assises et les procureurs généraux des collègues bienveillants et recommandables; ce n'est qu'à Montpellier qu'il m'a fallu m'avouer quelques regrets sur un président d'assises et sur un procureur général dont j'ai eu à me plaindre.

Le conseiller, qui avait été jusque-là fort bien pour moi, arriva un jour à une session, apportant dans sa valise, entre autres affaires, le dossier d'un assassinat d'où il espérait tirer la condamnation des trois accusés. Il s'agissait d'une sœur idiote qui avait disparu. Comme elle était à la charge de ses frères, qui devaient hériter d'elle, et que naturellement personne autre n'avait intérêt à sa mort, on en concluait que les assassins ne pouvaient être que ses frères, et là-dessus la chambre d'accusation de Montpellier les renvoyait devant les assises. Le président des assises, fort animé, ne faisait pas un doute qu'ils ne dussent être condamnés haut la main.

A l'appui de cette présomption, l'acte d'accusation relevait quatre charges. Un mur en construction, encore à ras de terre la veille de la disparition, s'était trouvé, le lendemain, plus haut d'un mètre; une mare, située au bord du jardin, avait exhalé pendant quelques jours une odeur infecte incommodant les voisins; les femmes des inculpés avaient mis les robes de leur belle-sœur; les trois frères, allant dans toutes les communes du voisinage à la recherche de leur sœur, s'étaient fait donner par chaque maire un certificat de leurs démarches infructueuses. En rapprochant ces circonstances et attendu qu'eux seuls avaient intérêt à la mort de l'idiote, on les accusait de l'avoir tuée.

J'ai vu plus d'une procédure téméraire nous arriver des tribunaux ressortissant aux cours d'assises où je remplissais mes fonctions. Cela tient à ce que les juges d'instruction ne font qu'à la dernière extrémité une ordonnance de non-lieu dans les affaires criminelles. D'abord ils ne sont pas obligés de donner des preuves : il suffit qu'ils aient relevé contre les prévenus « des charges et indices suffisants » pour soumettre l'affaire à la chambre d'accusation de la cour du ressort, rien de plus : ils ne font que des « prévenus »; c'est la chambre d'accusation seule qui fait des « accusés », soit sur le vu de l'instruction si elle lui paraît décisive, soit en ordonnant, s'il y manque quelque chose, un supplément d'information avant de statuer. Mais il faut le dire, les chambres d'accusation sont aussi peu disposées que les juges d'instruction à faire des non-lieu. Grâce à l'abus de la statistique criminelle, ils ne se soucient pas d'être signalés parmi les cours où ces résultats sont fréquents, parce que les gratte-papier de la chancellerie en tirent des notes d'imprévoyance, de paresse ou d'insuffisance de la part des magistrats. D'un autre côté, les suppôts du Trésor se plaignent qu'on dépense trop de frais de justice en procédures inutiles. Et comme l'accusation, à son tour, n'est aussi qu'un arrêt préparatoire, la chambre d'accusation, à moins d'objections irréfutables, renvoie l'affaire devant la cour d'assises.

Si, sur cette question indiscrète, je ne mâche pas les mots, ce n'est pas pour prendre à partie une cour d'appel plutôt qu'une autre, car le mal est partout : c'est pour signaler une fois de plus ce qu'a fait et que fait encore la statistique criminelle en profanant, par son inconcevable ingérence, la dignité souveraine du magistrat.

Ce n'est pas davantage pour attaquer ou pour blâmer l'arrêt de la cour; ce n'est pas même pour le critiquer : il me suffira de dire que le mur avait en effet été exhaussé, mais qu'après l'avoir démoli on n'y avait pas trouvé le corps de la victime ; qu'on avait vidé la mare, mais sans en rien recueillir qu'une eau infecte ; qu'en effet les belles-sœurs avaient mis les robes ; que les frères s'étaient fait donner un certificat de leurs recherches. Or on présentait tous ces faits comme se confirmant, tandis que les deux premiers ne prouvaient rien, et les deux derniers pas davantage ; qu'enfin, quand bien même on les aurait tenus comme probants, on n'avait omis qu'une chose, savoir si la victime était morte : l'instruction était muette là-dessus. A l'audience, le lendemain, dix ou quinze ans après, elle pouvait paraître, pleine de vie. On n'avait pas le corps du délit, on ne le cherchait même pas !

Et c'était dans ces conditions que le président des assises venait demander la tête de trois hommes !

Je n'ai pas besoin de dire que non seulement je ne soutins pas l'accusation, mais que je démontrai point par point au jury toutes les impossibilités d'une condamnation. Le jury acquitta les trois accusés.

J'avais discuté l'affaire tout à fait à fond, non que je le crusse nécessaire, mais par égard pour la cour : il ne me convenait pas de traiter légèrement un arrêt de la cour. Bien m'en prit, car si j'en crois ce qu'on m'a dit après, sans la façon dont j'ai formulé mon réquisitoire, le président des assises avait soutenu l'accusation avec tant d'insistance, que le jury allait condamner. Voilà trois hommes qui très probablement m'ont dû la vie.

Ce président aurait dû me bénir de lui avoir épargné ce qui pouvait résulter de son inconcevable aveuglement : pour mon grand merci, il me dénonça comme ayant, dans mon réquisitoire, soutenu l'abolition de la peine de mort, ce qui était un mensonge.

L'autre « regret » que j'ai à « avouer », est la manière d'agir du procureur général dans une affaire où il était venu à Rodez porter la parole. Il s'agissait d'un infanticide commis par des cultivateurs très riches. A cette accusation s'en ajoutait une autre qui, quoique séparée,

faisait au fond partie intégrante de l'infanticide : un des
témoins, pendant l'instruction, avait fait un faux témoignage en faveur des accusés, et on le poursuivait à part,
mais dans la même session. On faisait passer son affaire
la première. S'il était condamné, ce précédent serait une
charge de plus contre les accusés, mais s'il n'était pas
condamné, comme sa déposition incriminée était en leur
faveur, cela pouvait les faire acquitter. On devait croire
que le même magistrat porterait la parole contre le faux
témoin et les principaux accusés : à mon grand étonnement, le procureur général se réserva l'infanticide, et me
chargea du faux témoignage.

Il faut qu'on sache que le faux témoignage, même dans
les affaires isolées, est un des crimes les plus difficiles à
faire condamner par le jury, parce que ce n'est que des
mots... Quand le verdict doit avoir une influence sur le
jugement du crime principal, le jury ne veut pas décider
d'avance, et il réserve son opinion en commençant par
acquitter le faux témoin présumé, ce que, soit dit en passant, je reconnais fort sage : il pourrait, en effet, arriver
qu'après l'avoir d'abord condamné, ils acquittassent les
accusés du crime principal, de sorte que la condamnation
deviendrait une iniquité.

En prenant à son compte les deux affaires, le procureur général supportait la responsabilité de deux acquit-
tements : en me chargeant de la première, il me mettait
sur le dos la plus chanceuse, et comme l'acquittement
était là infiniment probable, tout le poids d'un échec dans
l'affaire d'infanticide porterait sur l'insuccès du procureur impérial... On aperçoit de reste, au surplus, toutes
les nuances qu'on pouvait moduler à ce propos.

Malheureusement il arriva ce qui avait paru négligea-
ble dans la combinaison : je fis condamner le faux témoin,
en faisant voir aux jurés que le faux témoignage était
indéniable; qu'ils étaient obligés en conscience de le
déclarer; que leur liberté n'en restait nullement engagée,
tandis qu'acquitter ce témoin qui évidemment avait menti,

c'était prononcer d'avance qu'ils étaient déjà résolus à acquitter. Je les prenais par la vérité et par la raison, et ils me comprirent comme ils me comprenaient presque toujours dès que je leur parlais sur ce ton. Ce devoir rempli, ils reprirent leur indépendance, et trouvant apparemment la seconde affaire moins facile à décider que la première, malgré l'éloquent réquisitoire du procureur général, ils acquittèrent les deux accusés.

Je crois devoir dire que ce n'est pas de M. Galles, son très digne successeur, qu'il est ici question.

Bien que je n'en aie eu qu'un écho très lointain, je ne puis passer sous silence une affaire qui remontait à une vingtaine d'années, mais qui, après avoir été l'œuvre d'une famille infâme, est venue se ranimer devant moi sous une forme tellement odieuse, que je dois la rapporter pour faire voir à quelle puissance peut s'élever le mal quand, par faiblesse ou par lâcheté, la justice abandonne un accusé aux cris d'une populace enragée : ce n'est plus un jugement, c'est la loi de Lynch *remise en vigueur.*

Rencontrant souvent un homme dont l'expression m'avait frappé, j'avais demandé qui c'était. Maigre, pâle, baissant la tête, détournant les yeux, se glissant comme à la dérobée le long des rues, il semblait se traîner sous le poids d'une douleur ou d'un chagrin sans nom et sans mesure : c'était un spectre au milieu de la population insignifiante d'une petite ville de province.

On me raconta son histoire : c'était un spectre en effet, car, un des derniers survivants d'une loi barbare abolie depuis de longues années, il était mort civilement, on ne lui avait laissé que le droit de manger ; pour tout le reste, il était supprimé de la vie.

Son crime était d'avoir mis un de ses domestiques en surveillance au pied de ses arbres à fruit, que les maraudeurs lui dévastaient. Il lui avait dit de prendre un bâton et, s'il surprenait un des délinquants, de le battre sans ménagement. Le domestique était vigoureux : il frappa si fort qu'il tua l'homme. De là une poursuite en homicide volontaire avec préméditation contre le domestique comme auteur et contre le maître comme complice. La peine était la mort pour chacun d'eux.

Certainement le résultat était criminel; mais outre qu'il s'agissait d'un propriétaire se défendant contre un voleur, le maître, n'ayant pas dit au domestique de le tuer mais de le battre, n'était pas, en bonne justice, complice du meurtre : il l'était seulement des coups, et il méritait seulement une peine correctionnelle, qu'on pouvait d'ailleurs, vu son excuse, adoucir dans une certaine mesure.

Mais le propriétaire, qui d'ailleurs était receveur de l'enregistrement, avait des frères : mais il était riche; mais la peine de la mort civile était alors en vigueur, et si leur frère était condamné à mort ou aux travaux forcés à perpétuité, ils hériteraient de ses biens.

Comme il fut dit fut fait : ces monstres organisèrent, parmi la canaille de la ville et de la campagne, une telle terreur contre les magistrats, les témoins et les jurés, que, les uns par faiblesse, les autres par crainte, furent tenus le poing sur la gorge pendant toute l'instruction. Quand vinrent les débats, le peuple devint si menaçant qu'il fallut poster de la troupe dans la salle d'assises et autour du tribunal. Et les deux accusés furent condamnés, avec circonstances atténuantes, aux travaux forcés à perpétuité, ce qui entraînait de droit la mort civile. Les frères du propriétaire recueillirent sa succession, et tout fut dit.

Après quinze ou vingt ans de bagne, le malheureux fut gracié; ses frères, aux termes de la loi, furent chargés de lui faire une pension alimentaire, le tribunal la fixa à huit cents francs, c'est-à-dire juste de quoi ne pas mourir de faim. Après avoir patienté un peu de temps, ils trouvèrent que c'était trop.

Un jour je vis arriver à mon parquet un prêtre qui venait de leur part intercéder auprès de moi en leur faveur. Il s'agissait de réduire la pension alimentaire de leur victime, huit cents francs leur paraissant excessifs, et me

10

priaient de conclure en ce sens. Je le laissai parler en rongeant mon frein, et quand il eut fini :

« Monsieur l'abbé, lui dis-je, je connais la situation de M. X., et je sais quelle en a été la cause. Malheureusement je n'ai aucun moyen de lui faire rendre une fortune que sa famille lui a arrachée en profitant d'une loi que la conscience publique a fait abolir. Vous pouvez juger si mes conclusions seront en leur faveur. Vous êtes assez jeune pour m'autoriser à croire que vous n'avez pas connu la vérité sur cette affaire, sans quoi j'aurais le vif regret de ne pas comprendre comment un prêtre aurait pu se charger de la démarche que vous venez de faire auprès de moi. »

Il existe à Rodez une école de sourds-muets, l'une des plus anciennes de France. Elle était dirigée par un prêtre d'une intelligence supérieure, et par un professeur, M. Chazottes, qui était la vertu même, mais la vertu tendre et gracieuse à tel point qu'aussitôt l'avoir connu je l'ai donné pour premier maître à mon fils. Rien qu'à voir sa tendresse quand il donnait ses leçons à ses pauvres élèves, on avait envie de pleurer. L'établissement, bien que fondé et administré par le département, était un jour tombé en mauvaises mains : le directeur avait commis des malversations en spéculant sur la nourriture des élèves, à la suite de quoi la préfecture décida que le procureur impérial de Rodez serait toujours, de droit, président du conseil d'administration de l'école, et voilà comment, dans l'exercice de cette fonction désormais si facile et si touchante, j'ai trouvé des délices de cœur que je n'oublierai jamais.

C'est sans doute grâce à ces émotions devenues familières que je me suis trouvé amené, après m'être intéressé aux sourd-muets, à m'occuper de l'instruction des enfants, puis des adultes. Une note d'Émile Augier, jointe à sa comédie de *Maître Guérin*, m'ayant fait connaître la méthode Lafforienne pour la lecture, j'écrivis à Augier; il m'en donna des renseignements si favorables que je résolus d'en essayer. Je fis faire des expériences à l'école normale, et voyant que la lecture s'était obtenue après une étude de quinze jours à un mois, je voulus faire l'expérience sur mon fils, qui avait sept ans. J'avais toujours résolu de ne pas même lui apprendre à lire avant cet âge. En dix jours, avec deux séances de vingt minutes, il a épelé assez bien pour lire, non pas couramment, mais pour ainsi dire les uns après les autres tous les mots qu'on lui présentait. Il n'a pas eu d'autres leçons de lecture.

Cette méthode, lors de sa première publication, avait été accueillie avec enthousiasme, mais comme on s'aperçut que les élèves ainsi formés gardaient une grande difficulté à apprendre l'orthographe, on y renonça. Appliquée aux gens du peuple ou de la campagne, auxquels on ne l'apprend jamais et dont ils n'ont pas besoin, l'objection n'est pas à comparer avec l'avantage de savoir lire, même quand on s'en tiendrait là. D'ailleurs, quand un paysan ou un ouvrier ferait des fautes d'orthographe, eux qui n'écrivent presque jamais, où serait le mal? Sans compter que bien des messieurs qui ont appris par la vieille méthode en font aussi. Je crois bien qu'un intérêt professionnel, c'est le mot, a pu contribuer largement à cette élimination.

Pour moi, je voudrais de tout mon cœur qu'il se trouvât un jour quelque gouvernant ou simple philanthrope, pour reprendre cette très intéressante expérience au profit des enfants, qu'on soumet à une fatigue superflue. Quand ce ne serait que pour les laisser pendant plusieurs mois de plus disponibles pour la garde des bestiaux, ce serait déjà un grand avantage.

J'ai profité aussi des ressources d'instruction de Rodez pour faire éprouver la méthode Hendriks, adoptée dans tous les cours de dessin de la Belgique, où elle a fourni d'excellents résultats. Elle consiste à faire commencer les élèves par des figures géométriques qu'on transforme par degrés en objets naturels, et les formes élémentaires étant plus faciles à imiter, l'élève arrive par degrés insensibles, et en moins de temps, à imiter les autres. Cependant, hors cette première avance, le résultat définitif ne donne pas plus vite ni plus sûrement le sentiment du dessin d'après nature, qui est un travail intellectuel et n'a rien de commun avec la reproduction servile d'une série de modèles, si ingénieuse qu'en puisse être la combinaison. En France, il y a longtemps que dans toutes nos écoles de dessin on a essayé divers systèmes plus vantés les uns que les autres : on a dû reconnaître que, pour dessiner, il n'y a pas d'autre système que de regarder un objet et d'en tirer un dessin qui, n'importe de quelle façon, en donne une image bonne ou mauvaise. On s'en tient plus que jamais à prendre un modèle, à le dessiner, à faire d'abord copier ce dessin par l'élève en présence du modèle, et quand il a pu comprendre comment on peut, avec des lignes et des ombres, le représenter, on lui donne du papier et un crayon et on lui dit de copier directement ce modèle.

Les expériences que j'ai fait faire à l'école primaire et à l'école régimentaire ont bien justifié les résultats techniques annoncés par l'auteur; mais devant les objections que je viens de développer, je ne les ai pas jugées utiles à pousser plus loin.

Par l'organisation de mes bibliothèques aveyronnaises Mouton, j'ai été plus heureux. Il s'agissait de procurer des lectures aux habitants des communes rurales. Il serait trop long d'entrer dans tous les détails de l'opération : on les trouvera dans une brochure que j'ai publiée à Rodez en 1867. Je me borne à donner ici le résumé pratique de l'opération.

Je fis faire, par un menuisier de la ville, quarante-quatre caisses en noyer pourvues d'une courroie pour les porter, fermées à coulisses, avec une serrure, et je mis dans chacune une vingtaine de volumes et un cahier contenant le catalogue des livres qui s'y trouvaient, avec une série de reçus à en détacher, qu'on donnait au porteur pour sa décharge.

J'ai fait porter ces caisses, par les gardes champêtres et les cantonniers, dans quarante-quatre communes pour commencer. Ils les ont remises à l'instituteur ou, à défaut, au maire, qui les a prêtés aux demandeurs après avoir noté chaque ouvrage sur le cahier.

Chaque caisse a séjourné un mois. Au bout d'un mois, on a fait rendre tous les livres, on a envoyé la caisse à la commune voisine, et on en a reçu une autre venant d'une autre commune voisine. J'avais, sur une carte de l'Aveyron, distribué un plan de roulement par groupes, dont une copie était dans le cahier de chaque caisse, de sorte qu'au bout de quarante-quatre mois toutes les caisses, ayant passé dans toutes les communes, revenaient à Rodez et pouvaient être dirigées sur un autre groupe.

Quand tous les groupes avaient fini leurs tournées, ils pouvaient être distribués dans les autres arrondissements voisins. Au cas où d'autres départements s'associeraient à ce système, la circulation et l'échange des boîtes pourraient se propager indéfiniment jusqu'à s'étendre sur tous les départements de France.

Les recettes ont été de 1,870 francs pour l'établissement de première mise. Des donateurs, le conseil municipal, le conseil général, la compagnie d'Orléans, le ministère de l'instruction publique, ont fourni cette somme, et plusieurs d'entre eux ont reproduit chaque année leur don. Quelques personnes ont envoyé des livres. Les dépenses ont été de 1,770 francs, savoir :

Achat de 44 caisses.............	270 fr.
Reliure et frais d'impression...	200
Achat de 676 volumes	1.300
Total...	1.770 fr.

La circulation a commencé en 1865. J'ai exposé un spécimen de notre bibliothèque à l'Exposition universelle de 1867, et le jury international m'a décerné une médaille de bronze.

Lorsque je quittai Rodez à la fin de l'année 1868, les

bibliothèques étaient en pleine circulation, sans avoir donné lieu à aucune difficulté, et accueillies avec beaucoup d'empressement. Pendant un an après mon départ, le service continua régulièrement, mais les événements de 1870, qui devaient désorganiser tant de choses, ne manquèrent pas notre modeste institution. On a bien, depuis, essayé de la rétablir, mais les temps étaient trop changés, et surtout je n'étais plus là.

Si la France s'était remise du trouble où elle se débat depuis tant d'années, j'aurais essayé, soit par l'exemple, soit par la publicité, de faire revivre cette institution, qui a fait ses preuves pendant cinq ans. Car je la considère comme un des moyens d'action les plus puissants dont on se soit avisé, pour éclairer et moraliser ces « classes inintelligentes » auxquelles on n'a fait jusqu'ici que leur apprendre à lire des publications malsaines ou à écrire des bulletins de vote. Mais précisément parce que les bibliothèques aveyronnaises pourraient faire un bien infini, elles pourraient, entre les mains des méchants de toute espèce, faire un mal illimité. Je crois donc faire acte de bon citoyen en les laissant en réserve pour le temps qui reviendra, je le jure, où la France aura repris ses sens. Alors quelque curieux, en fouillant dans une vieille bibliothèque pour lire les folies et les misères du dix-neuvième siècle à son agonie, mettra peut-être la main sur ces mémoires; il y verra que même jusqu'en 1869 il pouvait s'y faire encore quelque bien avec la raison et le sentiment du devoir, et il ressuscitera, au bénéfice de nos neveux désormais délivrés des révolutions, le bienfait des bibliothèques aveyronnaises, inventées par un vieil auteur dont on a perdu la mémoire, et qui s'appelait Eugène Mouton...

C'est en 1865 que nous avons eu le malheur de perdre mon beau-père M. Camus. Après avoir passé une longue vie sans avoir su qu'il pût y avoir des maladies au monde, et mené une vie d'une activité physique et intellectuelle à tuer plusieurs personnes, il a été enlevé après quelques semaines pour avoir négligé une indisposition dont le moindre soin aurait pu conjurer les suites.

Pendant tout le temps de mon séjour à Rodez, j'ai supprimé absolument la littérature de fantaisie pour ne travailler qu'à mon livre des *Lois pénales de la France*. Mais avec quelle persévérance! On en peut juger quand on saura que pendant sept années, à part le temps de mon service et des congés, j'y ai travaillé sept ou huit heures par jour, et que le produit en a été un manuscrit de deux mille pages in-4°, qui ont fourni deux énormes volumes formant plus de seize cents pages grand in-8°. Il faut avoir travaillé à un pareil labeur pour se faire une idée de l'exaltation où conduit un tel effort, surtout quand il est doublé d'un service qui comporte des préoccupations de tous les moments. Il était vraiment temps d'en finir. Maintenant que j'en ai perdu le souvenir, s'il m'arrive d'avoir par hasard à le consulter, mon intelligence d'aujourd'hui n'est plus à la hauteur de celle de ce temps-là, si bien que je n'ai jamais pu me mettre à le relire : ma tête s'y perd, tant je le vois profond et ennuyeux.

A la fin de l'été de 1868, mon livre étant prêt pour l'impression et ma résolution prise, je donnai ma démission. J'expédiai le manuscrit à mes éditeurs, Cosse et Marchal, et au mois de novembre nous partîmes pour ne plus revenir. Sept années de disgrâce avaient définitivement lassé ma patience. J'avais entendu dire, sans que le procureur général m'en eût d'ailleurs jamais parlé, qu'on avait une vague intention de me faire arriver à un poste de conseiller à la cour de Montpellier, ce dont je ne voulais, ni comme fonction, ni comme résidence. Quand même la chose se serait réalisée, en 1870 je n'aurais pas manqué d'être révoqué lors de l'« épuration de la magistrature ». Ce que je viens de dire tout à l'heure, confirmé par les bons résultats que j'en ai retirés, montre que j'ai eu raison, malgré l'avis contraire de ma femme, qui, pour la seule fois de sa vie, s'est trompée là sur nos intérêts.

Après avoir toute ma vie aimé les humbles, je serais ingrat de ne pas associer leur souvenir à celui des amis qui pendant sept ans m'ont rendu la vie douce dans cette bonne ville de Rodez. J'y ai laissé la tombe de notre chère négresse Cécé, qui pendant vingt-trois ans nous a servis et nous a aimés. Ses dernières tendresses ont été pour mon fils; elle n'était déjà plus de ce monde, le regard éteint et les lèvres refroidies, qu'elle balbutiait encore quelques syllabes de ces mots mignons qu'on roucoule aux petits enfants.

Avec les idées de sa race, elle ne considérait de la mort que l'ensevelissement, les funérailles et la tombe. Elle demanda qu'on plaçât ses casseroles dans son cercueil en mémoire de son métier, comme cela se fait chez les nègres des colonies originaires du Congo. Elle voulut aussi qu'on fît suivre son cercueil des trois draps étoilés tenus dans les grands enterrements par des pénitents et des amis. Surtout elle s'endormait sans regret, étant sûre d'avoir un beau tombeau « à perpétuité ». Sa maîtresse lui fit comprendre que le vœu des casseroles, étant une tradition païenne, n'était pas réalisable dans un enterrement catholique, mais elle lui promit tout le reste. Elle dort pour toujours sous une dalle de pierre rouge où il y a pour toute inscription :

CÉCÉ

La nourrice, après dix ans d'une affection maternelle pour mon fils, est restée dans les bras d'un bon gendarme dont j'ai pu aider plus tard l'avancement. Et je ne puis pas m'empêcher de songer une dernière fois à ma pauvre chienne Méra, qui pendant quatorze ans nous a caressés de sa tendresse et qui était si bonne pour les enfants, que nous l'avons surprise un jour donnant à teter à notre fils et à son petit cousin blottis sur ses mamelles.

Je vous ai raconté la première moitié de ma vie. Après mon départ de Rodez va en commencer la seconde, avec les désastres guerriers, les catastrophes révolutionnaires,

les crises politiques et les désordres moraux et intellectuels qui depuis près de trente ans ont bouleversé la
France. Au travers de ces événements, dont j'ai eu à
souffrir comme tout le monde, s'est développée une vie
toute différente.

J'ai dit tout ce que je pensais, comme je le pense. J'ai
fait pour le mieux, et, tout bien considéré, si j'avais à recommencer ma vie, j'agirais de même. J'ai eu trois belles
choses dans ma carrière judiciaire : ma conduite à Draguignan, l'affaire Desclonds, l'acquittement des trois frères qui sans moi auraient pu être condamnés à l'échafaud.
Par mon sang-froid, j'ai sauvé mon fils. Comme jurisconsulte, j'ai fait les *Lois pénales*. Je n'ai à exprimer ni vanité
ni modestie, et pas un repentir.

CHAPITRE VIII

Au mois de novembre 1868, nous arrivâmes à Paris pour nous y établir définitivement. En prenant cette résolution, je m'inspirais d'un ensemble de sentiments, de désirs, d'intérêts et d'espérances qui ne sortaient pas des raisons ordinaires en pareil cas.

D'abord et de tout temps, j'avais décidé de faire de ma vie deux parts : l'une pour mon pays, l'autre pour moi et les miens. Je consacrerais vingt années à m'acquitter d'un service public, et sauf le cas où j'y trouverais des devoirs ou des avantages exceptionnels, je reprendrais mon indépendance. Mon plus pressant intérêt était l'avenir de mon fils. Avec ma famille, mes amis et mes précédents, je ne pouvais trouver aucune résidence aussi favorable que Paris pour lui assurer une carrière honorable et une vie heureuse.

Notre fortune, quoique modeste, nous suffisait pour habiter Paris. Après ce que j'avais produit comme jurisconsulte et comme fantaisiste, je pouvais sans témérité espérer que ma plume, en m'assurant en tout cas un travail inépuisable et charmant, pourrait me rendre une partie des maigres appointements auxquels je renonçais en quittant la magistrature.

Dégagé ainsi de la seule responsabilité dont la violation soit sans la moindre excuse, après avoir pourvu à tous mes devoirs de père de famille, je ne doute aucunement d'avoir suivi, pour le surplus de mes décisions, ce qui devait le mieux concilier l'ensemble de bonheur qui, dans une famille bien organisée, doit se distribuer équitablement entre le père, la mère et les enfants.

Nous allions retrouver pour toujours notre famille et nos amis, et rien que cela suffit à faire la moitié de la vie. On n'y trouve pas seulement cette amitié sans laquelle le cœur meurt de faim, on y vit, on y respire, avec des sympathies, des plaisirs, des avantages, des services, des dévouements, des sacrifices, qui nous font tout ce que nous sommes, et sans lesquels nous ne serions que des parias. Le plus vivant de la patrie, n'est-ce pas la famille et les amis? Or ma femme était née à Paris, j'y avais été élevé, ce qui doublait la valeur de tant de trésors : aller ailleurs finir notre vie et commencer celle de notre fils, c'eût été folie.

L'événement m'a donné raison. A travers des catastrophes qui ont bouleversé tant d'existences, où nous avons couru tant de risques et de dangers, non seulement nous y avons échappé, mais notre sort, tout bien considéré, a dépassé plus d'une de nos espérances. Loin d'avoir à nous repentir, quand on compare le cours de notre existence, pendant plus de trente ans, avec les déceptions et les catastrophes que le malheur des temps a répandues sur la société parisienne, nous sommes obligés de remercier le sort de ce qu'il a fait pour nous.

Nous espérons que cette histoire d'une famille parisienne, de 1868 aux derniers jours du dix-neuvième siècle, pourra intéresser les lecteurs du siècle qui commence.

Après l'appartement et le mobilier, notre première installation fut celle des intimes. La comtesse de Beausacq, fille de l'amiral de Suin, y était seule de son sexe. Très lettrée, bonne musicienne, gaie, aimant le monde, le spectacle, les voyages, la peinture, passionnée pour tous les travaux de l'esprit, ne parlant pas politique, elle tenait un salon charmant. Elle était une amie de ma mère, de la famille Camus et d'Alphonse Pénaud, notre meilleur ami, se trouvant chez nous comme chez elle; vivant seule, elle venait très souvent passer la soirée, y retrouvant Pénaud et Marbeau, ses plus intimes amis.

J'ai parlé ailleurs d'Alphonse Pénaud. M. Eugène Marbeau, alors maître des requêtes au conseil d'État, était depuis sa jeunesse un de nos amis; il était fils du fondateur des crèches; excellent musicien, fin poète à ses heures, très instruit et très spirituel, éminent dans ses fonctions, on peut penser de quel prix était une intimité avec ce galant homme, qui d'ailleurs est encore plein de vie, mais qu'on voit trop rarement à cause de sa santé qui le retient souvent chez lui.

M. Mauss, architecte du ministère des affaires étrangères, nous fut présenté par Mme de Beausacq dans un séjour que nous fîmes à Jersey. Il répondit avec élan à la sympathie qu'il nous inspira dès le premier abord, et devint bientôt un de nos intimes. Il est au premier rang de ceux qui ont éternisé dans l'Orient la gloire de l'architecture française. Dans une mission mémorable sous la haute direction de M. de Saulcy, l'un des savants les plus éminents de l'Académie des inscriptions et belles-lettres, il a exploré la Palestine sur une étendue et dans des proportions dont le résultat a été le grand ouvrage de M. de Saulcy, et par la suite, de nombreux ouvrages publiés par lui-même.

Ce précédent le désignait de droit pour une œuvre presque universelle, la restauration de l'église du Saint-Sépulcre. Il a passé plusieurs années à cette œuvre, d'autant plus considérable qu'il ne s'y agissait pas seulement de reconstruire un édifice appartenant, on peut le dire, à l'univers chrétien, mais qu'il fallait le faire sous le contrôle jaloux des confessions, des communautés, des schismes, des gouvernements, dans les cinq parties du monde, puisque le sépulcre du Christ est le berceau de tout chrétien, quelle que soit la terre où il est né. Or par-dessus cette infinie responsabilité s'étendait une condition encore plus difficile à observer à travers le boulversement d'un tel travail : c'était que, pas un jour, une heure, une minute, nul chrétien, quelle que fût sa confession, ne fût arrêté, empêché ou même retardé dans l'entier exercice de son culte particulier.

Il l'a fait, on oserait même dire : d'un geste.

Il a soulevé la coupole tout d'une pièce, l'a tenue suspendue par des soutiens, et l'a reconstruite et réconfortée en l'air, pendant qu'au-dessous de cette cloche gigantesque les prêtres et les fidèles allaient et venaient en toute sécurité, vaquant aux offices et aux pèlerinages comme si de rien n'était.

Il a construit un modèle réduit de ce prodigieux travail. Il y manquait, pour en faire apprécier la hauteur réelle, de le faire voir d'un coup d'œil, en y posant à diverses hauteurs des personnages proportionnels aux dimensions du modèle. Sachant que je m'amusais parfois à modeler, il me fit l'honneur de me demander des figurines à cet effet. Je les sculptai en bois, figurant des pèlerins et un moine oriental ; il fit couler celui-ci en bronze, et m'en offrit un exemplaire qui, posé sur un socle carré, me fait un cachet bien précieux. On peut penser si mon orgueil d'ami et ma vanité d'humble artiste se panadent de voir un ouvrage de mes mains attaché à cette œuvre, destinée, comme le monument qu'elle représente, à des siècles d'immortalité.

Éminent comme artiste, il ne l'est pas moins par son caractère. C'est, avec tout l'agrément d'une personne du meilleur monde, un homme d'un seul bloc : il n'est pas de fer ni de roche, on dirait plutôt du porphyre. Chacune de ses idées lui est une loi invariable, et toutes l'enveloppent comme une cotte de mailles. De là un calme et une

11

modération que rien ne trouble, et des règles de droit et de devoir sur lesquelles il ne transige jamais : aussi ses haines et ses amitiés sont également implacables. Devant cette unité si rigoureuse et si simple, on finit par découvrir tout à coup, et non sans une certaine surprise, que cet homme, précisément parce qu'il est tout d'une pièce, est un original de la plus haute volée, s'il est vrai que la simplicité et l'unité absolues soient la qualité la plus rare à trouver parmi les hommes : et peut-on en douter?

Et alors, une fois dans ce cours d'idées, on reconnaît, à tous les signes incontestés de la physionomie et des habitudes, une originalité en tout; non pas celle des prétentieux ou des médiocres, mais celle des convaincus, où à chaque idée correspond un détail raisonné. Il porte les habits de tout le monde ; sa barbe, sa chevelure, n'ont rien d'inusité, mais à mesure qu'on prend chaque détail, on trouve à chacun une intention dans le même sens, et dont l'ensemble compose l'image visible du caractère.

On peut voir d'ici que de tous ces traits il ne pouvait résulter qu'une figure imposante et régulière : grand et bien fait, M. Mauss est, de la tête aux pieds, un modèle de cette beauté sévère qui marque au premier coup d'œil la dignité de l'homme sans tache et sans malfaçon.

M. Gottran, que nous avions eu pour ami à Rodez jeune sous-lieutenant, ainsi que M. Berthot et M. Magne, ne tardèrent pas à nous rejoindre l'un après l'autre pour y suivre le cours de leur carrière. Sauf M. Gottran, qui n'y passa que deux ans avec son régiment, les deux autres furent bientôt attachés définitivement au ministère des postes et télégraphes. M. Magne, ingénieur en chef, a notamment établi le télégraphe franco-américain ; M. Berthot, du même grade, fut nommé directeur du service télégraphique à Paris, et en cette qualité a attaché son nom à l'hôtel des téléphones; son médaillon y figure dans la peinture décorative du vestibule d'entrée. Tous deux étaient sortis de l'École polytechnique.

Un autre de nos amis de province, le docteur Jules

Servier, arriva à son tour à Paris, attaché comme professeur agrégé au Val-de-Grâce. J'ai parlé ailleurs longuement de ses travaux littéraires et de l'amitié qui nous unit encore, car il est, Dieu merci, comme les intimes que j'ai déjà nommés, plein de vie, et continue à écrire sur l'astronomie, la philosophie et la médecine. J'ai parlé ailleurs de ses écrits. A ces hommes, qui tous représentaient des valeurs scientifiques intellectuelles, vint se joindre encore un polytechnicien, M. Auguste Choisy, ingénieur en chef, professeur d'architecture à l'École des ponts et chaussées. En outre de ses éminents services de carrière, il a pris une place considérable dans l'histoire et dans la science de l'architecture. Ses trois ouvrages, *l'Art de bâtir chez les Romains*, *l'Art de bâtir chez les Byzantins*, et *l'Histoire de l'architecture*, sont des chefs-d'œuvre de premier rang, aussi renommés à l'étranger qu'en France, et d'autant plus admirables qu'on a peine à concevoir qu'il ait eu rien que le temps de les achever. Outre ces ouvrages techniques, il a publié deux livres sur l'Orient, où l'on retrouve, sous une forme profonde et charmante, toute la verve de son rare esprit.

C'est par de longs voyages qu'il a recueilli les principes qui font de ses théories un ensemble si convaincant et si nouveau. Dans un autre ordre d'œuvres, il a attaché son nom au tracé du chemin de fer saharien, demeuré cruellement célèbre par la mort du colonel Flatters. M. Choisy opérait séparément à une grande distance du chef de la mission, qui marchait avec une escorte militaire. On lui proposait de se faire escorter de même : il refusa, ne voulant avec lui que son personnel technique, et bien lui en prit. Tandis que le colonel Flatters se faisait suivre d'un appareil guerrier plus propre à inspirer l'hostilité que le respect, M. Choisy, en se présentant sans armes et sans autres insignes que ses instruments de géodésie, faisait au moins preuve d'autant de prudence que de crânerie, car c'était montrer la confiance et la bravoure, plus imposantes aux yeux des Orientaux que tous les fusils et revolvers des infidèles.

Quelque chose encore ne pouvait manquer d'inspirer un étrange respect pour ce personnage maigre et rouge qui, insensible à l'ardeur du soleil et à l'accablement de la fatigue, vêtu tout simplement d'une redingote, d'un gilet, d'une cravate et d'un pantalon noirs, et de bottines ordinaires, se promenait paisiblement, en plein Sahara, armé d'un niveau et d'une toise, et notant ses chiffres et ses croquis avec autant d'aisance et de précision que s'il eût opéré dans son cabinet. C'est qu'entre autres particularités de son organisation exceptionnelle, il est doué d'un privilège presque phénoménal chez l'espèce humaine : il ne connaît ni le chaud ni le froid. Comme il rôtit sans se brûler à la flamme du soleil d'Afrique, il gèle sans s'y refroidir sous la bise et la glace de nos hivers. On peut le voir, par les plus terribles gelées, tour à tour traverser les ponts en redingote déboutonnée, gilet éventé, petite cravate large comme le doigt, et le soir aller au bal en habit noir, cravate blanche et bottines fines, et s'en retourner chez lui, au fond du faubourg Saint-Germain, à pied la plupart du temps, pour prendre l'air... Je ne sais pas comment un corps humain peut, à la longue, s'arranger de cette inconcevable faculté : mais à en juger par le présent, M. Choisy va et vient comme un simple mortel, et il me semble inadmissible qu'il n'y ait pas là-dessous quelque organe supplémentaire, tour à tour foyer ou ventilateur, qui lui ménage une bonne part de toutes les supériorités qu'il a sur nous autres, esclaves piteux du plus fantasque des instruments de physique...

Nous avons connu M. Vielh de Boisjoslin par Gaston Bergeret, dont il était ami intime. Il est au premier rang des hommes aimables et intéressants qu'on peut encore rencontrer dans la haute bourgeoisie de Paris, qui se compose de rentiers, de fonctionnaires en activité ou en retraite, d'anciens militaires, d'artistes, d'hommes politiques, de médecins, de savants, d'écrivains; tout ce monde est de fortune plutôt moyenne, avec des sentiments de famille, des opinions modérées; ses plaisirs sont la musique et la danse pour les jeunes gens, et pour les grandes personnes, la lecture, la conversation, la littérature, les arts, la peinture, le spectacle et des dîners. C'est dans ce milieu moyen que se créent et fleurissent les hommes supérieurs, depuis le membre de l'Institut jusqu'au poète, depuis l'homme d'affaires jusqu'au philosophe de salon, et qui, les uns entre eux, les autres avec les dames, passent leur soirée soit à se mettre en valeur quand ils ont de l'esprit ou de la gaîté, soit à écouter et à jouir de l'esprit et de la gaîté des autres. Quels que soient le mérite et la diversité de ce personnel, ce type de salon est toujours le même. On peut dire qu'il se compose de la maîtresse de maison : toutes ces réunions sont comme un bouquet : les fleurs sont les mêmes partout; isolées, elles ne donnent que le plaisir d'un instant; en bouquet, on en peut faire un chef-d'œuvre : c'est le miracle de la maîtresse de maison.

M. de Boisjoslin est, s'il en fut, l'homme par excellence de ces salons parisiens. On n'a pas plus d'esprit, non de cet esprit de mots qui court les rues à Paris, mais d'un autre bien plus rare, plein de justesse et d'à-propos, et toujours nourri par quelque idée neuve ou originale sur un sujet intéressant. On peut résister à ses arguments, mais il faut se rendre à sa prodigieuse érudition doublée d'une mémoire encore plus prodigieuse. Il a tout lu et le sait par cœur, et ses jugements sont encore plus intéressants que les sujets qu'il traite, sujets universels, car il n'en est pas un qu'il ne soit prêt à traiter ex abrupto, pièces en main.

Bien qu'il y occupe une place distinguée, il a toujours professé un souverain dédain pour le ministère de la marine, où il a suivi sans y faire attention la carrière de son père, qui y était chef de division; ses véritables carrières, car il en a eu beaucoup, ont été tour à tour la littérature, la peinture, l'architecture, l'économie politique, l'anthropologie, et par-dessus tout l'histoire, où il occupe, à la *Société de l'histoire de France,* une place hors de pair. Il a écrit dans diverses publications un très grand nombre d'articles, notamment dans le *Dictionnaire l'économie politique* de Maurice Bloch, dont il a été un des principaux collaborateurs. Il a enfin publié sur l'ethnographie un livre qui, outre l'érudition, abonde en aperçus ingénieux.

Avec des mérites si divers et si rares, on peut penser combien est recherché un tel causeur dans ces salons où se réunit, on peut le dire, l'élite de la société mondaine et intellectuelle de Paris.

M. Gaston Bergeret, chef-adjoint des secrétaires rédacteurs de la Chambre des députés, est presque de notre famille : ma mère, créole de la Guadeloupe, était la marraine de la sienne. Depuis sa naissance, nous l'avons suivi et notre mutuelle affection n'a pas cessé de s'accroître. Il est impossible de voir réunis dans une perfection aussi rare l'esprit et le bon sens, et chose non moins rare, loin d'en être troublé, cet assemblage se confirme par un penchant si marqué au paradoxe, que loin d'affaiblir ces qualités, il semble ajouté là par une faveur de la nature pour en faire ressortir la valeur. Ajoutez à cela un caractère d'une bonté et d'un entêtement sans pareils, et une intelligence hors de pair pour le travail et les affaires de la vie courante, et on aura le portrait d'un ami bien précieux.

Outre ces rares qualités personnelles, ses fonctions à la Chambre ont fait de lui un des plus friands causeurs qu'on puisse rencontrer dans un salon, puisque voilà tantôt trente ans qu'il écrit phrase à phrase l'histoire politique de la France, à mesure qu'elle se passe sous ses yeux, avec toute l'exactitude et toute l'impartialité d'un témoin officiel, ce qui suffirait déjà à le rendre intéressant. Mais par un penchant très fréquent d'ailleurs chez les fonctionnaires, à part un traité de politique qui a été accueilli avec joie par le monde parlementaire, c'est au roman, aux nouvelles et à la fantaisie qu'il a voué son esprit et son bon sens, et là il a créé vraiment un genre bien personnel à lui, où tout, même l'invraisemblance, est devenu une originalité inédite d'un très grand effet. Il a publié successivement douze volumes qui tous ont trouvé un grand nombre d'enthousiates, non seulement lecteurs, mais ce qui est rarissime, éditeurs.

Ces sociétés intimes, nombreuses en province, sont rares à Paris et le deviennent de plus en plus, à mesure que le luxe et la vanité, avec les réductions qu'ils imposent, rendent l'intimité plus coûteuse, sans compter ce qu'elle a d'assujettissant. Sans doute il faut avouer que, commencées avec la jeunesse, elles deviennent, à mesure que le temps marche, des plaisirs de vieillards, qui semblent bien piteux quand on les compare à tant d'autres dont on ne jouit plus : mais si l'on veut bien prendre garde que la vraie jeunesse dure à peine vingt ans et que tout le reste de la vie se passe en maturité, en vieillesse, en décrépitude, avec le cortège obligé des maladies et des chagrins vrais ou imaginaires, on se demande de quoi pourrait vivre le cœur des vieux s'il ne leur restait pas la seule affection dont ils puissent jouir jusqu'à la fin de leur vie; si même, grâce à la ressource suprême de l'amitié, leur condition ne vaut pas les plaisirs rapides, les bonheurs fugitifs, dont il ne reste aux jeunes gens que des déceptions, des regrets, des oublis.

Les premiers jours de notre établissement à Paris nous ont coûté bien des larmes. Le plus ancien et le plus cher de nos amis, celui qui devait être le président de notre cercle d'amis intimes, Alphonse Pénaud, est mort subitement. Un jour, j'allai chez sa belle-sœur, femme du vice-amiral, et ce fut la portière qui me l'apprit brutalement. Sa mort a été aussi belle que sa vie : pris dans la nuit d'un accès de fièvre, il a perdu connaissance dès le matin, et sans douleur, sans mouvement, sa vie s'est arrêtée. Il m'a laissé sa montre, que je porte toujours et que je ne peux regarder sans penser à lui. On m'avait bien dit qu'un legs pareil est le plus tendre souvenir qu'on puisse laisser à un ami ; je le vois à tous les instants de ma vie : on dirait, quand je regarde à sa montre, que sa mort est interrompue par le battement de mon cœur.

Peu de jours après, mon beau-frère Ferradou, alors général commandant la subdivision de la Haute-Loire, était foudroyé par l'apoplexie. Ma femme, accompagnée par le colonel Charreyron, notre second beau-frère, alla au Puy présider à ses funérailles. Ce chagrin, survenant coup sur coup après la mort de Pénaud, jeta un voile bien noir sur un temps où les malheurs semblent être des présages. Heureusement que cette fois il n'en a rien été, et plusieurs années se sont passées sans qu'il mourût personne dans la famille, et hors Pénaud, tous nos intimes de cette époque sont vivants comme nous.

En arrivant à Paris, je n'y avais d'autre attache que le titre de membre correspondant de la Société de médecine légale. Je m'empressai de demander d'y être admis comme titulaire, et j'y fus reçu. Je croyais y trouver des relations, mais au bout d'un an je dus reconnaître que je n'en tirerais ni avantage ni même intérêt, étant incompétent pour les questions de pure médecine, et ne pouvant y avoir d'autre rôle que de donner un avis sur les questions de droit qui s'y présentaient, et surtout de recueillir et d'annoter les arrêts, ce qui, m'assujettissant à un travail fastidieux, réduisait à peu près au rôle d'avocat consultant. Je donnai donc ma démission.

Je fis plusieurs démarches pour faire hommage au garde des sceaux, aux ministres de la marine et des finances, de mon livre des *Lois pénales*; ils me reçurent fort bien, mais chez M. Duruy, ministre de l'instruction publique, ainsi que chez M. Charles Robert, son secrétaire général, je trouvai un accueil empressé, et mon livre fut tout de suite souscrit par le ministère. J'y comptais d'ailleurs, car j'avais depuis longtemps été en rapport avec eux au sujet de mes bibliothèques aveyronnaises, et de plus, lors d'une tournée de M. Duruy à Rodez, je lui

avais servi d'aide de camp dans ses visites aux établissements d'instruction de la ville. C'est grâce à leur bienveillance que je fus admis à professer le droit pénal à
l'école Gerson, qui venait de s'ouvrir à la Sorbonne.
Cette faveur m'était d'autant plus précieuse, qu'en m'ouvrant une chaire assurée au premier établissement universitaire de France, elle me donnait une publicité assurée parmi la jeunesse studieuse du quartier latin,
c'est-à-dire parmi les auditeurs les plus désirables, puisque le but de ce cours était de pousser, par l'exposé du
droit criminel, à sa réforme dans un sens plus humain.

Quoique instituée dans le but d'encourager l'ensei-
gnement supérieur libre, ce qui d'ailleurs est irréalisable,
puisqu'il y a déjà trop de professeurs en France, la salle
Gerson était trop près de la Sorbonne pour ne pas devenir, dès son début, une dépendance universitaire. Il
me suffira de nommer la plupart des professeurs pour
faire voir que tous étaient des candidats aux carrières
officielles, et qui, en attendant mieux, trouvaient là un
moyen de se créer une réputation et des titres. C'étaient :
Gaston Paris, aujourd'hui directeur du collège de France ;
Georges Pouchet, devenu professeur à l'école de médecine ; Schlumberger, à l'école des hautes études ; Bos-
sert, maintenant inspecteur général de l'Université ; Gi-
rard de Rialle, actuellement ministre plénipotentiaire ;
Hartwig Derembourg, savant hébraïsant, de l'Académie
des inscriptions, et plusieurs autres dans les mêmes dispositions, tandis que nous étions quatre amateurs désin-
téressés, savoir : M. de Backer, professant la littérature
flamande, qui n'était pas sans valeur ; M. Charles Rochet,
statuaire, un des auteurs de la statue de Charlemagne
qu'on peut admirer sur la place Notre-Dame ; M. Emmanuel, astronome indépendant, et moi. M. Charles Rochet,
qui était de plus anthropologiste et physionomiste, faisait
son cours avec un grand développement de figures et de
tableaux ; quant à M. Emmanuel, c'était un de ces luna-
tiques qui, sans en savoir un mot, prennent l'astronomie

à tic, et dans des divagations enflammées, bouleversent de fond en comble l'ordre et les mouvements des astres; mais celui-là en était venu à défier les astronomes de l'Observatoire, à les appeler en champ clos, au pied de sa chaire, pour les confondre, et comme ils ne venaient pas, il triomphait, triomphait, puis se mettait à pleurer à chaudes larmes, aux applaudissements de ses auditeurs aussi émus que lui-même! Restait moi, brave homme calme et convaincu, qui faisais mon cours comme si j'avais fait un réquisitoire, et sans la moindre larme, bien que mon sujet fût beaucoup plus émouvant que celui de l'astronome pathétique. M. de Backer et moi, comme les autres professeurs de sciences normales, avions des auditeurs proportionnels au plus ou moins d'attraction ou de facilité de leur cours, mais M. Rochet et M. Emmanuel avaient cinq cents auditeurs.

J'ai fait mon cours pendant une année et la moitié de la suivante. J'ai su qu'au ministère de l'instruction publique on m'a noté favorablement.

Nous avions fait une association pour nos intérêts. Comme je n'en avais guère d'autre que de faire mon cours le mieux possible, je ne pouvais faire ombrage à personne. Nos jeunes collègues nous nommèrent à l'unanimité, M. de Backer trésorier, et moi président. Je leur offris ma maison pour lieu de réunion; ils y vinrent huit ou dix fois, mais faute de sujets, les réunions languirent; je partis pour la Suède, je ne rentrai à Paris qu'aux derniers jours de la Commune, et je n'entendis pas plus parler de la salle Gerson que de tant d'autres disparues.

Pour mon compte, à part le plaisir et l'intérêt de cette aventure, je n'y ai pas perdu grand'chose, et j'y ai peut-être gagné la sympathie de quelques auditeurs inconnus; mais on aura beau faire, des chaires ouvertes au premier venu pourront trouver des professeurs tant qu'on en voudra, mais des auditeurs sérieux, jamais. On a déjà assez de peine à peupler sérieusement les cours réguliers, à part quelques cours scientifiques où vient à peine quelque douzaine de vrais disciples; si l'on écartait les curieux des cours politiques, moraux ou religieux, il n'y aurait pas grand monde, et encore, s'il y en avait...

Résolu à faire de la littérature ma plus sérieuse occupation, je me présentai à la Société des gens de lettres: rien qu'avec mon livre des *Lois pénales*, j'y avais droit. Cependant le temps passait, au bout de six mois on ne m'avait pas répondu, et tout en ne voyant là qu'une négligence, j'allai réclamer. On m'apprit qu'une erreur de réputation en avait été longtemps cause, parce qu'on me confondait avec un homonyme qui avait été fonctionnaire à la préfecture de police. Sans m'informer comment on avait pu mettre tant de temps à s'en apercevoir, je n'avais qu'à invoquer ma demande, où il aurait pourtant suffi de lire mes prénoms et ma qualité d'ancien magistrat, et je reçus ma lettre d'admission.

Il est probable que sans ma réclamation, un des avantages de ma carrière littéraire serait resté à jamais enfoui au fond d'un carton, et ç'aurait été dommage, car sans parler de l'honneur de ce titre, j'y aurais perdu un nombre considérable de reproductions, plus une pension de six cents francs, qui m'est servie depuis que j'ai eu vingt ans d'association et soixante ans d'âge, et qui me restera jusqu'à la fin de mes jours; elle vient même d'être élevée à sept cents francs.

Aussi tout n'est pas dit quand on a flétri le père de famille qui, pour se soustraire à ses devoirs et à l'ennui d'un travail sérieux et assuré, se proclame auteur et joue le sort de sa femme et de ses enfants sur les illusions de sa paresse et de sa vanité; mais loin de le blâmer, on ne peut que l'encourager lorsqu'il ne fait qu'ajouter, par un travail agréable et productif, à une fortune médiocre ou insuffisante. On ne peut pas imaginer le nombre de personnes qui trouvent dans la littérature, avec un des plus grands plaisirs de la vie, l'aisance et parfois la richesse pour soi et les siens. Sans parler de tant de mères de famille, de tant de filles et de veuves pauvres qui sans leur plume n'auraient que la moitié de ce qu'il leur faut pour vivre, on ne saura jamais ce qu'il y a, à Paris et en province, d'écrivains ayant une carrière ou une place dont ils vivent avant d'avoir à compter avec le produit précaire de leurs romans, de leurs feuilletons, de leur philosophie, voire même de leur poésie. Qu'on prenne les plus en vue, et même les plus célèbres, on sera stupéfait de trouver parmi eux, pour une bonne moitié, des fonctionnaires publics et des budgétivores : sans aller plus loin, les ministères en sont pleins, et loin de décréditer leur plume d'employé, leur plume d'écrivain, surtout lorsqu'ils sont auteurs dramatiques ou romanciers croustillants, contribuerait plutôt à les pousser plus vite aux grades élevés. A part la jalousie que cette faveur peut inspirer à leurs collègues et peut-être à leurs confrères en littérature, je ne verrais pas tant de mal à ce que les gratte-papier administratifs eussent un peu plus d'esprit et d'intelligence; on ne s'est pas encore aperçu que le service en ait souffert. Je vais même plus loin : je ne doute pas que cette diversité de travail ne produise des esprits moins surmenés, et en tout cas l'exemple est bon, ne fût-ce que pour les pères de famille férus de littérature rentrée.

. Lorsque je fus pris de folle passion pour la peinture et le modelage, je crus me donner une espèce de titre en souscrivant à la Société des artistes. J'y figure comme statuaire, depuis 1872, car j'ai en effet commis quelques bustes et statuettes. Je n'y ai gagné qu'à faire chaque année une aumône de six francs, en échange de quoi je reçois un annuaire précédé de comptes et de discours. Je continue par charité, mais c'est encore là une association qui ne pouvait me conduire à rien.

Pour commencer une carrière littéraire, la première condition est d'avoir des aboutissants à des directeurs de journaux et à des éditeurs, selon qu'on veut faire des articles ou publier des volumes. Je ne voulais à aucun prix me faire journaliste, et je ne connaissais d'autre édi-

teur que Cosse et Marchal, qui ne publie que de la jurisprudence, et dans ce genre j'en avais assez après avoir
écrit mon énorme traité des *Lois pénales*. Je ne me dou-
tais pas que mon avenir littéraire pût être inséré, en
vertu, dans les 1,657 pages de cette formidable élucubra-
tion, et c'est pourtant ce qui arriva.

J'avais été chaudement recommandé par des amis communs à M. Rouher, alors ministre d'État. Sans y attacher une grande espérance, j'avais pensé à la députation. Des nuages sinistres s'élevaient sur la politique de
l'Empire : la nomination d'Ollivier, ancien magistrat et
député républicain, appelé au ministère de l'intérieur,
ce qu'on pressentait déjà, me donnait à penser qu'avec
mes précédents un magistrat aussi dévoué que libéral,
et qui savait parler, serait peut-être accueilli, c'est-à-
dire nommé, à la Chambre des députés, où l'éloquence et
le dévouement commençaient à fléchir sous les assauts de
l'opposition. M. Rouher m'écouta d'un air pensif, mais
il finit par me demander si j'avais un collège électoral en
vue, et comme je dus lui dire que je ne pouvais que compter sur une candidature officielle dans une des villes où
j'avais exercé mes fonctions, il me répondit cette phrase
où se résumait peut-être le secret de la décadence de
l'Empire :

« Si nous en étions au temps où on envoyait les candidats à la députation comme des colis, nous aurions pu
voir : mais il n'est plus temps... »

Le *Moniteur* venait, sous le titre de *Journal officiel*,
d'être transformé dans un sens littéraire, avec un petit
journal officiel ressemblant au *Petit Journal*, et qui, tiré
à 280,000 exemplaires, était distribué aux communes et
vendu partout. Il était destiné à devenir une véritable
revue impériale, et il comptait déjà des collaborateurs
tels que Henri de Parville, Cornély et Théophile Gautier. Dans un pareil milieu, c'était plutôt une fonction
de gouvernement qu'un métier de journaliste, et j'eus
l'idée de profiter de la bienveillance de M. Rouher, lui

demandant de m'y faire une place pour traiter, quand
j'en trouverais l'occasion, des questions de droit criminel.

Il le fit tout de suite, car mon livre avait été examiné à
fond et très favorablement apprécié dans son ministère,
de sorte que huit jours après j'allai voir le directeur de
l'*Officiel*, qui était alors Norbert Billiart, avocat, précédemment rédacteur en chef d'une chronique humoristi-
que du Palais, chef-d'œuvre d'esprit. En l'abordant, je
m'attendais à être reçu comme jurisconsulte éminent,
mais s'il connaissait mon gros livre des *Lois pénales*, il
avait lu dans le *Figaro* mon *Invalide à la tête de bois, la
Faim et la Soif, les Mouches*, et au lieu de me parler de
droit criminel, il me demanda de lui donner des articles
aussi gais que je pourrais.

Je me retirai tout déconfit, lui promettant de lui en
apporter, mais me promettant de ne pas le faire. En rentrant, je fis part à ma femme de ma déconvenue, lui disant
qu'après avoir reçu deux ou trois articles, on ne m'en
prendrait plus d'autres, et qu'au reste cette attribution
de plaisant de la troupe ne convenait ni à mon âge ni à
mon caractère, sans compter qu'elle me classait là où je
ne voulais pas me mettre; enfin une série de conclusions
plus sages et plus dignes les unes que les autres, et dont
la conséquence aurait été certainement de supprimer
mon avenir, car je n'aurais jamais retrouvé le quine à la
loterie qui me tombait en main.

Fort heureusement, ma destinée, qui avait à placer un
de ces bienfaits dont elle n'est pas toujours prodigue,
m'envoya sans doute un songe, car la nuit porta conseil,
et le lendemain, uniquement pour n'avoir rien à me reprocher, je feuilletai négligemment un cahier où, depuis
de longues années, je notais des sujets tantôt isolés et
tantôt en série; j'écrivis tout d'un trait, en une heure ou
deux, l'histoire qui me paraissait la plus drôle, et je la
portai à Norbert Billiart. C'était tout simplement *le Go-
rille,* premier chapitre des *Voyages et Aventures du capi-*

taine *Marius Cougourdan*, commandant le trois-mâts « *la Bonne-Mère* », du port de Marseille.

Ce chapitre a fait ma carrière littéraire. En même temps que j'y ajoutais de quoi faire un volume, j'écrivais des articles variétés qui tous étaient accueillis et largement rémunérés, si bien que dès les premiers mois, rien que cette rédaction m'assurait presque mes anciens appointements de magistrat. Jusqu'en 1876 je suis resté rédacteur à l'*Officiel*, mais le cadre en changeait de jour en jour, la littérature y figurait de moins en moins. Mais j'avais eu le temps d'y publier presque en entier les manuscrits de *Cougourdan* et des *Nouvelles et Fantaisies*, et ma réputation était déjà assez faite pour qu'un éditeur vînt me proposer de publier à ses frais le second de ces volumes. Bien qu'il ne fût guère qu'un modeste libraire au coin du boulevard Haussmann et de la rue du Havre, je n'eus garde de refuser ce modeste début dont je n'aurais jamais eu l'idée de faire les frais, et le volume, imprimé à Fontenay-le-Comte par Pierre Robuchon, parut en 1872 et eut beaucoup de succès. L'idée me vint alors de publier *Cougourdan*, mais le libraire ne se sentait pas assez fort pour entreprendre un autre volume, et ce ne fut qu'en 1879 que, m'étant fait un peu plus de notoriété par diverses publications, je me risquai à faire éditer *Cougourdan* à mes frais. Cette fois le succès fut si prompt, qu'en vingt jours l'ouvrage était épuisé. Ce ne fut qu'en 1884 que je le fis rééditer par Ollendorff, à ses frais. Il en a fait plusieurs éditions sans en avoir, à ma prière, changé le millésime, jusqu'à 1896, où je l'ai revu, corrigé et augmenté de trois chapitres pour en faire l'édition définitive.

CHAPITRE IX

Le 4 juin 1870, je partis pour la Suède, la Norvège et le Danemark. Le but de ce voyage était d'aller étudier ces trois royaumes scandinaves sous leurs rapports économiques, politiques, administratifs, et leur aspect pittoresque. Je venais de publier, à mon arrivée à Paris, mon livre des *Lois pénales de la France,* qui avait été accueilli avec faveur; je devais trouver dans les pays scandinaves, sur la théorie et la pratique des lois criminelles, des documents d'autant plus précieux qu'ils étaient peu étudiés en France.

Le 10 mai 1870, j'eus l'honneur, en conséquence, « d'être chargé d'une mission en Suède, en Norvège et en Danemark, à l'effet d'étudier la législation pénale, le système pénitentiaire et les origines du droit criminel dans ces contrées ».

En outre des pièces officielles qui m'accréditaient auprès des divers services de chaque royaume et des représentants de la France, j'avais été mis en relation, avant mon départ, avec le colonel Staaf, attaché militaire de la Suède. Cet officier, qui a passé et fini sa vie parmi nous, était l'auteur d'une *Littérature française* qui, restée désormais classique, montre à chaque page la marque de son affection pour nous, et rien qu'aux recommandations qu'il me donnait, je partais assuré d'un accueil qui devait dépasser toutes mes espérances.

Malgré leurs profondes sympathies pour la France, les écrivains suédois n'ont jamais pu se résoudre à s'associer par traité de réciprocité avec la Société des gens de lettres de Paris. C'est là, en dehors de la sympathie, une question d'intérêt mêlée de conséquences pécuniaires contre les associés étrangers. Quoi qu'il en fût, j'offris à notre société mes bons offices pour essayer d'obtenir l'adhésion des écrivains suédois. Nous allâmes en groupe demander à M. de Gramont, ministre des affaires étrangères, sa protection auprès du gouvernement suédois. Il nous répondit en nous exposant une théorie d'association littéraire universelle, et nous allions en rester là, si je n'avais ramené l'affaire à la question. Nous partîmes donc avec sa promesse de recommander nos intérêts, mais je n'ai eu aucune connaissance qu'il y ait eu de sa part une intervention quelconque. Au surplus, hélas! le ministre des affaires étrangères avait d'autres chats à fouetter que les intérêts des gens de lettres : il s'agissait pour lui de négocier la guerre de 1870. On sait comme il s'en est tiré... Quoi qu'il en soit, mes démarches n'ont point réussi.

Donc, le 4 juin 1870, à quatre heures de l'après-midi, je partais avec ma femme et mon fils, qui avait onze ans. Nous descendîmes gaîment l'escalier, avec l'élan de joie de voyageurs partant pour cette partie de plaisir qui vous ouvre les ailes devant la perspective qu'on rêve déjà. Ma femme et mon fils étaient montés en voiture, j'avais un pied sur le marchepied. Mon cœur se pressa, et dans une seconde je regardai ma maison et je me dis :

« Qui sait si quand nous reviendrons nous ne trouverons pas des Prussiens logés dans notre appartement? »

La guerre était encore en question, on n'en parlait que pour s'assurer de la victoire, et si quelqu'un m'avait, cinq minutes auparavant, dit ce que je venais de penser, je lui aurais ri au nez.

Le mouvement du voyage, mon séjour à Stockholm, m'avaient effacé ce souvenir. Il ne me revint même pas quand, au mois de juillet, quittant Stockholm, un de mes amis m'annonça l'ultimatum de l'empereur. Ce fut à Leksand, en Dalécarlie, que nous apprîmes, aux cris de : « Vive la France! A bas les Prussiens! » la déclaration de guerre. Les gens étaient en groupes dans les rues et me serraient les mains.

Il y avait dans l'hôtel un voyageur prussien. Je lui dis, croyant être généreux :

« Monsieur, souhaitons que la guerre fasse le moins de mal possible au vaincu et au vainqueur. »

Il me rendit très chaudement ma poignée de main.

Nous nous arrêtâmes à Cologne, Hambourg, Brême, pour nous embarquer à Kiel, traverser le Sund et le Cattégat, débarquer à Copenhague, et de là à Malmö, puis gagner Stockholm par le canal de Gothie. Je ne répéterai pas les descriptions que tout voyageur peut trouver dans les guides. Excellents comme renseignements pratiques tant que dure le voyage, les *ciceroni* ne m'ont jamais servi, une fois retourné à Paris, que de répertoire; quant aux souvenirs, aux impressions et aux leçons qu'on recueille, la mémoire seule les garde, et on ne peut les reproduire que la plume à la main. Je ne réitérerai donc point des descriptions qui ont été publiées cent fois et dont je certifie l'exactitude : Cologne, Hambourg et Lubeck ont répondu à ce que j'en avais lu ou entendu dire. Je n'ai passé à Kiel que la nuit, je n'ai fait que traverser Copenhague pour aller prendre le bateau à vapeur de Malmö, et de là monter en bateau sur le canal de Gothie.

A Cologne, j'ai pris une leçon de patriotisme. J'étais dans mon tort. L'eau de Cologne, dans cette cité célèbre, tient une place tellement patriotique qu'il est interdit aux étrangers de s'en moquer publiquement. Mais comme tous les marchands vendent de l'eau de Cologne, toutes les boutiques y sont pavoisées de fioles et de réclames, les cochers de fiacre arrêtent, descendent de leur siège, ouvrent la portière des boutiques, et le marchand, ouvrant sa porte, s'avance et vous invite à entrer pour acheter de son eau de Cologne, qui est « la meilleure de Cologne ». Or comme, de toutes les rues et de toutes les places, on voit la cathédrale de Cologne, seconde merveille de la ville; à force d'être obsédé par la première et par la seconde, il en résulte un effet irrésistible de ridicule pour toutes les deux, et on rit en lisant là-dessus cent folies. J'en étais là, arrivé à la place de la cathédrale, nous avions mis pied à terre et nous regardions la cathédrale, lorsqu'un Colognais, passant tout près de nous, s'arrêta, nous dévorant des yeux. Je suppose qu'il savait le français dans tous les détails, et s'il ne le parlait pas, rien qu'au mécanisme de sa physionomie, on le voyait suivre mot à mot mes observations, qui le mettaient en fureur. Puis il partit en se secouant les épaules.

Eh bien, il avait raison et j'avais tort. Quand on visite, dans un pays étranger, des cathédrales et des boutiques d'eau de Cologne, qu'on a besoin d'un asile pour coucher, d'une table pour manger, et d'un fiacre pour se faire transporter à la gare de départ, on ne doit pas blesser le patriotisme en se moquant, quelque ennuyeux que soient ces monuments, de leur eau de Cologne ou de leurs cathédrales. C'est une offense à l'hospitalité.

En tout autre temps, je n'aurais pas manqué d'écrire mon voyage dans tous ses détails, et sans compter les curiosités, les admirations et les incidents, j'en aurais rapporté, rien qu'en observations personnelles et inédites, de quoi faire un livre vraiment nouveau. C'était d'ailleurs ma première intention, et j'ai pris d'abord beaucoup de notes à cet effet, mais les événements de la guerre arrivant de jour en jour plus terribles, m'ont fait abandonner ce soin; sauf quelques articles au *Journal officiel,* je n'ai pas eu le courage de reprendre mon projet, et le temps ne me reste plus aujourd'hui pour même y songer.

Je me réduirai donc à ce qui m'a laissé une impression personnelle nette et définitive sur le caractère des hommes, sur leurs mœurs et leur pays.

En traversant l'Allemagne, on pouvait remarquer sur toutes les lignes un mouvement extraordinaire de soldats se dirigeant vers les garnisons. Si nous n'avions pas été dans l'aveuglement où nous devions rester jusqu'à la déclaration de guerre, rien qu'à cet aspect nous n'aurions pas hésité à rebrousser chemin à la plus prochaine station, tant la tenue, les airs, et jusqu'aux gestes de ces hommes, montraient en eux des soldats courant à la victoire. J'éprouvais là ce que m'avait raconté, quelques mois auparavant, mon ami Alphonse Pénaud, inspecteur en chef de la marine. Voyageant en Allemagne, il avait été épouvanté de la tenue menaçante des soldats allemands, et il me l'avait dit d'un ton d'inquiétude qui m'était resté sur le cœur. Mais à ces premiers jours de juin, nous étions loin de penser à la guerre, et si nous y pensions, c'était pour songer aux Danois, à leurs défaites, pour regretter que nous ne les eussions pas défendus, et presque pleurer d'attendrissement à voir la noblesse et la dignité de ces visages qui nous entouraient.

Dans la traversée de Kiel à Copenhague, j'avais déjà été frappé de la correction de ces Scandinaves et de leur air d'honnêteté. En débarquant à Malmö, je l'ai retrouvée deux fois, coup sur coup.

En entrant au bureau du canal de Gothie, la première affiche que je vois est celle des chemins de fer suédois. Avez-vous jamais vu en France la moindre indication, dans un service de voyageurs, d'une entreprise rivale? De là nous allons à un hôtel, nous déposons nos bagages. Au moment de monter dans nos chambres, nous demandons quand part le bateau pour le canal de Gothie : « Le voilà, me dit l'hôte, il part dans une heure. » Il perdait trois voyageurs sans sourciller.

Ce sont là deux traits bien modestes, mais voilà le type de loyauté qu'on trouve dans toutes les communications qu'on peut avoir, en Suède comme en Danemark, avec les gens du pays. Allez à Londres, essayez de prendre chez un changeur la monnaie d'une pièce de cent sous sans qu'il vous en vole le quart !

On peut décrire d'un mot la Suède ; il suffit de dire : « Elle est belle. » Le ciel, la terre, les cours d'eau, les rivages de la mer, les arbres, tout, jusqu'aux vapeurs qui dansent pendant les nuits en rondes fantastiques sur les lacs, s'y éclaire d'une lumière magique, se colore en nuances vives et brillantes comme des parures de satin, de velours et de pierres précieuses, tandis que sur les champs, les collines, les arbres, les eaux, une simplicité sublime se développe sur toute la nature comme un manteau de grâce et de paix. C'est une impression unique, on ne la trouve que là : ni les montagnes, ni la mer, ni le ciel des autres pays, ne peuvent la représenter, car elle est faite de soleil, de terre et de climat.

Cette beauté, cette grâce et cette simplicité, on la retrouve dans la race qui y respire. Malgré une civilisation parfaite, elle est serrée de trop près par son climat, trop éblouie par sa lumière, pour ne pas s'en ressentir : aussi la beauté, la grâce, la simplicité, sont la première impression qu'on éprouve devant les Suédois. Elle est d'autant plus nette et ferme qu'on ne rencontre presque pas d'étrangers, et que les types y gardent leur aspect dans toutes les classes.

Le canal de Gothie, commencé en 1810 et terminé en 1832, a une longueur de 8 milles suédois et a coûté 13,713,346 rixdales. En ajoutant les lacs que ce canal joint à plusieurs endroits, la distance entre la mer du Nord et la mer Baltique est de plus de 36 milles suédois. Il compte 58 écluses. Le point le plus élevé du canal, près du lac Wiken, en Ostrogothie, est à une hauteur de 308 pieds et 2 pouces. Le canal de Gothie proprement dit commence près de la ville de Söderköping, et réunit la Baltique à la mer du Nord. C'est une mise en scène digne de la Suède. On traverse d'abord le lac de Wener, et une fois entré dans le canal, qui est très étroit, on se croirait à bord comme dans une voiture roulant à travers des champs, des prairies, des arbres, d'une verdure opulente. On peut même, quand il y a une écluse à passer, descendre à terre et se promener.

L'arrivée à Stockholm donne une vue merveilleuse, avec la perspective du lac Mælar, qui s'étend à perte de vue dans l'ouest, et droit devant soi on peut admirer les quais et les édifices. Stockholm est une des plus belles villes de l'Europe, et surtout unique dans son genre ; aucune des autres villes de la Suède ne peut rivaliser de près ou de loin avec elle. Pour les édifices, les rues et les canaux, je renvoie aux guides de voyage. Les nombreux canaux dont elle est traversée lui donnent une animation sans pareille.

Nous arrivions à Stockholm le 9 juin, en pleine lumière polaire. Le lendemain soir, à onze heures et demie, assis près de la fenêtre, j'écrivis une lettre, et me promenant ensuite sur la place, à minuit, je pris au crayon quelques notes sur mon portefeuille. Quelques jours après, à une heure du matin, j'allai à la campagne chercher mon fils qui ne revenait pas d'une maison où on l'avait emmené dîner, et c'est là que je vis, en passant le long d'un lac, à la lueur zodiacale, le tourbillon de vapeurs fantastiques dont je parlais tout à l'heure.

Certainement c'est avant tout cette lumière polaire, si vive pendant le jour, si insolite pendant la nuit, qui répand sa magie sur tout ce qu'on voit, mais les formes, les teintes et les dispositions des objets naturels offrent presque continuellement des aspects doux, clairs et harmonieux. La terre est d'une nuance fine et légère ; les arbres, surtout les peupliers et les bouleaux, se répandent partout, par groupes épanouis épars dans les plaines et les pentes, rangés aux bords des lacs, et en encadrant les eaux tantôt d'un lilas pâle, tantôt d'un brun doré comme le malaga, et quand on les regarde de près, leur écorce, sur un fond argenté ou vert clair, est comme émaillé de perles, de topazes et de rubis. Le sable, les pierres, la terre, brillent presque partout de ce scintillement : on dirait qu'une poussière d'arc-en-ciel a répandu son prisme sur toute la nature. Il n'y a point là une illusion d'optique : pour peu qu'on soit myope, on n'a qu'à regarder de près pour le voir; en examinant les paysages des peintres suédois, on y retrouvera ce fourmillement de lumière colorée.

La terre suédoise est horizontale, les mouvements de niveau y sont rares et peu marqués. Comme toutes les plaines, cette disposition étend sur le pays un air de calme qui inspire des idées simples et larges. On ne trouve que rarement des paysages pittoresques ou saisissants comme en Norvège, mais on rencontre continuellement des sites agréables. A part quelques cascades, les eaux y offrent plus de charme que d'émotion, mais le charme est partout où les eaux coulent, et on les rencontre à chaque pas, puisque les forêts, où l'on ne passe point, couvrent le tiers du territoire, et que les eaux, qui sont répandues partout, en couvrent le septième.

A part la frontière de Norvège, l'Oreskütan est la seule montagne de l'intérieur. Elle a 4,919 pieds d'élévation, et cependant est si peu inaccessible, que nous l'avons montée et descendue en une matinée. Au reste elle était alors si peu connue, au moins de nos savants de l'Observatoire, qu'un inspecteur général des mines, M. Luuit, m'écrivit de Lyon pour la faire réintégrer dans l'*Almanach du Bureau des longitudes,* où sa place était « astronomique ».

Or, comme je me trouve être le seul à avoir fait connaître à l'Observatoire l'existence de l'Oreskütan, il en résulte qu'en montant au sommet de cette montagne inédite (au moins pour les savants du Luxembourg), au lieu d'une promenade, j'aurai fait une découverte géographique!

A part les grandes villes, toutes les autres sont bâties en bois à peu près sur le même modèle et rangées de même, avec des rues désertes, ce qui ne les rend ni gaies ni intéressantes; mais les maisons, souvent peintes en rouge et soulevées aux quatre coins par de grosses pierres, ont un effet pittoresque, d'autant que souvent les toits sont couverts en terre semée de foin, de fleurs, qui relèvent de façon charmante les maisons rouges ou brunes. Il n'est pas rare d'y voir même se dresser des arbres dont le tronc, grandissant d'abord à l'intérieur de la maison, a percé entre les solives du toit, et a fini par y développer un superbe parasol qui s'y prélasse de l'air le plus naturel du monde, tandis que sous son ombrage, si le toit est assez bas, un mouton y saute et se met à paître l'herbe fraîche comme s'il était dans un pré. Les granges, avec une rampe qui mène au grenier, et une porte où les chevaux et les autres bestiaux sont alignés tête-bêche dans des écuries pas plus hautes que leurs têtes, ajoutent un grand effet à ces constructions, généralement ornées, aux quatre coins du toit, de cornes de rennes dépouillées de leur peau. Il n'est pas jusqu'à d'immenses barrières de sapin disposées en zigzag, jusqu'à de grandes grilles de bois plantées sur les prés, enguirlandées de foin vert qu'on y met à sécher, qui ne donnent un air d'ordre et de vie à ces paysages primitifs.

Surtout quand on a vu la Norvège, l'opposition relève encore ce caractère de simplicité et de douceur, et cela dans les hommes aussi bien que dans les choses.

On peut vraiment dire sans exagération que tous les Suédois, quel que soit leur rang, sont des hommes comme il faut. D'abord leur taille élevée, leur chevelure blonde, leur teint clair et leurs yeux bleus, leur donnent un air doux et imposant. Leurs mouvements sont lents et bien rythmés.

J'ai été très frappé d'une différence de ces mouvements. Quand on passe, pendant l'été, le long des bords du lac Mælar, par exemple, où se font les parties de campagne, on en voit les bords animés de promeneurs jeunes et vieux, qui sautent, dansent, avec des joies telles, que si on les voyait à notre bois de Boulogne, on les prendrait pour des fous. Mais au lieu de les regarder, faites attention aux gens assis avec vous dans le bateau, vous n'en voyez pas un qui bouge : là où chacun s'est assis en s'embarquant, il reste, et jusqu'au moment de débarquer, que ses jambes soient croisées ou écartées, elles n'auront pas changé de place; personne ne parlera à son voisin, pas un voyageur ne se promènera sur le pont, et tout cela pendant des heures. Je ne puis m'empêcher de croire qu'il y a là un effet de climat, le froid de l'hiver laissant je ne sais quelle empreinte de glace à ces corps gelés pendant les trois quarts de l'année, et qui en gardent un engourdissement, ne se dérouillant sous le soleil de l'été que quand un grand plaisir les secoue. Quoi qu'il en soit, la tenue et les manières ont évidemment une espèce de mesure qu'on ne retrouve pas chez l'homme des pays tempérés ou chauds, et il en résulte cette grâce et cette dignité qui m'ont si vivement frappé.

Chez les hommes du monde, on la retrouve relevée de tout ce qu'y peut ajouter l'éducation, la science et l'usage, embellis par des femmes d'une distinction suprême.

Si l'on me demandait de résumer mon impression sur la société suédoise, je dirais volontiers que c'est une idylle. Certainement tous les hommes, à l'état de civilisation, sont au fond partout les mêmes, mais les conditions de vie changent du tout au tout les mœurs, c'est-à-dire qu'elles peuvent modifier la moralité jusqu'à créer dans une race le bien ou le mal sous la force invincible de la nécessité. Comme dans tous les pays froids et pauvres, si un peuple ne peut pas vivre aux dépens des étrangers, même en les pillant, comme, par exemple, les Anglais, il est réduit à gagner sa vie par l'honnêteté. C'est ce qui est arrivé à la Suède : tant qu'elle a pu saccager l'Europe, elle est restée un peuple barbare, et elle n'a valu ni plus ni moins que ses victimes : du moment où il lui a fallu rester chez elle et travailler pour vivre, la misère a fait fleurir ses qualités jusque-là étouffées par les vices qui régnaient encore chez les Européens. Quand on la compare à la moralité des autres pays, le mot d'idylle que je lui ai décerné tout à l'heure est parfaitement mérité. On voit là, en grande

12

proportion, une vérité qui ne s'applique pas seulement aux gens pauvres, mais qui pour un peuple est le gage de la vertu sociale. On en peut bien juger à ce qui se passe actuellement dans le Transvaal, où l'on voit un petit peuple tenir tête, et avec quelle gloire! à l'un des peuples les plus puissants de la terre, mais qui manque d'honneur et de probité.

Il me faudrait écrire un livre pour raconter l'accueil que j'ai reçu en Suède, à commencer par Stockholm. D'abord j'ai été reçu par M. Fournier, un des diplomates les plus éminents de la France, et homme d'esprit s'il en fut. Nous nous liâmes d'une amitié qui s'est continuée lorsqu'il devint sénateur, et qui n'a été brisée qu'à sa mort. Le roi ne jurait que par lui, et grâce à cette faveur, on a mis à ma disposition plusieurs fonctionnaires des établissements pénitentiaires, qui m'ont comblé d'empressement. Enfin c'est encore à son intervention que j'ai dû la décoration de l'Étoile polaire, à laquelle je tiens beaucoup. Elle ne s'accorde en Suède qu'à un petit nombre de personnages considérables, elle est extrêmement rare en Europe, et puis surtout elle me rattache à un pays que j'aime de tout mon cœur, non seulement pour l'accueil que j'y ai reçu partout, mais parce qu'il s'adressait à mon pays, dans un temps où je vis, à mesure que nos malheurs s'aggravaient, des cris et des larmes de sympathie augmenter pendant tout le voyage. J'aurai tout à l'heure à en redire autant pour la Norvège, où malgré les dissentiments qui la séparent de la Suède, j'ai retrouvé la même sympathie pour la France.

CHAPITRE X

Je dois mettre au premier rang de mes amis M. d'O-livecrona, conseiller à la cour suprême de Suède, qui outre ses éclatants services judiciaires, s'est rendu illustre dans toute l'Europe par ses ouvrages sur l'abolition de la peine de mort, dévouement auquel il a consacré, on peut le dire, son âme et sa vie. Il y a plus de cinquante ans que nous nous sommes liés, et notre amitié n'a cessé de s'augmenter, non seulement avec lui, mais avec sa femme et ses enfants. Il a perdu sa femme, célèbre par ses services aux intérêts de son sexe, et poète éminente, mais il est encore plein de jours, rêvant toujours la réalisation de la grande idée qu'il a caressée pendant toute sa vie.

Après lui je place M. Strandberg, aussi conseiller à la cour suprême. Il était plein de grâce et d'intimité : pour nous c'était un Français. Plein de science, il avait beaucoup d'esprit. Pour donner une idée de ce que notre littérature tenait de place dans son âme, il suffit de dire qu'un jour il demanda à ma femme de lui répéter des vers de Musset, pour lui donner le plaisir, qu'il n'avait jamais connu, de les entendre prononcés par des lèvres françaises. A un certain moment, ma femme se trompa : il lui récita le passage ! Notre amitié, hélas ! n'a été que de peu de temps, nous avons appris sa mort deux ans après notre retour.

M. Nyström, médecin de la marine, non content de venir nous voir très souvent, nous suivait dans nos promenades, toujours sans prévenir. Il n'admirait guère les Français, mais il supportait mieux les Françaises, car nous le vîmes, un matin que nous allions repartir d'Upsal pour aller visiter la mine de fer de Dannemora, surgir dans la salle à manger où nous déjeunions et nous apprendre qu'il y allait aussi. Il avait de l'esprit, et une certaine envie qui l'animait agréablement. Il était très avide de parler français, y mettant une prétention secrète. Il était fiancé depuis des années, montrant sa bague avec affectation; cela se voyait, et ma femme se moquait de lui, sans qu'on pût dire comment, et il le sentait sans pouvoir se défendre.

Pendant que j'en suis sur lui, je profiterai de sa compagnie pour raconter notre excursion aux mines de Dannemora, où je ne serais jamais descendu s'il n'avait été là : mais comme il laissait toujours percer un certain dédain pour les Français, exaltant à tout propos les Anglais, je ne résistai pas à lui montrer que, même devant une promenade effrayante, un Français avec femme et enfant ne reculait pas.

A part ses petits défauts, ou plutôt à cause d'eux, M. Nyström nous a fait connaître un des types les plus intéressants de la jeunesse suédoise, le Suédois anglomane. A Stockholm, les hommes âgés sont foncièrement conservateurs et symétriquement opposés à toutes les idées des Norvégiens : or les Norvégiens sont anglomanes enragés. Je crois donc intéressant de reproduire ici la note que j'avais écrite à son sujet pendant notre séjour à Stockholm :

« Docteur Karl Nyström : a fait trois voyages au pôle nord. Docteur en médecine; naturaliste. A la tête du parti anglais en Suède.

« A quitté précipitamment Paris après trente-six heures à peine de séjour, parce que les ouvreuses de loges du Théâtre-Italien se sont précipitées sur lui en nombre indéterminé.

« N'admet pas qu'on embrasse son frère au retour du pôle nord, mais va partir pour la campagne parce qu'il veut y retrouver sa mère, qu'il n'a pas vue depuis trois jours.

« Spiritualiste.

« En correspondance avec plusieurs jeunes filles, et en parlant avec un enthousiasme presque religieux.

« Rencontré par hasard, a-t-il dit, en débarquant à Djurgorden.

« L'homme le plus spirituel que nous ayons vu jusqu'ici en Suède. »

Donc il fit avec nous l'excursion de Dannemora. Imaginez deux gouffres immenses séparés par une espèce d'arceau, mais n'en faisant en dessous qu'un seul et ayant une profondeur de cinq cent dix pieds : c'est comme si on descendait depuis le haut de l'Arc de Triomphe jusqu'au niveau de la Seine. On est au bord à pic d'un trou de cinq cents mètres de diamètre, et les ouvriers qu'on voit travailler dans des cavités des parois semblent des nains dont on ne distingue pas le visage, tant ils sont éloignés. Au milieu de la mine, sur une couche de neige qui ne fond jamais, une vapeur épaisse laisse à peine distinguer le fond. Ce qu'on voit n'est plus de la terre, c'est du fer pur, en rochers, en colonnes, en buttes plus ou moins hautes, en arcades évidées.

Pour descendre, il y a un énorme tambour horizontal en bois placé près du bord, tournant sur lui-même, et que sept bœufs font tourner, attelés dans des barres de bois. Sur le tambour est enroulée une bobine de corde de fer grosse comme un cigare (j'en ai gardé un échantillon), formée de fils réunis. Au bout est une chaîne grosse comme la jambe, accrochée au bord d'une benne assez grande pour placer six personnes, et qui vous monte un peu plus haut que la ceinture. Le conducteur, qui d'ailleurs ne pourrait rien faire en cas d'accident, est debout, accroché à la chaîne et les pieds sur les bords de la benne : il n'est là que pour faire embarquer et débarquer les voyageurs.

Le débarquement pour arriver en bas se fait facilement, car on descend sur une pierre comme sur une marche, mais l'embarquement et le débarquement au bord font frissonner. Il n'y a pas de pont pour descendre dans la benne; on l'approche tout simplement du bord, il faut se laisser aller, et elle bascule au moment où on y pose le pied.

Pour arriver en remontant, on approche la benne contre le bord et au-dessus du vide, tandis qu'elle bascule pendant qu'on la soulage de votre poids; le conducteur a sauté sur le bord, se penche, vous soulève, vous tourne de côté; vous posez un pied, puis un autre, et vous voilà sauvé.

Je n'ai pas besoin de dire que j'ai débarqué le dernier. Ma femme s'est abandonnée purement et simplement dans les bras du conducteur, incapable de s'aider et à peu près évanouie; mon fils s'est aidé. D'ailleurs, ni à la descente ni à la remonte, ni l'un ni l'autre n'a donné signe de terreur.

On a là dedans le même mouvement vertical que dans un ballon, mais avec un détail de plus qui en gâte complètement le charme. Le fil de fer est enroulé comme sur une bobine, mais enroulé de bas en haut, et se déroule de haut en bas, chaque tour l'un au-dessus de l'autre, de sorte que de temps en temps il y a un petit claquement sec qui donne, avec une secousse, l'impression, à s'y méprendre, d'une rupture du fil. Au premier tour, l'illusion est complète et l'effet plus que désagréable; mais après quelques tours, on s'y habitue. On a le temps, car la descente ne dure pas moins de dix minutes Il y a aussi quelque chose de non moins désagréable, c'est qu'à la remonte, qui est d'ailleurs plus longue, on ne peut pas s'empêcher de se dire que plus on s'élève, plus le danger devient inexorable, et plus on réfléchit, plus le voyage devient émouvant.

Une fois en bas, on se trouve dans un monde inconnu. D'abord on ne voit rien qui ressemble à la terre : le sol, les saillies, les parois, sont en fer pur et reluisant, colorés d'un bleu sombre. On se croirait dans une grotte, si on ne voyait le ciel au-dessus de sa tête. Sous cette couleur bleuâtre, tout prend un effet fantastique d'autant plus saisissant que tous les objets sont des masses de formes indescriptibles qu'on ne peut comparer à rien, sinon que tout est broyé, fendu, écroulé, effrité en mille morceaux, levé en aiguilles menaçantes, creusé en trous profonds, dressé en piliers supportant des voûtes qui s'enfoncent dans des galeries où la lumière disparaît dans le fer, avec un reflet finissant dans un vide noir.

Les coups de mines, les marteaux, le choc des débris qui s'écroulent, et surtout les voix humaines, font de temps à autre des bruits aussi extraordinaires que le lieu où ils retentissent. J'ai grimpé au haut d'une sorte de montagne, devant l'ouverture d'une longue galerie, au pied d'une muraille de fer pur, et j'ai chanté la *Marseillaise*. L'écho de ma voix, à la fois répété par la muraille et engouffré dans la galerie, a produit quelque chose d'aussi inouï que la vue du spectacle qui nous entourait.

Je le répète, j'ai vu là ce que j'ai connu de plus effrayant. Quand nous partîmes de Stockholm, on nous avait dit que nous n'oserions jamais descendre, et qu'un Anglais qui avait voulu s'y risquer, une fois dans la benne, avait été tellement terrifié qu'il serait mort de peur si on ne lui avait pas fermé les yeux avec la veste du conducteur. M. Nyström, je le reconnais, ne témoigna pas la même terreur que l'Anglais avait eue, mais je constate qu'une fois sorti de la benne il ne put s'empêcher de dire :

« C'est égal, on n'est pas fâché de sentir la terre sous ses pieds. »

C'était vrai, mais nous n'avons pas pensé à le dire.

Au surplus je ne suis pas le seul Français qui soit des-

cendu dans la mine de Dannemora : Ampère, le fils de
l'illustre physicien, et qui s'est fait un grand nom dans
la littérature, raconte dans son *Voyage en Suède* sa descente dans ce gouffre, et non seulement il ne s'y fit pas
bander les yeux comme l'Anglais poltron, mais il se fit
monter et descendre plusieurs fois, tant l'émotion lui fut
agréable. En lisant cette page exquise, on pourra jouir
d'un point de vue dont aucun de nous, pas même M. Nyström, pas même l'Anglais, ne se serait avisé.

Notre nationalité nous a valu la connaissance d'une
dame suédoise, la baronne Schürer von Waldheim, ancienne dame d'honneur du roi de Suède. En apprenant
qui nous étions, elle vint nous faire visite. Elle commença
par nous raconter un vrai roman par lettres, lettres d'a-
mitié, qui avait duré cinquante ans avec un Français, sans
s'être jamais revus. La rencontre était d'autant plus pi-
quante qu'il s'agissait précisément d'un haut personnage
que j'avais connu, qui m'avait marqué et témoigné beaucoup d'estime, et fait obtenir le grade de procureur
impérial dans le ressort de Poitiers, dont il était premier
président : M. Casimir de Sèze.

M. de Sèze avait fait un voyage en Suède; il y avait
connu la baronne, et, comme il m'est arrivé avec M. d'O-
livecrona, il avait trouvé à Stockholm une de ces amitiés
que la sympathie pour la France est là toujours prête à
nous ouvrir.

La première effusion satisfaite, nous nous jurâmes de
ne point nous séparer tant que notre séjour à Stockholm
durerait, et elle eut l'amabilité de se faire notre compagne
dans toutes nos excursions aux environs. Que n'ai-je pu
sténographier ces conversations! Quoique fort âgée, elle
gardait toute la fraîcheur de ses souvenirs; elle avait connu
la cour et la ville, et elle contait tout ce qui, depuis un
demi-siècle, était arrivé au-dessus, à côté, et même au-
dessous d'elle. A chacun des châteaux que nous visitions,
elle nous faisait tantôt l'histoire, tantôt le roman de ce
qui s'y était passé.

De ce livre où je n'ai pu cueillir que quelques souvenirs, il me revient une page que je crois pouvoir raconter, car quoiqu'il y soit question d'un sujet un peu vif, sans nommer l'un des acteurs on peut indiquer l'autre, et ils sont probablement au ciel depuis longtemps, d'où suivrait qu'ils ont reçu le pardon du bon Dieu, car la faute était si drôle qu'on ne pouvait pas s'empêcher d'en rire.

Donc, il y a plus d'un demi siècle, il arriva qu'une demoiselle d'honneur de la reine, après avoir le plus longtemps possible gardé le secret d'un état trop intéressant, finit par être obligée d'en convenir. Officiellement, le fait était censé ignoré, mais sous le manteau on ne parlait que de cela, et c'était à qui découvrirait le nom de l'heureux mortel qui allait devenir père. A mesure que le terme approchait, on en était venu à faire des allusions à la demoiselle, qui ne disait ni oui ni non aux « heureux mortels » qu'on lui murmurait, et de leur côté, les galants prenaient des airs de discrétion avec tant d'impudence que c'était presque avouer...

Enfin le terme arriva : le mystère allait se découvrir, les paris pleuvaient.

L'enfant était d'un rose vif... L'accoucheur semblait y perdre son latin, mais à tout ce qu'on lui demandait, il ne répondait pas.

Au bout de deux jours, l'enfant était violet.

Au bout de trois jours, il était marron.

C'était un petit mulâtre.

Il n'y avait à Stockholm qu'un nègre : le mystère était découvert.

On boit beaucoup en Suède. Mais dans les repas de famille, et encore moins dans les dîners, on ne se douterait pas, sauf la rougeur des convives, l'humidité des paupières et des lèvres, que les convives ont bu si largement. Ils ont une tenue correcte, digne, et quand, selon leur usage, ils s'avancent tour à tour, après le dîner, pour aller serrer la main de l'amphitryon, on les croirait à jeun. Mais dans les banquets où chacun est pour son compte, où il n'y a pas de maître de maison, on s'en donne à cœur joie, et à la fin du repas la réunion dégénère franchement en orgie. A l'hôtel Ridberg, où nous logions, le maître, ayant fait construire une grande salle de parade, avait invité ses clients et connaissances à un banquet d'inauguration. Ce genre d'invitation est particulier à la Suède. J'ai dit ailleurs que les maîtres d'hôtel sont traités comme personnes du monde. L'hôtelier avait donc invité la réunion, bien que chacun payât son écot, et les convives paraissaient tous être des gens comme il faut.

Nous avions cru devoir nous rendre à l'invitation. Cependant comme, à la fin, l'animation paraissait excessive, nous partîmes, ma femme et moi, laissant notre fils. Il assista alors à une orgie où tout le monde était, non pas gris, mais complètement ivre, déraisonnant, criant, chantant, buvant à tomber. Vieux ou jeunes, tout le monde avait perdu la tête. Un vieillard sautait en jetant en l'air sa perruque; un officier, auquel on m'avait chargé d'apporter la décoration de la Légion d'honneur pour services à l'armée d'Afrique, s'agitait et criait comme un fou, et les autres, qui en faisaient autant, trouvaient cela tout naturel. Et je le répète, tous ces soûlards étaient des gens du monde comme vous et moi, qui après une nuit passée, redeviendraient calmes, dignes, gracieux, comme si de rien n'était.

Chaque race a ses défauts, parfois énormes, mais elle a ses qualités : aussi, quand on va chez des peuples étrangers, il faut se garder de les juger sur un défaut, parce que nous pouvons arriver à leur reconnaître sur un autre point des qualités qui nous feront honte de ce que nous prenons pour nos vertus.

Parmi ces qualités, on en voit en Suède, par exemple, une très touchante, et que nous n'avons pas : c'est la familiarité avec les morts. A part une visite à la Toussaint, nous ne les fréquentons guère : en Suède, on leur tient presque compagnie. Sans compter que des cimetières sont souvent sur des places à l'intérieur des villes, où ils forment des squares fréquentés, d'autres, établis aux alentours, sont chaque dimanche un but de promenade qui ressemblerait à des jardins, n'étaient les tombeaux. La terre est couverte de fleurs; au lieu de nos tristes croix, là où il n'y a point de monument, on plante sur la tombe, au milieu des fleurs, une tige de fer portant un grand papillon aux ailes déployées, diaprées de vives couleurs, qui au lieu d'une idée de la mort, ne rappellent que l'âme et la vie. L'on peut les regarder sans pleurer, aussi voit-on les femmes sourire, les enfants jouer autour : c'est la fête des souvenirs, et les regrets s'oublient. N'est-ce pas mieux que chez nous? Cela dure toujours, et par cette intimité fidèle, il reste aux morts un peu de vie, grâce à ceux qui leur survivent en les aimant encore sur la terre.

Dans l'intérieur de la ville, aux rues les plus fréquentées, on rencontre des étalages de cercueils en chêne, en ébène, en bois des îles, avec toutes sortes de sculptures et d'ornements en fer, en cuivre, en argent, et à côté, des robes et des bonnets pour habiller les petits morts. Beaucoup de personnes se précautionnent, pour leurs parents et pour eux-mêmes, de cercueils à leur goût. J'ai vu une preuve certaine que quelques intéressés n'attendent pas la mort pour s'en procurer. Un jour, dans la plus belle rue de Stockholm, j'ai cheminé sur le trottoir avec un monsieur très élégamment mis et nullement vêtu de deuil, qui accompagnait un homme traînant sur une charrette à bras un superbe cercueil d'ébène sculpté et orné de clous et de plaques d'argent. Le monsieur rayonnait, jetant à chaque pas un regard de joie et d'orgueil : si ce n'était pas pour un parent à héritage, c'était pour lui, à moins que ce ne fût pour une épouse devenue intolérable.

Si l'on en croyait les mauvaises langues des nations voisines, Stockholm serait un lieu de perdition où la débauche courrait les rues et les ruelles. Je n'y ai toujours rien vu qui ressemble à un certain quartier de Hambourg où les filles, étendues en toilettes provocantes, couchées sur des sofas, sont exposées le soir dans des boutiques

illuminées comme un feu d'artifice, avec une porte à loquet
donnant sur le trottoir; mais je n'ai rien vu à Stockholm
qui y ressemblât de près ou de loin.

Le seul détail qui me soit passé devant les yeux, ce fut
qu'un jour, me promenant sur la place de Charles XIII,
où l'on va s'asseoir sous les allées, on me signala d'un
air discret deux femmes qui passaient d'un air gauche, et
que les jeunes gens regardaient en clignant de l'œil. Celui
qui m'accompagnait, fils d'un très grand personnage, me
toucha le coude et me dit à voix basse que c'étaient des
femmes galantes de haute volée.

Elles avaient, pour séduire leur monde, des bottines
éculées et sales, un vieux caoutchouc, cache-misère flétri
couvrant une robe de calicot qui débordait tout juste, et
un chapeau de paille orné d'un ruban passé et de deux ou
trois marguerites d'un sou. C'étaient, je le répète, les
grandes cocottes de cette pauvre capitale qu'on prétendait si corrompue. Or n'étant nullement jolies, elles n'é-
taient bonnes tout au plus qu'à épurer les mœurs, en
dégoûtant les jeunes gens et jusqu'aux vieux débauchés
de toute envie de les fréquenter. J'en ai conclu qu'à part
quelques pauvres diables, la démoralisation imputée aux
gens de Stockholm n'était qu'une de ces calomnies de
voisins que les nations s'envoient pour ne pas laisser
paraître leurs vices, sentiment toujours national d'un
peuple qui se respecte : voir la pudicité anglaise.

Une autre aventure peut confirmer la bonne opinion
que je me suis faite de la chasteté des Suédois : c'est la
façon dont ils conçoivent la pudeur. Déjà mon fils, ayant
été conduit aux bains froids par M. Nyström, en était revenu tout étonné de voir que les baigneurs n'y portaient
pas de caleçon. Lorsque j'en témoignai ma surprise en
lui disant que ce genre de costume n'est pas usité en
France, il me répliqua que c'était nous qui manquions de
pudeur en songeant à de mauvaises pensées, tandis que
les Suédois, en n'y songeant pas, témoignaient ainsi de
leur innocence. Devant l'attestation d'une coutume publi-

que, je ne m'en occupai pas autrement, et sans m'informer d'autres détails, j'allai aux bains chauds, et on me
donna un cabinet qui ne différait des nôtres que par un
tuyau de douche pendant au-dessus de la baignoire.

Après être resté un peu dans mon bain, je voulus fumer, et je sonnai pour avoir une allumette. Une femme
entra, portant un bol, du savon et une brosse, qu'elle mit
de côté, puis elle fit le geste de me faire couler la douche
froide sur les épaules : je lui fis signe que non ; elle comprit, et aussitôt, prenant d'une main le bol de savon,
m'empoigna la jambe, la souleva au bord, et se mit, avec
la brosse savonnée, à me la frotter, mais en y mettant tant
de soin, de respect, que cette lotion prenait vraiment un
caractère religieux, de sorte que je la laissai faire. Elle
la fit des pieds à la tête, et je me vis nettoyé comme je ne
l'ai jamais été de ma vie.

Les Dalécarniennes sont les Auvergnates de la Suède.
Fortes comme des Turcs, elles servent principalement
d'hommes de peine, de commissionnaires, de balayeurs,
de goujats pour les maçons, et aussi de baigneurs. Je
dis : baigneurs, car, sans leur robe, on ne se douterait
jamais que ce sont des femmes : elles sont d'ailleurs af-
freuses. Je ne pus m'empêcher, à voir le métier qu'elle
faisait, de lui demander si elle était mariée. Elle l'était !
Elle me montra son anneau de mariage.

Pendant que je passais par ces frictions inattendues,
mon fils, dans le cabinet voisin, était sorti de sa baignoire
et se sauvait dans tous les coins pour échapper à sa bai-
gneuse, qui le poursuivait pour le doucher d'une eau
glaciale, qui est de règle : il criait avec tant de désespoir
que sa Dalécarlienne n'a pas osé le doucher de force,
mais il a été savonné avec la même conscience que moi.

Là encore, M. Nyström a été surpris de mon étonnement quand je lui ai expliqué comment cette toilette suédoise m'avait un peu étonné : il m'a assuré que le scandale n'était que pour l'insuffisance de la pudeur française.

Je sais bien que les choses vont ainsi chez toute la race

saxonne, mais je ne me sens pas convaincu, et je persiste à croire que la pudeur catholique vaut mieux que l'impudicité protestante, même publique, même privée.

Quand je n'aurais vu en Suède que le roi, je n'aurais pas regretté mon voyage. Il n'était pas possible de rencontrer rien d'aussi bon que son cœur, d'aussi simple que son accueil.

Je n'ai pas demandé à propos de quoi on l'attaquait, mais il fallait que les griefs fussent bien peu de chose, car toutes les fois qu'on me parlait de lui, on ne manquait jamais de me dire :

« Le roi fait tout ce qu'il peut pour se rendre impopulaire, et on l'adore; son frère fait tout ce qu'il peut pour se rendre populaire, et on l'abomine. » Mais, à part moi, je sentais bien que ces deux jugements étaient faux, car le roi ne faisait de mal à personne, son frère pas davantage, et après avoir aimé Charles XV, qui le méritait, on a rendu justice à celui qui le méritait aussi; ce qui veut dire que les rois sont destinés, soit avant de l'être, soit quand ils le sont devenus, à servir de plastron aux « fortes têtes de l'endroit ».

D'abord il avait une vertu qui aurait à elle seule suffi à le faire aimer d'un Français : il aimait la France; il savourait les gouttes de sang qui se mêlaient à sa race, et quand il venait dans ce pays de ses ancêtres, il disait qu'il se croyait encore dans son royaume. Ce qu'on disait contre lui, c'était des misères causées par l'insuffisance de sa liste civile, qui le réduisait à des expédients parfois ridicules pour un roi, voilà tout, mais qui ne touchaient pas à sa dignité. A part ces cancans, personne n'aurait pu lui reprocher une mauvaise pensée.

Notre ambassadeur, M. Fournier, m'avait bien dit tout cela. Il le tenait en profonde amitié, et le roi le lui rendait avec une confiance qui suffisait à faire voir l'élévation de son âme, et, sous sa simplicité, la droiture de ses sentiments et de ses idées. J'ai vu tout cela le jour où j'eus l'honneur d'être reçu par lui au château d'Ulriksdal. Je fus introduit dans son cabinet par un chambellan qui me tint compagnie jusqu'à l'arrivée du roi, et se retira, me laissant seul avec lui. Mis avec simplicité, il m'invita à m'asseoir, et après m'avoir interrogé sur l'objet de ma mission, me demanda mes impressions sur la Suède. Je lui dis ce que je pensais, et j'en étais déjà charmé, lorsque j'en pris texte pour lui parler des richesses naturelles de son royaume, surtout des chutes d'eau, dont on pourrait tirer tant de trésors. Il fut intéressé par ce que je lui disais, me demanda de le lui développer, et se mettant à sa table, écrivit quelques notes qui marquaient son intérêt et sa politesse.

Pour achever par le récit de mon meilleur souvenir, je veux donner la description d'un repas chez le roi, à son château d'Ulriksdal, où il habitait l'été. J'eus l'honneur d'être invité peu de jours avant mon départ.

Je louai une de ces voitures de gala qu'on trouve hors de Paris, à huit ressorts, marchepied, le cocher à cocarde et à aiguillettes, et le harnais argenté : j'en parle, parce qu'elle aura un rôle à remplir dans la conclusion du récit.

Je fus reçu dans un salon donnant sur le lac, et fus présenté au comte d'Otrante, chambellan du roi, à une vingtaine d'hommes de haute mine et à une demoiselle d'honneur à laquelle je devais donner le bras et m'asseoir à côté d'elle du côté de la reine. Le roi et la reine ne tardèrent pas à paraître. Les hommages rendus, on s'approcha d'une table chargée de salaisons, où brillaient au premier rang les « délicatesses », sardines à emporter la bouche, du renne fumé, du caviar, arrosés d'eau-de-vie blanche, pour exciter l'appétit, puis on se mit à table.

Là nous avions quatre verres. Les verres à liqueurs étaient grands comme des verres à bordeaux, ceux-ci comme des verres à boire, et ainsi de suite, de sorte que les verres à boire étaient grands comme des bols; quant aux coupes à champagne, elles auraient pu passer pour des cuvettes. Indépendamment des bouteilles de vin à chaque couvert, il y avait, d'un bout à l'autre de la table, au milieu, un rang de carafes d'eau-de-vie où, après chaque coup de vin ordinaire, on se rafraîchissait.

On commença par un potage de queue de bœuf au rhum, et le dîner s'engagea, avec une douzaine de toasts auxquels chacun répondit; puis, au rôti, le roi me fit l'honneur de porter ma santé. Je ne voulus pas déconsidérer mon pays, et je bus tout ce qu'on m'offrit, tout en souhaitant que le repas prît fin le plus tôt possible, quoique je me sentisse en parfait aplomb.

Enfin on se leva de table. Mais là m'attendait une autre épreuve : il fallait passer au punch et aux liqueurs; j'en bus.

Après quelques moments de conversation, la reine se retira, puis le roi; la demoiselle d'honneur et le comte d'Otrante m'emmenèrent prendre l'air sur un banc de pierre adossé près de la porte de la cour, et pendant plus d'une heure je déployai mes grâces avec une inaltérable correction.

La seule chose étonnante que j'aie vue pendant le dîner, fut le nègre du roi, qui le servait. Ce nègre, qu'on appelait familièrement « le nettoyeur de pipes du roi », et qui n'avait pas en effet d'autre service à la cour, jouissait du privilège de le servir; il était habillé à peu près comme un Albanais.

A la gauche du roi était un domestique coiffé d'un bonnet à visière retroussée, brodé aux armes de Suède. Le nègre était costumé d'un gilet et d'un cafetan de velours brodé d'or, d'une écharpe de soie rouge, d'un pantalon bouffant, de guêtres brodées et babouches orientales. Le roi l'avait rencontré à Christiania et se l'était attaché. Il était très beau et faisait, dit-on, beaucoup d'heureuses et de malheureuses à Stockholm. Dans ce pays froid, il réchauffait les cœurs.

Le roi vint à sortir en voiture; je pus lui présenter mes hommages, et ayant salué la demoiselle d'honneur, je pris congé d'elle et fis atteler pour retourner à Stockholm. Il était trois heures.

Je partais pénétré de reconnaissance pour cet accueil, et j'étais si transporté de bonheur que, pour célébrer cette fête, je ne crus pas pouvoir mieux faire que d'allumer un feu de joie! Au lieu d'un cigare, j'en allumai deux, un à chaque coin de la bouche. Quand je vis le bel effet des tourbillons de fumée et du flamblojement du feu d'artifice, je ne tardai pas à murmurer d'abord, puis à chanter de plus en plus haut, ce qui m'anima au point d'achever la fête par quelques tours de danse. Comme la voiture, luxueusement tendue en drap blanc et en galons de soie, me paraissait représenter une salle de bal éclairée *à giorno*, et comme d'ailleurs elle était au moins à six places, je me mis en danse, tantôt exécutant sur place des entrechats et des jetés-battus, tantôt dansant la polka, valsant, tantôt sautant d'un coussin à l'autre, toujours fumant comme deux locomotives, toujours chantant à tue-tête.

Ce que dura la course, je serais embarrassé de le dire, ces occupations ne m'ayant pas laissé une minute pour m'en apercevoir. Mais ce que je me rappelle très nettement, c'est qu'arrivé à l'hôtel, je payai avec sang-froid la course du cocher, et que je montai sans broncher l'escalier; qu'en entrant dans ma chambre, j'ôtai mon chapeau, le posai avec exactitude sur la commode; que je me couchai sur le divan en me couvrant la figure d'un mouchoir de batiste, crainte des mouches, et que jusqu'à six heures du soir je ne fis qu'un somme, après quoi je me relevai aussi frais qu'un bouton de rose.

La traversée avait été agitée, mais il n'y avait rien paru, et l'honneur du pavillon était sauf.

Tel a été mon dernier souvenir de gaîté à Stockholm. Quelques jours après, nous quittions, les larmes aux yeux, ce séjour béni où chaque jour nous avait été une fête. Au moment où nous nous embarquions sur le lac Mœlar pour aller en Dalécarlie, un de nos amis suédois m'annonça que, malgré la renonciation de l'empereur d'Allemagne à la candidature d'un Hohenzollern en Espagne, notre empereur allait répondre par la déclaration de guerre. Éloigné de France depuis un mois, occupé du sujet de ma mission, et aveuglé comme la France entière sur les dangers qui nous menaçaient, je lui répondis, avec le calme d'une conviction sincère :

« Vous pouvez être sûr, lui dis-je, qu'il n'y a pas là un mot de vrai : du moment que l'empereur d'Allemagne consent, c'est sa renonciation à la cause unique de la guerre. Cette nouvelle est absurde. Demain vous en lirez le démenti. »

La seconde fois que le roi m'a reçu, c'était pour me donner la croix de l'Étoile polaire. Je m'étais mis en cravate blanche et en habit noir, regrettant de n'avoir pas un uniforme de gala pour me présenter à une cérémonie où le roi en personne allait me conférer, de sa main, les insignes d'officier de l'ordre le plus élevé de la Suède.

Je fus introduit dans un billard, où attendait, en uniforme sans épaulettes ni épée, le ministre de la guerre. Il entra dans une pièce contiguë, sortit au bout de quelques instants, et un domestique me fit entrer dans le cabinet de Sa Majesté. Il n'y avait que lui et moi. Il me remit la décoration dans une boîte fermée, en me disant simplement : « Je suis très heureux de vous offrir cette croix. »

Je remerciai avec effusion, et je sortis en saluant de tout mon cœur.

C'était la cérémonie, et je sortis plus impressionné peut-être que si j'avais eu à essuyer une de ces solennités qui, selon moi du moins, sont beaucoup moins touchantes que la poignée de main d'un bon roi.

Une troisième fois, j'ai encore eu l'honneur de saluer le roi aux courses de Stockholm. Ma femme et mon fils y étaient avec moi. Il me demanda à aller saluer ma femme, s'appuya sur sa stalle et causa assez longtemps avec elle.

Enfin la dernière rencontre fut au bal de la Saint-Jean, au bord d'un joli lac, près de Stockholm. Le roi, la reine, la cour, les cochers, les domestiques, les paysans, le peuple, accourus de partout, dansaient pêle-mêle. Il n'y

avait aucune police. Le roi et la reine se bousculaient
avec le public. Le roi s'approcha de ma femme, et quand
celle-ci eut fait ses salutations, la reine prit Léo par le
bras, et le réunissant à une ronde d'enfants, se mit à tourner avec eux. Un moment après, le roi envoya un de ses
chambellans inviter ma femme; le roi lui fit vis-à-vis, et
jusqu'à dix heures du soir, par un beau soleil couchant, tout
ce monde ne s'arrêta pas de sauter, de crier, de rire, de
rouler par terre, formant un tableau deux fois invraisemblable, le roi et la reine dansant avec leurs sujets sans
crainte d'être assassinés, et le Phébus scandinave distri-
buant des coups de soleil à dix heures du soir.

CHAPITRE XI

Après avoir traversé le lac Mælar, nous nous mîmes en marche pour Falun, pour aller ensuite en Dalécarlie. A Falun, nous fûmes reçus par M. de Maré, gouverneur du lan de Stora Kopparberg. Cette province, on peut le dire, est en cuivre, et la campagne, les alentours de Falun, ont l'aspect d'un enfer. La mine de Falun, où nous sommes descendus dans un gouffre épouvantable, est un des spectacles les plus sinistres qu'on puisse redouter. On n'y peut comparer que la mine de fer de Dannemora, où nous nous sommes fait descendre, à ciel ouvert, dans une benne où nous étions six, à six cents pieds de profondeur. J'en reparle en songeant à l'opposition entre ces deux enfers, l'un en pleine lumière, l'autre dans les ténèbres, les deux seules horreurs de la Suède charmante.

Nous avons trouvé chez M. de Maré la même courtoisie qu'à Stockholm, et qui nous attendait pour tout le reste du voyage, non seulement chez les fonctionnaires, mais chez tout le monde, en Norvège aussi bien qu'en Suède. On en jouit d'autant mieux qu'on la trouve souriante à chaque poste et à chaque hôtel; les hôteliers surtout sont classés comme personnes du monde et vous reçoivent en maîtres de maison, parlant presque tous l'anglais, l'allemand et le français, ce qui rend chaque station toujours agréable. Mais à l'époque où nous parcourions la Suède, on peut juger ce que nous devons de reconnaissance à ces hôtes d'un jour qui nous ont témoigné souvent jusqu'aux larmes leur sympathie pour les malheurs de la France. Si nous n'avons pas toujours, pour certains d'entre eux, même connu leurs noms, pour tous, depuis les plus grands jusqu'aux plus modestes, notre reconnaissance est aussi vive, aussi inaltérable qu'au premier jour.

Nous quittâmes Falun pour aller voir le lac Siljan, appelé « l'œil de la Dalécarlie ». C'est au bord de ce lac que Gustave Wasa, après avoir été otage de Christiern, s'étant échappé et errant dans les forêts de la Dalécarlie, se réfugia à Mora, d'où il retourna à Stockholm pour monter sur le trône. Le lac est entouré de forêts montagneuses qui font un des plus magnifiques paysages qu'on puisse rêver. Nous nous arrêtâmes à Leksand, charmante ville au bord du lac, aussi intéressante par ses construccions que par les costumes de ses habitants.

La Dalécarlie est surnommée « la Bretagne de la Suède », pour ses costumes et ses mœurs. On nous avait conseillé de nous y arrêter un dimanche, pour assister à la messe. Nous nous fîmes conduire sur la plage où devaient débarquer les gens venant de toute la paroisse. Nous assistâmes à un merveilleux spectacle. A perte de vue arrivait une flottille de grands bateaux portant chacun quatre-vingts personnes, armés à la proue et à la poupe d'un bec très élevé qui les fait ressembler à des gondoles vénitiennes. Les femmes, en toilettes éclatantes, sont assises, pendant que des hommes superbes, rangés sur les bords, manœuvrent avec de longues pagaies. En débarquant ils posèrent une planche, sur laquelle tous les passagers abordèrent, et pendant que les hommes tiraient les bateaux sur le sable, les femmes se retirèrent dans un taillis voisin où elles donnèrent le dernier tour à leur toilette. Ma femme y assista, et dut à son tour leur laisser examiner la sienne dans tous ses détails.

Leur habillement, avec beaucoup plus de couleurs vives, ressemble à celui de nos Bretonnes. Celui des hommes, en redingote noire sans collet, culotte courte, bas bleus, guêtres et chapeau haute forme, le tout orné de broderies de couleur et glands de laine blanche, rappelle le costume des Alsaciens. Ils étaient quatre ou cinq cents. Ils se rangèrent en cortège, et portant sur leurs épaules les morts de la semaine qu'ils venaient d'amener, dans leurs bateaux, ils les enterrèrent, pendant que les autres personnes faisaient leurs prières autour des tombes de leur famille.

Je les suivis à l'église, j'assistai à tout l'office, où j'aurais pu me croire à une grand'messe catholique : il y avait un autel, un crucifix, des flambeaux allumés ; le prêtre portait la chasuble. La différence était que l'assistance chantait des psaumes, et que le prêtre donna la communion à tout le monde.

En temps ordinaire, beaucoup d'hommes et même d'enfants sont vêtus de cuir, veste, gilet, culotte, casquette et tablier, ce qui, avec la taille et l'air des Dalécarliens, leur fait un costume superbe.

Les petits enfants, tant qu'ils n'ont pas pris la culotte ou la robe, sont tous habillés d'une longue robe de laine couleur d'orange ou jaune-serin, les garçons avec une calotte rouge, les filles avec une calotte blanche : on dirait des petits clercs d'église. Ce costume gênant ne les empêche pas de polissonner comme des diables après les voitures pour attraper des *œre*, qui représentent en Suède les sous, avec cette différence qu'ils ne valent qu'un peu plus d'un centime. On rencontre constamment des barrières de péage sur les routes ; les enfants du voisinage sont à l'affût, et chaque fois qu'il passe une voiture, ils l'entourent quand le gardien ouvre la barrière et courent après en demandant des *œre*, qui tombent. Pendant que d'autres continuent à courir, les premiers favorisés se jettent sur les pièces et se battent à qui les aura, ce qui égaye sans cesse le voyage.

C'est là un des plaisirs de la carriole, genre de véhicule qui ressemble à une voiture des quatre-saisons, à deux roues, découverte, non suspendue, meublée d'un banc de bois pendu à des cordes, avec la place derrière pour une petite malle. Elle ne donne qu'une place, la seconde réservée au conducteur. Mais lorsqu'on est plusieurs, on peut se mettre deux dans plusieurs voitures, un des deux conduisant.

Les chevaux qui traînent sont tout petits, doux comme des moutons. Le cocher les excite en levant un bras, et n'a pas de fouet. Un jour que mon cheval ne marchait pas, je demandai une baguette feuillée pour l'agiter seulement : le pauvre cocher parut si inquiet en me la donnant, que je la jetai. Dans tout trajet, on fait plusieurs fois boire le cheval aux sources ou aux ruisseaux; parfois on le dételle pour le faire paître dans un pré. Le harnachement est d'une simplicité invraisemblable : la bride est une ficelle, les rênes aussi; le mors est fait de deux clous accrochés par les bouts; la sellette, large comme les deux mains, est formée de deux plaques de cuivre ovales, rembourrées, jointes par une tige portant un anneau où passent les rênes; il n'y a ni collier, ni sous-ventrière, ni croupière; il n'y a point de traits; le brancard est retenu à la sellette par une boucle de ficelle fixée avec une cheville de bois. Et tout cela va parfaitement, sans jamais aucun accident.

Ce genre de carriole est le modèle le plus usité en Suède, surtout dans le nord, mais on y en rencontre un autre plus employé en Norvège. C'est un tilbury à une seule place, posé sans ressorts sur deux brancards dépassant en arrière de plus d'un mètre, et au bout desquels sont placées deux grandes roues; sur l'intervalle entre le siège et les roues il y a un plateau où on peut placer une petite malle de voyage; en avant, les brancards s'allongent beaucoup, de sorte que leur longueur fournit pour le siège une élasticité très suffisante. Le siège est en forme de fauteuil, découvert et garni d'un tablier de cuir. Au-dessous sont suspendues la lanterne, les provisions et la boîte à graisse. On y monte par un marchepied pouvant servir d'appui au cocher, qui s'assied de travers sur un des brancards lorsque le voyageur ne conduit pas seul. D'ailleurs le harnachement est le même que pour l'autre espèce de carriole, car la bride et la sellette sont presque partout les mêmes dans les campagnes.

Ainsi que je l'ai dit plus haut, c'est à Leksand que j'ai appris la déclaration de guerre et donné à un Allemand la dernière poignée de main que j'aie échangée et que j'échangerai jamais avec un homme de cette race; mais c'est aussi là que j'ai entendu des Dalécarliens crier : « Vive la France! à bas l'Allemagne! » C'est là qu'ils m'ont entouré, que j'ai versé sur leur pouce une goutte de ma gourde de rhum, et qu'ils m'ont fait boire à leur fiole d'eau-de-vie de grain. Parmi eux, comme si j'étais encore à Leksand, je vois ce grand Dalécarlien à cheveux gris, tout couvert de cuir de renne, ressemblant à quelque chevalier fantastique, qui criait : « Vive la France! » et me serrait les mains.

A Sundswall, où nous arrivâmes alors que notre défaite de Reichshoffen venait d'être annoncée, une manifestation nous attendait. On savait mon arrivée. Le lendemain, en revenant avec mon fils d'une promenade le long du port, nous traversions une immense place déserte, lorsque nous entendîmes, très loin devant nous, le chant de la *Marseillaise*. Nous nous approchions d'une maison lorsque, sur le balcon, nous vîmes se précipiter un groupe d'hommes qui nous tendaient les bras et nous faisaient signe de monter. Leur appel marquait un tel élan, qu'après un moment d'hésitation je m'élançai dans l'escalier, où je fus reçu par des acclamations. On m'entoura, on me pressa les mains, et toute l'assemblée entonna la *Marseillaise,* à laquelle je m'unis de toutes mes forces, et on m'entendit, car j'avais alors une voix superbe, sans compter que mon fils, qui n'avait alors que douze ans, chanta aussi. On m'offrit un vin d'honneur accompagné d'acclamations et de : « Vive la France ! »

J'étais reçu par un cercle de jeunes gens de la ville, amis enthousiastes de la France, car, entre autres propos, ils s'irritaient avec fureur de ce que des bâtiments prussiens ancrés dans le port pavoisaient leurs mâts et illuminaient.

Je les quittai bien ému. Il m'aurait été facile de recevoir des ovations encore plus pathétiques, car le lendemain il y avait une soirée dans le jardin public de la ville, et on me le dit. Mais malgré toute ma reconnaissance, que je n'oublierai jamais, je crus qu'il ne convenait pas à un étranger d'y aller, au risque de susciter de l'agitation, et bien que j'eusse eu une grande joie à retrouver là mes chers amis d'une heure, je m'abstins.

En quittant Sundswall, notre itinéraire nous amenait à Östersund, résidence de l'Ostersund Lan. Nous fûmes accueillis par un gouverneur et sa femme, les plus aimables gens du monde. Là, après trois jours de repos, nous attendait encore une manifestation touchante. En nous embarquant sur le lac Storsjiön, que nous allions traverser pour gagner la Norvège, nous trouvâmes à bord le gouverneur, sa femme et une nombreuse société de la ville. Au moment où on nous présentait quelques-uns de nos compagnons de voyage, nous entendîmes résonner un orchestre, qui, après un prélude guerrier, entonna la *Marseillaise*, chantée par les passagers avec un enthousiasme que des Français n'auraient pas exprimé plus patriotiquement. Je leur répondis par un de ces cris d'espérance, hélas ! qui partout, hors en Angleterre, faisaient battre tous les cœurs de l'Europe, mais qui, plus que partout, m'a touché pendant mon voyage.

Avant notre départ de Stockholm, nous avions été visiter Upsal. L'université étant en vacances, je ne pus recueillir que des documents. A la date des 11 et

15 avril 1875, j'ai publié dans le *Journal officiel* un travail complet sur ce très intéressant sujet, et où on trouvera tous les renseignements désirables, mais je ne crois pas utile de les reproduire ici.

A part quelques relations avec des professeurs, je n'ai eu que la triste occasion d'assister aux obsèques du recteur, et de voir cette cérémonie suivie par tous les professeurs et célébrée dans la cathédrale d'Upsal.

C'est à la bibliothèque que j'ai pu feuilleter le livre le plus rare probablement du monde, le *Codex argenteus*, traduction en caractères gothiques des quatre évangiles, par l'évêque Ulfilas, né en 318 et mort en 388.

« Ce livre, dit le *Guide du voyageur en Suède*, est le plus ancien échantillon, non seulement de la langue, mais aussi de l'imprimerie de ces temps : deux cent quarante-six ans avant l'invention de l'imprimerie en lettres mobiles par Gutenberg. Le texte est imprimé de la même manière que les relieurs impriment encore les titres des livres sur le dos ou sur la reliure elle-même. »

On éprouve un saisissement devant cette œuvre, qui représente notre imprimerie à bien peu de chose près ; mais il y manque un pas à faire, rien qu'un détail, et il a fallu deux cent quarante-six ans au génie de l'humanité pour s'aviser, en 1436 seulement, qu'il n'y avait qu'à prendre les lettres isolées, et au lieu de les appliquer pièce à pièce, de les rassembler en ordre dans un cadre, et de les imprimer toutes d'un seul coup pour produire une page.

Je puis dire que j'ai éprouvé devant ce livre une des grandes émotions intellectuelles de ma vie.

Ayant achevé nos excursions à Falun et en Dalécarlie, nous allâmes à Gefle pour nous embarquer pour Hernösand, à l'embouchure du fleuve Angerman, qui devait nous conduire, par un petit bateau, à Sollefteå, d'où nous irions voir la cascade de Näsåker, une des plus belles de la Suède. Cette traversée fut très intéressante : nous naviguions en pleine Baltique. Cette mer, qui n'a point de marée, donne aux rivages l'aspect d'un lac; la terre est d'un gris clair d'une extrême finesse, il n'y a guère de verdure, et de temps à autre on aperçoit de petits ports où sont ancrées des embarcations si minuscules qu'on les prendrait pour des canots de plaisance ou des canots abandonnés. On ne voit personne sur le quai, qui est en planches, au ras de l'eau, bâti sur pilotis. Sur la mer on ne voit ni canots ni navires, d'ailleurs elle est à tout instant couverte d'une brume si épaisse que quand on est debout sur le pont on ne se voit pas les jambes. Sur quatre jours de navigation nous avons eu trois jours de brume; on s'arrête plus ou moins longtemps, on avance en sifflant, on s'arrête encore, et ainsi de suite, et on arrive toujours, grâce à l'absence de marée, de bas-fonds et de récifs sur les rivages.

Nous avions trouvé sur l'Angerman une suite continue de paysages admirables très supérieurs à ceux du Rhin tant vantés : ici il n'y a point d'histoire; c'est la nature seule qui les fait, avec des rochers, des rapides, une végétation extraordinaire, et ce ciel !

En arrivant à Sollefteå, nous fûmes reçus par M. Högberg, pour lequel nous étions annoncés, ayant sur lui un bon de notre lettre de crédit. Il était de plus inspecteur d'une usine de fer où l'on traitait le fer comme autrefois, au bois, pour produire ce célèbre fer de Suède qui a si longtemps produit un métal sans pareil. L'atelier, comparé aux forges modernes, semblait une machine antédiluvienne. La pièce principale était un râtelier d'énormes marteaux de bois travaillant le minerai comme une machine à papier. Entre autres détails, chaque samedi l'atelier était lavé du haut en bas avec un jet d'eau, parce que la poussière, en chargeant les parois, aurait compromis la pureté et le grain de ce métal unique au monde.

Notre réception à la maison de campagne de M. Högberg nous donna le plus charmant aperçu de la vie de famille en Suède. Elle commença par une cacophonie des plus amusantes. Les jeunes gens et les jeunes filles balbutiaient un peu de français; un directeur qui nous avait suivis dans notre voyage parlait latin avec moi, un étudiant parlait anglais; nous parlions tous à la fois. La conversation s'anima, nous nous lançâmes sur la philologie comparée, et je me rappelle cette phrase entre autres : Jernvaz... Jungrau... Jungfrau... Jeanne d'Arc... Sur quoi, tandis qu'un des jeunes gens jouait de la clarinette pour faire danser les demoiselles, j'emmenai les autres et je leur appris le jeu du chat et du rat, qu'ils ne connaissaient pas, et qu'ils me promirent, avec acclamations, d'introduire en Suède chez tous les étudiants comme gage de l'amitié qui unit nos deux patries.

Le 31 juillet nous partîmes pour Näsåker. Après avoir passé un Lac sur l'Angerman, nous traversâmes un pays encore plus beau que la Dalécarlie, mais par un chemin détestable. Après avoir fait à Östereå un déjeuner plus détestable encore, le cocher fit arrêter les chevaux, et nous fîmes halte dans une prairie ombragée d'arbustes charmants qui nous abritaient d'un soleil brûlant, tandis que les chevaux, tantôt paissant, tantôt buvant à un ruisseau, prenaient un bain de fraîcheur et de repos. Nous étions, avec cela, entourés de paysages plus riants les uns que les autres, et nous parlions du paradis terrestre, de la terre promise. On attela, et nous échangions depuis une heure nos félicitations, lorsque ma femme, cherchant quelque chose dans son sac, s'aperçut qu'elle l'avait perdu!

En toute autre circonstance, et dans une situation régulière, il eût été bien simple de retourner. Nous voyagions dans un pays désert, le sac pouvait être là où il était tombé, et un des rares habitants au bord de la route l'avait trouvé et nous le rendrait au retour.

Il contenait, il est vrai, tout notre argent, mais nous devions repasser, pour retourner à Solleftéå. Nous trouverions M. Högberg, qui nous en donnerait encore, puisqu'il nous en avait déjà donné sur notre lettre de crédit. Et puis... nous étions à moitié route : une fois arrivés à Linden, nous verrions

Arrivés à Linden, but de notre course, je demandai à l'aubergiste le pasteur. Il demeurait dans un hameau voisin. J'entrai chez lui et je le priai de venir expliquer à l'aubergiste que j'avais perdu mon sac, mais que, de retour à Sollefteå, je lui enverrais ce que j'allais dépenser chez lui.

Il avait du monde à déjeuner, il fumait son cigare ; j'avais des bottes molles, un veston, un sac en bandoulière, un béret de matelot écossais. Il m'écouta d'un air embarrassé. Il avait en effet autant d'embarras que le nombre des langues qu'il lui aurait fallu pour me répondre : il ne connaissait ni l'anglais ni le français, et quant au latin, il ne le comprenait que prononcé à la suédoise. En désespoir de cause, je lui écrivis, en latin, ce que j'avais à lui dire. Il me comprit parfaitement, prit son chapeau et m'accompagna à l'auberge.

En arrivant, dès qu'il vit ma femme avec mon fils, il commença par lui présenter son porte-monnaie ouvert, que je refusai, et après quelques explications, moitié par notre cocher, qui lui confirma l'aventure, moitié par moi qui lui demandai en latin écrit le chemin pour aller à la cascade, il nous offrit de nous y conduire, et tantôt avec mon latin, tantôt avec ces signes qui suppléent d'une manière si merveilleuse aux mots pour se faire comprendre d'une jolie femme et d'un homme bien élevé, il nous « expliqua » la cascade comme aurait pu le faire un cicérone polyglotte.

Les chutes de Näsåker valent bien le voyage. L'eau s'élance d'un très large rapide qui arrive en tournant entre des rives de sapins centenaires dont les uns sont encore debout, tandis que d'autres, abattus dans le lit du fleuve, flottent et franchissent la cascade ; que d'autres, échoués en amont ou en aval, attendant une débâcle ou un dégel, flotteront jusqu'à son embouchure, où des scieries les débiteront pour les embarquer ensuite à diverses destinations.

Comme chute d'eau, comme paysage tragique, c'est

aussi beau que possible, mais ce qui est plus intéressant encore, c'est le monument sans pareil d'un ensemble d'inscriptions formées de figures gravées qui sont évidemment des signes d'écritures analogues aux hiéroglyphes égyptiens, et dont l'histoire remonte bien plus haut, à l'âge de la pierre polie, puisque le travail y porte la trace indéniable d'outils en pierre polie. On y voit encore des dessins de barques portant leurs équipages, des figures d'animaux dont quelques-uns peuvent être attribués à des races disparues.

Sur une paroi presque plane, inclinée à quarante-cinq degrés et baignant son pied dans l'écume de la cascade, on voit, gravés à l'aide d'un ciseau de silex, en traits larges comme le pouce et profonds d'un demi-centimètre : un chien; un bœuf, la tête à droite; une espèce de renne; une sorte de ruminant ayant au milieu du front une corne droite, qui serait une antilope gnou, type de la licorne fabuleuse; un animal ressemblant à un rhinocéros sans cornes; enfin deux vaisseaux à proue recourbée pareille aux navires des Normands dans les temps historiques.

Le pasteur, en nous faisant remarquer tout cela, nous disait que c'était des « runs ». C'est comme qui dirait des antiquités dont l'origine se perd dans la nuit des temps. Je ne crois pas qu'on en ait déterminé l'époque, mais il en résulte un témoignage irrécusable du passage, antérieur à l'époque historique, d'une race qui, venant d'un pays lointain, a traversé la mer pour s'établir dans le nord de la Suède, si elle n'a pas continué sa route pour aller peupler le nord de l'Amérique, et peut-être se répandre plus loin encore.

Le lendemain matin, à six heures, ayant remercié le pasteur, nous avons pu voir une fois de plus combien les Suédois sont honnêtes. Nous étions trois, avec deux chevaux et un cocher : on nous a compté vingt francs, de manière que nous avons pu garder assez de monnaie pour une dépense imprévue et même inespérée, qui nous attendait sur la route.

A chacune des rares maisons que nous rencontrions, le cocher allait demander si on n'avait pas trouvé notre sac. Après une heure de cette enquête, arrivés à peu près à la halte où nous nous étions reposés, le cocher, revenant d'une maison où il était allé, nous envoya de loin des gestes nous apprenant que le sac avait été trouvé. Nous descendîmes, et dans une jolie petite maison nous fûmes reçus par un jeune cordonnier. Il commença par nous faire raisonner d'un air grave, bien que nous fussions les seuls qui eussions passé sur cette route déserte, après quoi il ouvrit une armoire à clef, et prenant sa bonhomie naturelle, montra le sac et le donna à ma femme en souriant. Celle-ci, qui avait la clef du sac, s'en servit pour ouvrir l'objet perdu, lui donnant la preuve qu'il était bien à nous, l'ouvrit tout à fait et lui donna cinq rixdales. Le bon cocher, à ce cadeau, manifesta une joie touchante, qui devint plus touchante encore quand ma femme lui en donna autant. Quant au cordonnier, je ne sais pas si son étonnement ne dépassa pas sa joie.

A six heures du soir, nous arrivions à Sollefteå, d'où nous repartîmes pour continuer notre dernier voyage en Suède et nous diriger ensuite sur la Norvège.

C'est en arrivant à Skalstugan, dernière poste de la route d'Östersund à Levanger, que nous apprîmes l'existence, à un mille du village, d'une tente de Lapons. Une expédition, composée de quatre chevaux, de cinq guides et de notre courrier, fut aussitôt organisée, et le lendemain de grand matin, nous partîmes. Après avoir traversé une forêt, nous arrivâmes au bord d'un grand lac. On lâcha les chevaux dans le bois, nos guides se transformèrent en matelots, allèrent chercher une barque où nous nous assîmes avec les harnais, les selles et les sacs de voyage, et nous traversâmes le lac. De l'autre côté paissaient des chevaux entravés qu'on prit et qu'on sella, et nous nous trouvâmes presque aussitôt en plein paysage lapon.

Ce qui caractérise singulièrement ce paysage, c'est le

contraste entre l'ensemble et les détails. Le ton dominant est un vert très jaune; les lignes générales sont basses, très simples et très uniformes. Mais dès qu'on reporte ses yeux sur le terrain où l'on marche, on se voit au milieu du fouillis le plus inextricable où puisse s'empêtrer un amant de la nature. La terre, l'eau, la tourbe, les rochers, les bruyères, l'herbe et les bouleaux nains sont tellement confondus et entremêlés, qu'à chaque pas on se demande comment on fera le pas suivant. A tout instant se hérisse une pointe de rocher, se creuse un fossé; tantôt un rameau tortu de bouleau nain vous fouette la figure, tantôt une liane s'enroule à vos jambes; ici une large fondrière barre le passage entre deux monticules; plus loin vos jambes s'enfoncent jusqu'aux genoux dans le sol spongieux des tourbières.

Une bise violente soufflait, accompagnée d'une pluie fine et glaciale. J'avais tellement froid aux pieds, que je fus forcé de descendre de cheval et de marcher jusqu'aux genoux dans l'herbe mouillée. Malgré le froid et la fatigue, c'était charmant et saisissant, ce voyage à travers une nature si nouvelle et si imposante de pauvreté, de simplicité et de grandeur!

On vante beaucoup la sûreté de pied des mulets. Ce que j'en sais pour ma part, c'est que, sans une vigoureuse saccade que je sus lui donner à propos, un mulet, manquant des deux pieds de derrière, m'aurait précipité dans la Dranse, à deux cents pieds de profondeur, un jour que je montais au Saint-Bernard pour aller chercher des impressions de voyage; mais je ne sais ce qu'on pourrait dire des chevaux suédois qui nous ont portés à travers ces fondrières coupées de rochers, de ruisseaux, de bourbiers et de branchages. Nous avons franchi peut-être deux cents monticules et autant de petits vallons, qu'il serait plus juste d'appeler des ravins. Quand on arrive au pied de ces obstacles, on ne peut pas comprendre comment le cheval y pourra monter; mais quand on est au haut, on voit qu'il est impossible d'en descendre. Nos quatre chevaux out passé tout cela sans qu'un seul ait buté seulement.

Nous marchions depuis près de trois heures et nous ne voyions rien qui annonçât le voisinage du campement lapon. A plusieurs reprises, nos guides s'étaient arrêtés pour tenir conseil, et leur air d'incertitude ne paraissait présager rien de bon. Cependant, à la suite de leur dernière conférence, ils semblèrent s'avancer d'un air plus délibéré.

De temps en temps nous commençâmes de rencontrer des espaces où le sol noir de la tourbière était mis à nu à une profondeur de deux pieds, comme s'il eût été défoncé à la bêche : c'étaient des prairies de mousse où les rennes avaient pacagé récemment.

Au bout d'un quart d'heure de marche, nous passâmes le long d'une enceinte circulaire de branches de bouleaux fichées en terre : c'était un parc abandonné depuis long-temps par les Lapons.

Nous franchîmes encore plusieurs collines et plusieurs ravins. Le paysage s'accentuait; une large vallée s'éten-dait à notre droite, une montagne couverte de gazon pâle s'élevait au delà, et au fond d'une gorge où quelques pla-ques de neige paraissaient encore, on voyait miroiter l'eau d'un petit lac.

Nous étions parvenus au penchant d'une plaine inclinée d'où nous dominions tout. Au moment où, jetant un re-gard découragé sur ce désert, je commençais à désespé-rer, les guides, qui marchaient en avant, s'arrêtèrent et nous regardèrent en tendant leurs bras vers la gauche : nous fîmes quelques pas, et ayant dépassé un tertre qui avait jusque-là borné notre vue, nous vîmes, au pied et en arrière d'une petite colline, une forêt de branches sè-ches qui tournait sur elle-même, et aussitôt, se décou-pant comme une ombre chinoise sur la lumière du ciel, une figure qui, les bras et les jambes écartées, bondissait de droite et de gauche comme un pantin dont on aurait tiré le fil. C'était le troupeau de rennes qu'on ramenait à son parc et que le berger y poussait à grands renforts de cris, de gestes et de gambades.

En quelques minutes de marche nous étions arrivés à la tente des Lapons après avoir laissé derrière nous une cabane de mousse et de terre où ils avaient passé l'hiver et qui était abandonnée. En apercevant cette tanière humaine, cela nous parut si petit et si plat, que nous ne pouvions comprendre comment une famille entière pouvait nicher là dedans. C'est un cône très bas, couvert, jusqu'aux trois quarts de sa hauteur, d'une espèce d'étoffe de poils, brune et jaunâtre, qui s'arrête sans couvrir le haut, et qui laisse passer les pointes d'un faisceau de branches de bouleau brutes. Par l'ouverture ainsi laissée libre s'échappe la fumée du foyer. Une porte formée d'une claie recouverte d'étoffe, large de deux pieds et haute de quatre, donnait accès dans cette étrange demeure.

Le père, la mère et un jeune homme d'environ dix-huit ans étaient là, accroupis sur des peaux de rennes autour d'un feu brûlant sur des pierres. A une traverse de bois, posée entre deux montants de la charpente, une petite marmite était suspendue par une chaîne de fer. Le père, assez vigoureux, coloré, avait les cheveux roux, un peu de moustaches et quelques poils de barbe aux deux côtés du menton. Une figure ronde et plate, des pommettes très larges, une grande bouche sans lèvres, des plis profonds creusés dans les joues et aux coins de la bouche, des yeux fortement inclinés, et enfin des sourcils très relevés à leur extrémité, donnaient à sa physionomie un caractère aussi étrange que primitif.

Il était vêtu d'une robe de cuir ajustée au corsage et plissée à la jupe, et il avait les pieds nus. En nous voyant, il se leva, se chaussa avec empressement de chaussons de cuir, et mit une robe de drap ou de serge verte ornée de quelques découpures et de quelques bordures en dents de loup taillées dans du drap rouge. Il portait pour coiffure un haut bonnet pointu de drap vert, avec un large couvre-nuque et une grande visière du même drap, retroussés, bordés d'un liséré rouge : tout à fait le bonnet des coureurs et des timbaliers du dix-huitième siècle, moins le plumet.

La mère, qui paraissait n'avoir plus d'âge appréciable, avait sur les épaules un objet ressemblant vaguement à quelque chose qui aurait été, à une époque très reculée, une vieille pomme bouillie, puis séchée au soleil : cet objet était sa tête, où reluisaient deux petits yeux noirs bridés, chinoisés et à peine ouverts. Ses cheveux étaient aussi noirs, aussi gras et aussi luisants que ses yeux. Assise tout au bord du feu, elle avait encore place pour allonger, au bout de deux jambes plus courtes que ses bras, deux petits pieds nus dont elle tortillait les orteils avec une dextérité de singe.

Le jeune homme avait la figure beaucoup moins caractérisée : son type n'était pas encore très marqué, et, sous un autre costume, on aurait pu le prendre pour un paysan d'une contrée très reculée. Il était habillé d'une tunique, d'un pantalon et de sandales en cuir brun, et coiffé, comme son père, d'un bonnet de drap pointu.

Quand, par l'ouverture de la tente, nous aperçûmes cet intérieur, le dégoût et la pitié faillirent nous faire reculer. Autour du feu, cent objets, plus misérables et plus sales les uns que les autres, étaient jetés sur une litière de branchages recouverte de peaux de rennes, les unes sèches, les autres encore humides et sanglantes.

Aux branches tortues qui soutenaient l'étoffe de la tente, étaient pendus des quartiers de rennes saignants, des vessies pleines de graisse, des fiels de renne, et une quantité d'ustensiles de bois, d'outils de cuivre, de vêtements sordides. Le Lapon, son fils et sa femme nous tendirent la main en nous invitant à entrer. Je m'accroupis d'abord devant le feu. A ma suite, je vis entrer successivement toute notre caravane, et je pus constater alors, à mon grand étonnement, que nous étions onze sous cet abri qui m'avait d'abord paru si exigu : il y avait même en plus deux bons chiens lapons qui, ayant appris notre présence, se faufilèrent entre les jambes de la compagnie et vinrent se planter devant nous pour nous regarder et pour prendre part à la réception.

J'avais mes bottes absolument pleines d'eau, et je ne sentais plus mes pieds. Le feu brillait; cette vue seule me rendait la vie. Peu à peu je sentais mon dégoût se fondre dans un irrésistible sentiment de bien-être. Me laissant aller, je finis par reculer tout doucement mes reins, j'allongeai les jambes, et je me trouvai assis dans un tas épais de bonnes et moelleuses fourrures qui répandirent dans toutes mes... œuvres mortes une douce chaleur. Je tirai ma boîte à tabac, j'en offris au père; nous bourrâmes consciencieusement nos pipes, et, au milieu d'un silence solennel, les deux pères de famille fumèrent le « calumet de paix ».

Cette cérémonie, jointe à la chaleur du feu, ayant rompu la glace, nous entrâmes en conversation par le triple intermédiaire de notre courrier, qui n'entendait que l'anglais et transmettait en norvégien nos demandes aux guides, lesquels, à leur tour, les traduisaient en lapon. Je dois convenir que les propos échangés étaient d'une simplicité enfantine, mais chacun sait qu'en pareil cas on parle pour parler, ou plutôt pour montrer que si on pouvait parler on parlerait.

La conversation finie, nous exhibâmes le premier des fastueux cadeaux que nous destinions à nos hôtes : une livre de tabac en feuilles, pour le père.

A ce moment survint la jeune fille, que nous n'avions pas encore vue. Elle était blonde, svelte, bien faite et assez jolie. Elle portait une robe de cuir très coquettement ajustée au corsage et dont la jupe avait de gros plis plats; pour coiffure, un béret d'étoffe bleue, rond et plat, d'un assez joli effet. Ses cheveux nattés tombaient par derrière. Je tirai alors mon second cadeau, consistant en une livre de sucre. Elle me remercia en me prenant la main et en inclinant gracieusement la tête.

Nous étions remis : l'appétit engourdi commençait à se

réveiller. Nos guides sortirent pour préparer le repas, et au bout d'un quart d'heure nous étions debout ou assis en dehors de la tente, mangeant d'autant plus gaîment qu'un rayon de soleil voulut bien se montrer et nous faire fête.

Le déjeuner fini, nous visitâmes le campement dans tous ses détails, accompagnés des deux bons chiens et du cinquième membre de la famille, petit garçon d'une douzaine d'années, maigre, bien découplé, à l'air éveillé, et à qui son costume de cuir et son bonnet donnaient absolument l'air d'un petit ramoneur.

En outre de la tente, l'établissement de la famille ne se compose que d'un échafaudage de branches dressé à quelques pas, en plein air, et qui sert à faire égoutter et sécher les fromages, et d'une espèce de banquette basse, supportée par des pieux et servant d'appui et de table pour certains travaux domestiques.

Mais le plus intéressant était le parc des rennes, et nous avions hâte d'y aller. Il était à une vingtaine de pas de la tente, dans un fond. C'était une enceinte de branchages sans feuilles, gros comme le bras et nullement émondés. Le bouleau nain est un arbre tellement bizarre et contorsionné, qu'à une certaine distance la clôture se confond avec les bois des rennes, qui ont un développement énorme, sont très chargés d'andouillers et d'empaumures, et sont couverts d'un poil grisâtre; de sorte que, en masse et à distance, c'est à les prendre pour des branches mortes.

On déplaça des branches mobiles servant de portes, et nous nous trouvâmes dans un espace circulaire à peu près de la grandeur d'un cirque, rempli presque entièrement de rennes de toute taille, de tout âge, de tout sexe et de toute couleur. Il y en avait environ trois cents.

Ils diffèrent beaucoup par la taille. Les plus grands ont près de cinq pieds au garrot; à mesure qu'ils avancent en âge, le nombre des andouillers et la largeur des empaumures augmentent à un point que les vieux rennes ont l'air de porter un arbre sur la tête. Ils sont généralement gris argenté, avec le dessous du ventre et le dedans des jambes blancs; mais on en voit beaucoup dont le pelage tire sur le brun, le noir ou le blanc. Il y en a même de presque blancs. Le plus beau et le plus grand de tous était entièrement blanc.

Ces belles bêtes sont aussi douces et aussi familières que des moutons : elles nous virent entrer sans manifester la moindre agitation, et nous pûmes les toucher, les caresser, passer au milieu d'elles, sans qu'une seule fît un mouvement. Ce qu'il y a de plus singulier, c'est l'impression qu'on éprouve à toucher leurs cornes velues, qui sont chaudes et moelleuses comme le reste du corps.

Au moment où nous entrions dans l'enceinte, une femelle venait de mettre bas. Le petit renne était noir, et pelotonné sur lui-même, il paraissait tout abasourdi de son entrée dans le monde.

Plus la nature pèse sur les hommes, plus ils sentent le besoin de se réunir et de s'appuyer entre eux pour résister à la destruction; il en est de même des animaux, et le renne, confiné au milieu des neiges et des déserts, serre les rangs et se soumet de lui-même à une discipline dont son instinct lui fait comprendre la nécessité. Ce même instinct le rend souple, obéissant et fidèle à ce maître dont il reçoit tous les jours les soins, qui le protège dans le danger, qui le conduit au pâturage et lui donne un retranchement pour y dormir en sécurité.

Nous étions encore au milieu du troupeau lorsque nous vîmes entrer dans le parc le père, accompagné de sa fille et de son fils aîné. Il avait quitté sa robe de laine pour reprendre sa tunique de cuir, s'était chaussé, coiffé de son bonnet; il avait à la main un paquet de cordes de cuir; sa fille portait une écuelle de bois de bouleau. Il s'avança au plus épais du troupeau, prit le rouleau de cordes d'une main, et ayant cherché du regard la femelle qu'il voulait atteindre, il lui lança la corde, qui alla s'enlacer dans le bois de la bête. Il fit cette opération à plusieurs reprises sous nos yeux, et j'en suis encore à me demander comment on peut arriver à atteindre la tête d'un animal confondu au milieu de trois cents têtes dont les bois se touchent et forment une espèce de fourré vivant.

Aussitôt que le lasso avait touché, le Lapon tirait la femelle à lui, lui tenait la tête levée et immobile, tandis que son fils contenait les deux pieds de derrière; pendant ce temps, la jeune fille, un genou en terre et dans une pose gracieuse et pittoresque, tirait le lait. Chaque femelle donne tout au plus un demi-verre de lait à chaque fois.

Lorsque nous eûmes suffisamment admiré et caressé les rennes, le soleil avait disparu; je sentais mes pieds se refroidir; le petit filet de fumée bleuâtre qui s'élevait dans l'air me faisait songer au bon feu qu'il y avait là-dessous, et mes reins, encore enthousiasmés de la fomentation veloutée que les sièges de fourrures leur avaient procurée à ma première station dans la tente, aspiraient manifestement à une nouvelle séance. Je laissai donc mes compagnons avaler la bise et boire la pluie tout à leur aise, et m'étant refourré sous la tente, je m'y installai devant le feu, cette fois sans le moindre dégoût et même avec plaisir.

A mesure que je m'épanouissais à la douce chaleur de ce pauvre foyer, les objets qui m'entouraient me semblaient perdre leur aspect sordide et misérable pour ne plus me laisser voir que leur utilité, la précision avec laquelle, tout grossiers qu'ils fussent, ils répondaient à un besoin, et enfin ce bien-être et cette sécurité du lendemain dont je prenais moi-même ma part, à mon très vif contentement.

J'allumai ma pipe, et dans cet état où l'homme se laisse aller sous l'influence de la fatigue, d'un bon repas et de la satisfaction de l'âme, je me sentis reporté au temps de mon enfance, à cette aurore où, m'éveillant à la vie, je n'en distinguais encore que les lignes élémentaires. Dans ce temps-là l'image du bonheur, cette image qui devait, pour moi comme pour nous tous, se transformer tant de fois, se réduisait à mes yeux, se blottissait, si j'ose dire, aux détails les plus simples de l'existence.

Allumer du feu, construire un four, faire cuire une pomme ou un œuf, accumuler du sable, pétrir la terre, bâtir un mur, voilà ce qui m'intéressait, me passionnait. Le feu ne brûlait pas toujours, mon œuf ou ma pomme étaient le plus souvent crus ou réduits en charbon, mes édifices n'avaient ni queue ni tête, mes murs ne tenaient pas; mais tout cela était mon œuvre et ma propriété, et devant ces simulacres des travaux et des établissements de la vie, j'éprouvais un contentement de cœur dont je ne puis plus me souvenir sans pleurer.

Et peu à peu, à force de reporter mes yeux vers cette lueur lointaine, j'en vins à me demander si ce que je prenais pour le premier éblouissement de la vie n'en était pas la lumière et la vérité. En comparant cette hutte, où le Lapon mène une existence si paisible, aux maisons où j'ai tant de fois traîné de longs jours et de longues nuits de douleur et de découragement, je ne voyais rien autour de moi qui rappelât autre chose que les nécessités et les satisfactions de la vie : la nourriture, le sommeil, la chaleur, l'abri, le travail, la prévoyance, l'affection, et même, pour la jeune fille, quelques ornements attestant pour elle, comme les diamants pour nos filles, des espérances d'amour. Après une vie longue et douce, voilà des êtres humains qui mourront sans avoir connu ni la richesse, ni la gloire, ni les plaisirs; ils ignorent la guerre, ils ne savent pas qu'il existe une politique, des sciences, des arts; ils n'ont jamais lu un livre et ils ne savent même pas qu'il y a des philosophes.

Mais ils sont chrétiens : lorsqu'ils paraîtront devant la justice de Dieu, leur âme vaudra la nôtre. Et quant à leur vie, une fois finie, qu'importe?

Vaudra-t-elle moins? Sur la masse des habitants du globe, mettez à part le très petit nombre des riches, des savants et des puissants, que vaudra-t-il? L'innombrable multitude des petits, pour qui la vie ne diffère pas beaucoup, au fond, de celle du Lapon. Ils sont attachés d'aussi près à la nécessité et à la terre, et tout l'idéal de la civilisation passe et flotte au-dessus de leurs têtes sans s'y poser. Mais ce que le hasard de leur sort les force à chercher directement dans le travail, ce n'est pas autre chose que ce que les privilégiés, de leur côté, cherchent à grand renfort de science, de politique, de coups de canon : c'est toujours la vie heureuse et libre, le plus de bien-être possible : le bonheur; appelons-le par son nom.

Et alors, peu à peu, comparant les agitations et la vanité de la vie civilisée au calme et à l'innocence de cette existence du Lapon, je sentais monter à mon cœur comme un retour de sève. Les instincts primitifs, l'attraction et l'autorité de la nature, reprenaient possession de moi; ils maîtrisaient ma volonté, ils s'emparaient de mes sentiments et courbaient mon intelligence. Et ce qu'il y avait de plus effrayant dans ce rêve, c'est que plus je comparais et plus les différences s'effaçaient, plus l'homme me paraissait également faible partout, mais de plus en plus malheureux à mesure que la civilisation vient compliquer sa vie.

Je fus tiré de cette syncope de civilisation par la jeune Laponne, qui entra et me fit signe qu'on m'attendait pour prendre le café.

Je sortis. La bise glacée et la petite pluie fine avaient repris de plus belle : nous avions l'air assez piteux avec nos nez rouges, nos yeux larmoyants et nos vêtements fripés et humides; la tente avait l'air d'une taupinière crevée; quant aux Lapons et aux Laponnes, ils ressemblaient plutôt à ces masques crottés qui battent le pavé un jour de mardi gras, qu'à d'augustes représentants de la nature. Le café était bon, mais on nous le servit dans des tasses de faïence anglaise si vulgaires, que je pensai à la tasse de vieux chine où je prends mon café lorsque je suis chez moi, et je regrettai mon lit. Je pensai aussi à mes autres bottes, qui séchaient là-bas de chagrin à m'attendre dans mon cabinet de toilette, et finalement je bénis Dieu qui fait bien tout ce qu'il fait.

L'heure du départ était arrivée. Pendant qu'on préparait nos montures, j'allai faire mes adieux aux rennes. On les poussait pour les faire sortir, et je les vis en marche.

Là ils m'ont paru encore plus beaux, et leur attitude me les a révélés tout entiers. Ce dos voûté, ces jambes de derrière un peu accroupies, cette tête allongée et renversée, ces bois gigantesques couchés en arrière, donnent à ces animaux, surtout lorsqu'on les voit marcher en troupe, un air de tourmente, un aspect de fugitifs, impossible à exprimer par des paroles : on dirait que derrière eux souffle une tempête invisible et qu'ils fuient, poussés par derrière et fléchissant sous l'ouragan.

La pluie tombait, une bise aigre nous fouettait le visage, le temps pressait, et nous avions vu tout ce que nous avions à voir. On ressella les chevaux; nous prîmes congé de nos hôtes après leur avoir acheté une peau de renne et un fromage, et au bout d'une course de trois heures, nous arrivâmes à bon port à l'auberge de Skalstugar sans qu'il nous arrivât rien d'intéressant, sinon que nous eûmes une tempête sur le lac, qu'un taureau faillit nous éventrer, et que mon cheval s'enfonça jusqu'au poitrail dans une fondrière d'où nous eûmes grand'peine à le tirer.

CHAPITRE XII

Le sol de la Norvège est aussi tourmenté que celui de
la Suède est simple. Dans ce long et étroit espace de son
territoire où les monts Scandinaves la resserrent, la
Norvège n'offre guère qu'une série de vallées abruptes
et de montagnes, dont les derniers sommets s'élèvent
jusqu'à 2,600 mètres au-dessus de la mer.

La péninsule scandinave bascule de l'est à l'ouest : la
Suède se soulève aux bords de la Baltique, la Norvège
s'enfonce au bord de la mer du Nord. Les montagnes
norvégiennes s'effritent, les vallées se rétrécissent : l'a-
griculture diminue, la mer avance et creuse; la Suède a
été une guerrière triomphante, la Norvège a été opprimée.
Or comme, dans toutes les nations du monde, le pays fait
les hommes, les Norvégiens sont de tout point opposés
aux Suédois, comme leur pays est opposé à la Suède. Le
passage en Norvège est un coup de théâtre : on va des
montagnes aux vallées, toujours en vue de la mer, et on
comprend que le peuple d'un tel pays, secoué par les

tempêtes du Gulf-stream, ne peut que naviguer, pêcher et commercer. Or, comme cela saute aux yeux partout où l'on pose le pied, un voyage en Norvège est un spectacle que des couchers de soleil incomparables éclairent d'une lumière tragique. Nous avons donc été très émus par ce voyage, d'autant que si nous avons trouvé rudes et concentrés les paysans de l'intérieur, nous avons été accueillis par une société aussi polie et aussi sympathique qu'en Suède.

Les montagnes, les cascades, les forêts, les paysages, les bords de la mer, on en a vu partout, mais les fjords de la Norvège offrent un spectacle unique au monde.

Le fjord est un bras de mer qui s'avance dans les terres. Géographiquement, on pourrait l'appeler un golfe : mais le fjord, par ses contours et ses découpures, échappe à toute classification, et exige vraiment une dénomination à part. Il ne ressemble en effet nullement à ce qu'on appelle un golfe, une baie, une anse : c'est une découpure, ou plutôt un dédale de découpures, pénétrant dans la côte, se divisant à l'infini, et allant quelquefois se perdre jusqu'à vingt-cinq lieues dans l'intérieur des terres. La côte de Norvège est une sorte de muraille de granit, et le fjord, pour pouvoir passer, a commencé par diviser cette muraille en des milliers d'îlots, a creusé son chenal au milieu de tout cela, et puis pénétré dans la masse en coupant le pied de la montagne! Il a parfois tranché si net son passage, que les parties supérieures se sont éboulées, et continuent encore.

Le Hardanger-fjord et le Sogne-fjord offrent les spectacles les plus imposants et les plus terribles que la nature du Nord puisse donner. Lorsqu'on voyage pendant des journées entières à travers les sinuosités de ces gouffres, on a devant les yeux une scène que l'imagination seule puisse reproduire : l'imagination seule, car la disposition des lignes de ce paysage extraordinaire échappe, par ses proportions inusitées, aux données de ce qu'un artiste doit nécessairement renfermer dans le cadre d'un tableau. Là, point de premier plan, point de repoussoirs, point de ces échappées se rétrécissant à l'horizon et laissant apercevoir ces lointains affaiblis dont la finesse fait si bien ressortir le contraste du premier plan et l'harmonie de l'ensemble : sauf quelques parties un peu détaillées par les anfractuosités de quelque baie ou l'ouverture d'une branche du fjord, des murailles de rocher perpendiculaire, des cônes de roche nue, tout cela d'une seule teinte, mais gigantesque, mais colossal, mais écrasant, voilà ce qu'un panorama ou un diorama pourrait imiter avec ses dimensions apparentes, mais qu'un tableau ne saurait rendre aucunement.

Rien ne peut donner une idée des scènes qui se déroulent aux yeux du voyageur dans le cours d'une navigation à travers les méandres de ces fjords tantôt resserrés dans un étroit passage, tantôt ensevelis entre deux murailles à pic de deux mille pieds de hauteur, tantôt s'élargissant en un cirque immense où des montagnes de roche grise sont rangées en cercle comme des spectateurs formidables.

Parfois, au détour d'un promontoire, on découvre, tapi dans une fente de rocher, un coin de terre, juste assez grand pour porter une petite maison et un petit champ : plus loin on voit, du milieu d'une paroi perpendiculaire, se détacher une sorte de terrasse suspendue à plusieurs centaines de pieds au-dessus de l'abîme. Un peu de verdure, un filet de fumée bleuâtre, nous apprennent que des créatures humaines vivent là-haut : en y regardant bien, on voit en effet se découper sur le bord du précipice de petites figures qui s'agitent et changent de place.

De temps en temps on aperçoit, rompant à peine cette farouche uniformité, ici une cascade flottant suspendue comme une écharpe de gaze le long d'une muraille de rocher ; là, traçant un coup de griffe du haut en bas d'une gorge étroite, le sillon d'une avalanche avec un entassement de rochers et de troncs d'arbres broyés et tordus comme par la main d'un géant.

Mais ce qu'il y a de plus extraordinaire et de particulier à ces montagnes, ce sont des coulées, ou plutôt de véritables cascades de pierre qui se sont échappées du flanc de la roche et sont descendues jusqu'au bas. Cette pierre est blanche comme l'eau écumante, et de loin l'illusion est complète. Cela ne ressemble en effet pas du tout aux éboulements ordinaires : la paroi du rocher est intacte ; seulement, d'une cavité nettement taillée et qui paraît toute petite, on voit s'échapper un torrent immobile de cailloux, qui semblent avoir été vomis tout brisés de l'intérieur de la montagne.

Devant ces masses énormes qui écrasent sa petitesse, au pied de ces colosses de la création, l'homme, soit qu'il entende sa faible voix se perdre dans le silence inviolable des hautes cimes, soit qu'il ploie ou se courbe sous la tempête, subit malgré lui la puissance de cette formidable poésie du Nord. L'eau noire des fjords s'agite de bouillonnements mystérieux, les rochers tremblent, les montagnes se soulèvent comme pour respirer, les nuages se condensent en images de héros et de walkyries, et il voit, dans une bataille entre les dieux du ciel et les montagnes du Sogne-fjord, Thor et Odin frapper de leur lance et de leur marteau le flanc de leurs adversaires, et par des blessures larges comme des cavernes, couler le sang de la montagne, un sang de pierres...

De Trondhjem nous avons navigué en bateau à vapeur jusqu'à Bergen ; de là nous avons parcouru le Sogne-fjord jusqu'à Leirdalsören, joint Christiania par Eidsvold, enfin gagné le Skager-Rack par le fjord de Christiania, pour nous rendre à Londres.

Cette traversée de Trondhjem à Bergen nous a donné le double spectacle des îlots innombrables à travers lesquels le bateau à vapeur navigue comme un poisson, passant continuellement entre des îlots où il passe à droite et à gauche en les effleurant ; on a peine à concevoir qu'il n'y touche jamais ni à travers les brouillards ni au milieu des tempêtes qui couvrent et bouleversent si souvent ces mers terribles. Ajoutez à cela les levers et couchers du soleil : on voit là un spectacle unique au monde.

Bergen est très intéressante par son port et par son paysage. Les vieux marchés hanséatiques, qui restent intacts, offrent un assemblage curieux de monceaux de salaisons, de peaux, d'os et de bois de rennes mêlés à toutes les marchandises imaginables, et au bord du quai, de nombreux bateaux de pêche d'une forme pittoresque, montés par des matelots vêtus de costumes nationaux, vendent à grands cris des poissons dorés et argentés qui viennent du golfe du Mexique sur le courant du Gulf-stream. Quelques-uns sont d'une grandeur monstrueuse. Au musée de Bergen, on peut voir un *Roi des harengs* long de vingt-cinq pieds, et qu'on pourrait prendre pour un madrier. On n'en connaît au monde que quatre exemplaires : c'est probablement un de ces survivants du déluge, dont les marins racontent de temps à autre l'apparition, comme le fameux *Serpent de mer*. Mais celui-là reste contesté, tandis que le *Roi des harengs* est empaillé, preuve indéniable d'authenticité. Le musée de Bergen offre d'ailleurs un thon gros comme un cheval de fardier. Au reste, en visitant le marché, j'ai pu voir un turbot long de deux mètres, large d'un mètre, et de l'épaisseur d'un homme. Il avait été vendu vingt francs ; on le découpait comme de la viande de boucherie. A mes témoignages d'admiration, on me répondit qu'une fois on avait pris un turbot deux fois plus gros. Ces monstres viennent certainement des grands fonds de l'océan Atlantique. Les savants tiennent pour certain qu'il n'y a rien d'impossible à ce que des poissons de grande taille, quand ils ont pu arriver à une certaine énormité, grandissent indéfiniment, parce qu'ils ne peuvent plus être dévorés par les poissons moins monstrueux.

Le voyage de Bergen à Christiania nous fit traverser, à l'intérieur de la Norvège, une suite continue de paysages plus intéressants les uns que les autres, qui nous auraient laissé de merveilleux souvenirs, si nous n'avions eu en croupe le spectre de notre France agonisante. A chaque poste, sur chaque bateau, à la rencontre de chaque voiture, c'était d'heure en heure des nouvelles toujours plus désespérantes, et au moment où nous allions arriver, nous entendîmes un voyageur nous dire que l'ennemi marchait sur Paris!

En arrivant à Christiania, je courus chez notre consul général, M. Hepp, un Alsacien, dont le père était enfermé à Strasbourg. Tous les jours j'allais passer des heures avec M. Hepp, et nous pleurions... Enfin, le quatrième jour, en rentrant à l'hôtel, je fus accosté par un garçon, un Allemand, qui me dit d'un air glacial :

« L'empereur est prisonnier. »

Ma place n'était plus hors de France : je résolus d'y rentrer, en évitant l'Allemagne, par Londres, et j'arrêtai notre départ sur un bateau à vapeur anglais qui partait le 8 septembre.

Pendant les quatre premiers jours de mon arrivée, j'avais recueilli les renseignements nécessaires pour ma mission; j'employai les quatre jours qui nous restaient à les compléter. Outre M. Hepp, qui m'aida comme un frère et avec lequel je me liai ardemment, je trouvai à Christiania une sympathie aussi profonde qu'en Suède. Je n'oublierai jamais les noms du professeur Sexe, promoteur de la détention cellulaire en Norvège; de M. Hallanger, conseiller à la cour suprême; et de M. Michelet, d'origine française, préfet de police de Christiania. Celui-là aussi, quand nous parlions des douleurs de la France, pleurait comme un enfant.

Le 8 septembre donc, nous nous embarquâmes le soir, et la nuit se passa tranquillement tant que nous fûmes dans le fjord de Christiania. Avant notre départ nous ne nous informâmes pas du temps. Il faisait un grand vent, l'équinoxe battait son plein, mais avec ce que j'avais dans le cœur, on pense si je me souciais de ce que pouvait être l'état de la mer.

A peine sortis du fjord, nous nous trouvâmes secoués par un vent qui ne promettait rien de bon. Il y avait à la barre un timonier d'une figure tellement sinistre que je ne pus m'empêcher de dire qu'il nous présageait une traversée aussi tragique que sa figure.

Je ne savais pas si bien prophétiser. Au bout d'une heure, la mer grossit, et boueuse comme elle était, elle ressemblait à un champ de dunes, mais de dunes si hautes qu'on ne voyait pas au delà des deux premiers rangs, et que le navire semblait marcher dans un fossé de boue qui, de temps en temps, nous couvrait d'une lame courant d'un bout à l'autre du pont. Toutes les écoutilles étaient fermées, personne ne pouvait aller sur le pont.

Pendant quatre jours et quatre nuits, ce temps continua sans autre différence que le redoublement du roulis quand une lame de fond nous passait dessus. Une nuit même je fus réveillé la tête en bas et les pieds en l'air : c'était une lame qui avait passé au-dessus de la cheminée et avait failli la noyer.

Dès le second jour, les dix-huit passagers avaient cessé de manger à table : il ne restait avec moi, le capitaine et le mécanicien, qu'un vieil Écossais et un Anglais, et encore restaient-ils tout le jour dans leurs cabines, de sorte que je passais mes journées debout dans la porte du roufle, quand elle n'était pas fermée, rongeant ma douleur, et me souciant de la mort comme d'un fétu, sans même avoir une âme avec qui en parler. Quant à ma femme et mon fils, ils restaient dans un anéantissement absolu, au point qu'il me fallait les tirer de force pour les obliger à changer de linge.

Enfin, le matin du quatrième jour, la tempête mollit un peu, on arriva en vue de terre; les passagers remontèrent sur le pont, et quoique la mer fût jonchée d'épaves racontant autant de naufrages, les visages revinrent à la vie, on sourit à la terre, on se mit à table, et chacun reprit courage et bon appétit. En arrivant à Londres, la

15

première nouvelle que nous apprîmes fut le naufrage corps et biens du cuirassé *le Captain,* qui avait culbuté comme une coquille de noix, peut-être à quelques brasses de nous.

Nous débarquâmes sur un quai qui ressemblait à une usine, ou plutôt à un fouillis d'usines. Le sol noir de charbon, la grossière construction des baraques, les balances, les grues, les brouettes, les vagons comblés de matériaux, les charrettes chargées de marchandises, les sifflements des machines, les ouvriers dépenaillés s'agitant, grimpant, sautant, bouleversant des tas d'outils, frappant le fer, brassant des foyers en flammes, et au-dessus de tout cela, les cheminées monstrueuses vomissant les nuages sinistres de la houille, ressemblaient à un enfer agité par des damnés fous. Et tout le long du fleuve, aussi loin que la vue pouvait s'étendre, on voyait le lointain incommensurable de cet enfer, tandis qu'entre les deux rives, des milliers de bateaux, panachés de vapeurs, hurlant leurs sirènes et fendant leurs sillons d'écume, nageaient à travers le fleuve comme des bancs de poissons monstrueux.

Qui voudra voir, connaître, juger l'Angleterre, n'aura pas besoin d'aller plus loin : elle est là tout entière, corps et âme, avec ses désirs insatiables, sa volonté foulant aux pieds les hommes et les choses pour arriver à son but. Ce qu'on voit là, on le retrouve dans les rues de Londres, dans ses maisons, ses squares, ses voitures, ses chevaux, ses foules, ses sentiments, et jusque dans ses plaisirs : la volonté est partout, fixe et implacable, et elle ne se trompe jamais. On voit, en les regardant, s'agiter comme une ruche où deux sortes d'abeilles, maîtres et esclaves, travaillent jour et nuit à produire le miel de la richesse. Ils ne se connaissent pas, ils ne s'aiment pas ; chacun n'existe que pour lui-même, ne se souciant ni de son travail ni de ce qui en adviendra, et ne songeant qu'au profit de la journée, tandis que le maître, ne se souciant pas davantage de ceux qui l'enrichissent, fait le compte de ce qu'il a gagné dans la journée et raye sur la liste des ouvriers de demain ceux qui sont tombés d'épuisement ou d'ivrognerie.

Tandis que des milliers d'ouvriers travaillent ainsi sur les ports, d'autres milliers font hurler dans les villes d'innombrables usines qui, nuit et jour, vomissent des montagnes de marchandises que les chemins de fer font couler comme des torrents jusqu'aux lieux d'exportation. Là, d'innombrables bateaux à vapeur les chargent, et à travers les tempêtes de tous les océans font naviguer sur les mers du globe, pour les répandre sur tous les peuples, les trésors de l'industrie britannique. Ainsi se crée une ville, ou plutôt une humanité aquatique, qui couvre les trois quarts des mers, et à mesure qu'elle s'étend, répand, sur tous les rivages où elle aborde, l'esclavage, la spoliation, et au besoin la guerre.

Au-dessus de ce peuple effroyable, et comme un empyrée au-dessus des brouillards de la Tamise, on voit flotter, rayonnant de philosophie, d'humour et de philanthropie, passionné d'art, de chevaux et de religion, l'Anglais; tout cela non pas simulé, mais profondément convaincu, et formant un des plus beaux caractères de l'âme humaine. Et ce n'est pas tout : au-dessous de cette aristocratie, qu'on retrouve d'ailleurs plus ou moins chez d'autres grands peuples, on peut, entre brouillard et terre, découvrir d'autres Anglais qui, tout en gardant le culte d'eux-mêmes et de leur pays, sont bons et généreux. Ce n'est pas d'aujourd'hui qu'on en est à savoir que l'amitié d'un Anglais est un des grands bonheurs qui puisse nous arriver dans la vie. En dehors de l'Angleterre de commerce ou d'argent, il y a l'Angleterre de patrie et de famille, qui est celle des bonnes gens, qu'on retrouve dans tous les pays du monde tant que la fureur de l'argent n'y a pas démoralisé toute la race.

Devant ce qui se passe en Angleterre et en Amérique, en opposition avec la France, l'Allemagne, l'Italie, et en général l'Europe continentale, de deux choses l'une : ou les Anglais reviendront à une moralité compatible avec celle des nations civilisées, ou ils continueront à suivre le chemin où ils s'engagent. Dans ce cas, le résultat n'est pas douteux : s'imaginer qu'un peuple puisse arriver à conquérir la terre entière, c'est une absurdité enfantine. Entre cent raisons qu'on a démontrées cent fois, une seule suffirait : c'est que le jour où l'Angleterre aura perdu la moitié de sa flotte, elle sera prise, et en moins d'un an, à la bloquer, on la fera mourir de faim : rien que pour le pain, il lui faut en importer les trois quarts, et il en est de même pour la plupart de ses provisions de bouche journalières. Ajoutez à cela qu'elle n'a pas assez d'hommes pour former une armée capable de résister à celles des grandes puissances du continent européen.

On peut d'ailleurs, en une phrase, résumer son horoscope : toute sa puissance n'est qu'une mécanique : le jour où un ingénieur aura trouvé un engin rapide et irrésistible pour anéantir ses flottes, l'Angleterre aura vécu.

Que faire? Céder ou périr : elle cédera. Quand? Demain ou dans un siècle. Tous les conquérants, Persans, Égyptiens, Barbares, Romains, Normands, ont passé par là; tous ont péri par l'immoralité à l'heure où ils sont devenus intolérables : elle finira ainsi; car on ne peut pas admettre qu'un jour vienne jamais où tous les peuples de la terre n'en feront qu'un seul soumis à un seul roi : ce serait la barbarie de la civilisation. Au reste, on peut déjà le voir : l'Angleterre « colonise » des nations dégradées, elle les garde dans l'esclavage, en fait des colonies florissantes ou des États libres, comme le Cap, ou des nations révoltées, comme l'Amérique.

Mais alors s'élève une question terrible : est-ce un mal? est-ce un bien? Ils ne le savent pas, ils n'y ont jamais pensé. Ce qu'ils font, ne serait-ce pas le progrès, la civilisation, le droit, le devoir, le bien?

On pourrait douter, mais quand arrive un de ces attentats où les droits les plus essentiels de la vie et de la liberté sont décidément violés, égorgés, on voit s'élever chez tous les peuples de l'Europe des cris de réprobation tellement unanimes, qu'alors on ne doute plus : c'est la conscience de l'humanité qui crie, et cette conscience-là est infaillible.

La volonté, la force, le travail, la puissance, l'argent, voilà l'impression continuelle sous laquelle on étouffe à Londres. Sans doute, au mois de septembre 1870, la douleur patriotique pesait d'un bien autre poids sur mon cœur, mais l'aspect des hommes et des choses était écrasant d'évidence, et après de longues années où j'ai pu oublier mes angoisses d'alors, je retrouve dans tout son effet l'oppression de conscience que j'ai éprouvée à Londres.

Par son immensité, Londres n'a pas de centre. Elle a des quartiers, mais qui sont plutôt des régions, d'ailleurs sans caractères particuliers, où se succèdent à tout instant des rues tantôt luxueuses et tantôt sordides. A part quelques exceptions, toutes les maisons n'ont que deux étages; les portes cochères n'y existent pas, les fenêtres n'ont pas de persiennes; les murs sont noirs de charbon. Les passants n'ont aucun type saisissable, on n'y voit que des gens médiocrement mis, et c'est à peine qu'on voit de temps en temps une femme ou un homme comme il faut : ceux-là ne marchent guère qu'en voiture. Londres n'ayant pas de centre, on la retrouve tout entière partout, sauf deux ou trois rues comme le Strand, où il y a de grands trottoirs et de belles boutiques. Il n'y a pas, comme dans les autres capitales, des places ornées : tout au plus quelques statues.

Le monument national, c'est le square. La verdure y est opulente, mais les détails manquent de finesse. A Hyde-Park, la piste des cavaliers est bordée de bornes de fer grossières, les sentiers sont sans sable sur les gazons, et la serpentine est bordée de petits pavés : on ne se soucie pas de l'élégance, on s'en tient à l'usage brut. Ajoutez à cela des enseignes et des affiches jaunes, vertes et rouges à tous les coins et à toutes les voitures publiques : vous avez sous les yeux le panorama fixe ou roulant de toutes les rues où vous passez et où les passants et les véhicules se ressemblent.

Le brouillard et le gaz sont les deux éléments où, neuf fois sur dix, on respire la vie. Le brouillard éteint la lumière à l'intérieur des maisons; dès quatre heures on allume le gaz, quand il ne s'éteint pas; en hiver on enflamme d'énormes cheminées de charbon de terre, et on a, avec des lits en cuivre et des tapis de toile cirée, le confortable et le *home* de Londres. Voilà le bonheur anglais.

Quand on séjourne dans une ville, on y éprouve une série d'impressions qui changent à chaque pas, et dont l'ensemble vous donne un sentiment qui devient pour vous le caractère de cette ville et de ses habitants : à Londres, rien de tout cela : vous oubliez où vous êtes, ou vous vous sentez écrasé par l'énormité, l'indifférence et l'insignifiance de tout ce qui passe devant vos yeux, car tout est excessif, monotone, invariable, et qui voit une rue, un quartier, un square, les a tous vus. Il n'y a rien qui inspire la moindre idée, on voit qu'il n'y a là rien pour vous et que vous n'êtes rien pour les gens qui passent : personne n'y existe que pour soi-même, et on le voit. Vous êtes dans un monde démesuré, vous vous sentez dans un désert. On n'éprouve cela qu'à Londres : elle n'existe pas pour un étranger, elle est sur la terre ce qu'elle est sur la mer, un être sans pareil.

On peut comprendre alors comment ce peuple, qui n'a dans l'âme ni art ni littérature, a pu produire des peintres, des poètes et des littérateurs, quelques-uns sublimes d'une originalité que nul pays ne produira jamais : c'est que ceux-là ont ce sang anglais, froid et tragique, qui donne à leurs œuvres une originalité terrible et inimitable.

Dans cet état d'esprit, on peut en juger, je n'ai rapporté de mon séjour à Londres qu'une espèce de cauchemar dont rien ne m'a délivré, en dépit ou à cause de ce que j'ai vu se développer depuis trente ans dans l'histoire maritime de l'Angleterre. D'ailleurs je n'avais à en emporter aucun autre souvenir : il ne m'y est rien arrivé, je n'y ai connu personne, et si je n'ai pas perdu le bon souvenir des Anglais que j'ai rencontrés ailleurs, il ne m'en reste pas moins l'ineffaçable impression que je viens de dépeindre.

Nous séjournâmes à Londres vingt jours. Paris était fermé : nous résolûmes d'aller rejoindre à Cabourg ma belle-sœur, dont le mari, le docteur Dal Piaz, était resté à Paris. Elle avait avec elle deux petits garçons et Mme Camus, ma belle-mère.

Nous allâmes au Havre par le bateau à vapeur de Southampton. Nous n'y passâmes qu'une nuit, et le lendemain matin nous prîmes le bateau de Caen. Au moment de notre départ, une troupe de braillards chantait sur le quai la *Marseillaise* et le *Ça ira*. Nous entendions là pour la première fois le cri de cette révolution qui avait, quelques jours après notre départ, remplacé la gloire de notre pays par l'invasion, la défaite et l'orgie de la république. Ma femme fondait en larmes; je tenais bon, mais ce retour me fit souffrir en quelques instants plus cruellement encore que cette angoisse de deux mois qui nous avait déchiré le cœur dans notre voyage en Suède et en Norvège.

Nous trouvâmes à Cabourg une colonie nombreuse de familles. Ma belle-sœur et ma belle-mère y étaient installées avec plusieurs de leurs parentes. La plupart des maris étaient à Paris ou à la guerre. La vie se passait à trembler pour les siens, à lire les journaux; on y apprenait chaque jour un désastre nouveau : et on pleurait.

Les quelques hommes restant à Cabourg avaient organisé un simulacre de garde nationale, qui n'aurait pu servir qu'à nous faire fusiller si les Prussiens étaient arrivés à Cabourg, car nous n'étions pas commissionnés, nous n'avions ni uniforme ni cocarde, de sorte que l'ennemi avait le droit de nous traiter comme hors la loi. Au reste, nous ne pouvions même ni les attaquer ni nous défendre, car nous n'avions pas de munitions ni même d'armes blanches. Pour ma part, j'avais un fusil de chasse sans bandoulière, et pas une cartouche. Un entrepreneur nous servait de colonel, on nous faisait exécuter des manœuvres insensées, la nuit monter la garde dans un hangar en bois, et faire sentinelle du soir au matin. Je crus devoir faire comme tout le monde, malgré ce que cette singerie avait de dérisoire, mais je finis par en avoir honte, et je dis à l'entrepreneur que nous ne pouvions pas sérieusement nous poser en belligérants si on ne nous donnait pas des armes et des munitions. Il me répondit que je n'avais qu'à me faire rayer si cela ne me convenait pas. Sur cette insolence, je lui tournai le dos, et je restai chez moi.

Un écrivain célèbre, républicain éclatant, et que d'ailleurs son âge exemptait du service militaire, était établi dans une commune voisine, et les dames de Cabourg, voulant donner une conférence en faveur des mobiles, qui manquaient de vêtements chauds, s'adressèrent à lui. Mais comme il ne se souciait pas de se montrer en public, une des bienfaitrices me pria de le suppléer, ce que je fis. Je ne me rappelle pas ce que j'ai dit, d'autant que le but de la conférence n'était que d'obtenir le plus d'assistants et de souscripteurs possible. On était si pressé de souscrire, qu'au bout de trois quarts d'heure on me pria d'abréger parce que les vêpres allaient sonner. J'ai, à la rigueur, le droit de croire que mon éloquence aura entraîné l'auditoire, mais en tout cas je puis me vanter d'avoir gagné là plus d'argent que je n'en ai jamais gagné en une heure, car la quête produisit quatre cents francs. J'avais fait en cette heure beaucoup plus de bien que dans mes exercices et mes factions avec mon fusil de chasse sans cartouches.

A la fin du mois de décembre, les Prussiens arrivant

jusqu'à Lisieux, nous résolûmes de nous diriger vers un séjour d'où nous espérions trouver des communications plus abordables pour regagner Paris aussitôt qu'il serait possible d'y entrer, la capitulation n'étant plus qu'une affaire de jours. Nous partîmes de Caen en chemin de fer pour Laval. Nous allions y trouver un de nos meilleurs amis, M. Marchal, qui y était ingénieur en chef, et sur qui nous comptions pour nous aider au cas où, la situation se prolongeant, l'argent viendrait à nous manquer, car nous étions sept, dont trois femmes et trois enfants, nous n'avions plus que douze cents francs, et je n'espérais pas trouver à travailler pour nous nourrir. Je lui fis part de ma situation.

Il me répondit qu'il pouvait nous garantir la moitié de son pain tant qu'il lui en resterait, mais qu'il n'avait d'argent que tout juste pour se nourrir. Un hasard vint à mon secours : le maître d'anglais du lycée était à l'agonie. M. Marchal me proposa de le remplacer, j'acceptai, et me voilà professeur d'anglais. Je plaçai mon fils au lycée, et je fis mon cours.

Je puis me vanter, sans vanité, qu'en huit jours j'appris plus d'anglais à mes élèves qu'on n'en avait su depuis l'établissement du lycée. Le professeur était un Anglais qui à chaque classe disait à ses élèves : « Je n'ai pu jusqu'ici vous rien apprendre : je vais essayer d'une autre méthode. »

Et depuis qu'il faisait son cours, toutes les années s'étaient passées de même.

Le service était pénible; j'avais vingt-trois classes à faire par semaine, sans compter que la discipline était lamentable. Cependant j'en vins à bout. Un jour que le tumulte était à son comble, je leur dis d'un ton terrible : « Levez-vous et croisez les bras! » Ils furent pétrifiés. Après les avoir regardés quelques instants comme pour choisir mes victimes, je leur dis d'un ton effroyable : « Asseyez-vous! » et je fis ma leçon dans un silence où on n'aurait pas entendu voler une mouche.

Je sortis triomphant, ayant peine à m'empêcher de pouffer de rire.

Hélas ! c'était ma dernière minute de gaîté : en sortant du lycée, je rencontrai des soldats déguenillés, presque tous sans armes, se traînant sans ordre, des artilleurs menant des avant-trains sans canons, des débris de forges, des chevaux ensanglantés butant pour aller tomber plus loin, et au milieu de cette débandade, des chefs arabes magnifiques de dignité, montés sur leurs chevaux, et qui, au milieu de cette honte, avaient l'air de conquérants : c'étaient les débris de l'armée de la Loire ! Et en même temps, de l'autre côté de la ville, on entendait le canon des Prussiens.

Le lendemain matin, vers les six heures, on sonna à la maison. C'était le domestique de M. Marchal, qui venait de la part de son maître nous annoncer que le 16e corps, commandé par le général Chanzy, était en déroute après la bataille du Mans, et traversait pêle-mêle Laval pour passer la Mayenne. M. Marchal avait reçu l'ordre, dans la nuit, de miner le pont pour le faire sauter derrière les troupes françaises, si besoin était.

Je demeurai fort perplexe : rester dans une ville qui pouvait d'un moment à l'autre être occupée par l'ennemi, où je n'avais pas de domicile à moi, me semblait bien hasardeux : je n'avais que peu de ressources devant moi, et la responsabilité d'une pareille décision, surtout vis-à-vis de ma belle-sœur et de ses enfants, me troublait encore. Bref, je pris le parti de quitter Laval et de nous replier sur Vitré. Je me mis en quête d'un véhicule, et je ne trouvai qu'une de ces charrettes de meunier couverte d'une bâche soutenue par des cerceaux. A neuf heures, les malles étaient chargées et nous entrions un à un, à quatre pattes, par l'étroite ouverture froncée que la bâche laisse en avant.

Quel voyage ! A peine avions-nous tourné dans la grande rue qui mène au pont, que nous nous trouvâmes enveloppés, serrés, pressés dans une cohue de voitures,

de caissons, de canons, de cavaliers, qui nous empê-
chaient désormais de songer à faire demi-tour, et cela
sans compter la foule des fantassins et des cavaliers dé-
montés, qui coulait sans interruption sur les deux côtés
de la rue. Arrivés au beau milieu du pont, nous fûmes
définitivement arrêtés, et il fallut attendre là plus d'une
heure que la colonne pût se remettre en mouvement.

Pendant tout ce temps, je vois encore ma malheureuse
femme terrifiée à l'idée que le pont était miné, et disant
son chapelet comme si elle eût été à l'article de la mort.

Une fois sortis de Laval, la marche se régularisa un
peu : les voitures prirent la file sur le côté droit de la
route, tandis que le reste en était couvert par les piétons
qui marchaient en foule. Il y en avait de toutes armes,
des fantassins, des pontonniers, des hussards, des artilleurs, et surtout des mobiles dont la mine hâve et la tenue
déguenillée faisaient mal à voir. Il faisait un froid horrible, la campagne était toute blanche de neige, et toute
cette cohue pressée marchait dans le plus profond silence
au milieu d'un indescriptible désordre.

Parfois il se produisait un à-coup dans la colonne des
voitures, et nous nous trouvions arrêtés dix minutes, un
quart d'heure, après quoi il fallait prendre presque le
trot pour serrer à sa distance. De temps en temps un
cheval tombait fourbu, tremblant de tous ses membres :
on tirait la voiture dans le fossé, on laissait la malheureuse bête agoniser dans la neige, et la voiture suivante
serrait...

A quelques kilomètres de Laval, un officier à cheval,
qui semblait être chargé des convois, interpella notre
conducteur, et sur sa réponse laissa échapper une légère
exclamation. Il me demanda, je passai la tête à l'ouverture de la bâche. « Je suis désolé, Monsieur, me dit-il,
mais cette voiture n'est pas réquisitionnée, et nous en
manquons : je suis obligé de vous la prendre ! »

Je demeurai confondu, mais avant que j'eusse eu le
temps de me remettre, des soldats avaient défait l'arrière

de la bâche. On descendit nos malles, qu'on posa dans la neige sur le bas côté de la route, et nous descendîmes nous-mêmes, tandis que la voiture, faisant demi-tour, filait sans que nous ayons jamais su où elle allait.

Il y eut parmi nous un petit moment de stupeur, et la figure atone des soldats qui passaient toujours se ranimait d'une lueur de curiosité à voir ce monsieur accompagné de deux dames, de trois enfants, d'une femme de chambre, d'un chien et de trois malles, planté dans la neige, en pleine campagne, par un froid de Sibérie, et au milieu d'une déroute.

Au bout d'un moment, l'officier reparut et prit pitié de nous : il mettait à notre disposition un hussard qui devait faire une randonnée dans deux ou trois villages qu'on apercevait au loin, afin de tâcher de nous trouver une carriole quelconque où nous pourrions au moins charger nos malles et les deux petits. Le hussard s'acquitta à merveille de sa mission, et moins d'une heure après, les malles empilées et surmontées de mes deux petits neveux et de la femme de chambre qui les tenait, nous nous remettions en marche, ma femme, ma belle-sœur, mon fils qui n'avait que douze ans, et moi, mais cette fois à pied, pataugeant dans la neige, et coude à coude avec les troupiers.

Plus nous avancions, plus la campagne se parsemait de ces malheureux chevaux abandonnés, qu'on poussait dételés dans un champ, et qui, n'ayant plus que la peau sur les os, restaient là tout seuls au milieu de la grande plaine blanche, à regarder de leur œil vitreux, sans comprendre, l'interminable défilé de la colonne. Parfois il y en avait de morts sur la route, et nous les enjambions, ou bien la file des voitures faisait un petit circuit pour les éviter.

Et au milieu de tout cela, point d'officiers. De loin en loin on entendait un claquement de fouet avec quelques « Hepp, gare! » et un petit omnibus, qui ne suivait pas la file, celui-là, passait au trot allongé; au travers des vitres couvertes de buée, car il gelait à pierre fendre, on distinguait six ou sept képis galonnés... C'était navrant.

Nous eûmes pourtant, une fois, rien qu'une fois, dans cette journée que je n'oublierai jamais, une petite note réconfortante : derrière nous arrivait un groupe d'hommes plus compact que les autres; nous nous arrêtâmes pour le laisser passer, car il marchait plus vite que nous.

C'était environ une quarantaine de mobiles; ils étaient parfaitement en rang, marchaient impeccablement au pas et d'une allure soutenue; leur air militaire et énergique contrastait d'une façon saisissante avec les misérables troupes débandées au travers desquelles ils se frayaient un passage. Les fusils, correctement sur l'épaule, oscillaient en cadence, tandis que tous les regards les suivaient avec étonnement. C'est qu'à leur tête marchait un officier que je vois encore. Il n'était que lieutenant. Il avait une trentaine d'années, le teint rouge, les moustaches courtes, la tournure carrée et terriblement énergique. C'était lui qui donnait la cadence du pas, et il allait le corps droit, crotté jusqu'au ventre, donnant, lui et ses hommes, au milieu de la débâcle générale, l'impression de quelque chose de tranquille et de fort : l'impression d'une colonne restée debout au milieu des ruines.

À la nuit tombée, nous arrivâmes, dans l'état qu'on peut penser, à Sainte-Radegonde, une petite auberge au bord de la route. L'hôtesse, une veuve avec ses deux filles, fut stupéfaite de nous voir arriver en tel équipage, et nous reçut comme des naufragés. Elle prodigua à ces dames et aux enfants les soins les plus empressés et nous donna tant bien que mal à souper, après quoi nous nous retirâmes dans la chambre. Je dis « la chambre », car il n'y en avait qu'une, et encore nous fallait-il la partager avec un maréchal des logis et un gendarme. Il y avait deux lits, l'un pour les deux gendarmes et l'autre pour nous, qui étions sept plus un chien. Nous mîmes un matelas par terre, sur lequel s'étendirent ma femme et sa sœur, on coucha les trois enfants dans le lit, et la femme de chambre s'étendit en travers à leurs pieds; je m'installai dans un fauteuil au coin d'un grand feu, tandis que le chien Black, assis sur son derrière, me faisait vis-à-vis en regardant mourir les tisons.

La journée était finie! Journée inoubliable. Devant mes yeux repassaient les épisodes de cette scène de déroute dans la neige. Malgré la fatigue, nous restions les yeux ouverts, en silence, et songeant, le cœur serré.

La porte s'ouvrit et les deux gendarmes rentrèrent. Comme ils nous croyaient endormis, ils marchaient sur la pointe des pieds et disparurent derrière leur lit qu'ils avaient tiré et dont ils avaient fermé les rideaux par convenance. Il y eut quelques chuchotements, puis un silence, et au bout de quelques instants une botte tomba : je tournai la tête, me demandant ce que c'était; une seconde botte tomba à son tour, et voilà qu'au milieu des sinistres tableaux que je ne pouvais m'empêcher d'évoquer, cette botte de gendarme qui tombait jeta une note grotesque qui m'arracha un commencement de sourire. Pan! une troisième botte : voilà le vrai rire qui me prend. Pan! la quatrième botte! Alors ce fut le fou rire. J'eus le malheur de regarder ces dames, et nous voilà partis tous, secoués par une de ces crises de rire qui vous tordent jusqu'à l'épuisement : le rire des gens qui n'ont pas ri depuis trop longtemps.

Et pendant ce temps, toute la nuit, coulait toujours sous nos fenêtres le flot ininterrompu de la déroute avec le roulement des roues et des pas. Seule une voix se faisait entendre, qui criait dans l'obscurité : « Les bagages de l'amiral Jauréguiberry! » et cette voix, sans se lasser, répéta cet appel jusqu'au matin.

Le jour venait; il fallait se procurer un nouveau véhicule pour gagner Vitré, car la petite carriole était partie. Grâce à notre hôtesse, nous trouvâmes un grand tombereau à charbon, où nous nous installâmes assis sur les malles, mais sans autre abri que le ciel. Quand nous en descendîmes, nous avions l'air de charbonniers, mais nous étions encore bien contents. La journée se passa comme la précédente, toujours en pleine déroute, avec la seule variante que nous mourions de faim sans pouvoir rien acheter, fût-ce à prix d'or. Dans tous les villages que nous traversions, les boulangeries étaient gardées par deux factionnaires, et douze ou quatorze fournées étaient retenues d'avance par l'intendance pour les troupes. J'ai dû aller mendier du pain, c'est le mot, chez le maire d'un village, qui nous en donna un peu du sien.

Enfin, vers les cinq heures de l'après-midi nous arrivions à Vitré. Mais cette petite ville, qui est faite pour neuf mille habitants, avait ce jour-là vingt mille hommes dans les flancs : impossible de trouver l'ombre d'un logement. En désespoir de cause, j'avisai un établissement de bains, et je louai des cabines de bains au lieu de chambres; les baignoires garnies de paille nous serviraient de lits. Chimère ! un médecin militaire vint réquisitionner les baignoires pour donner des bains à ses blessés et à ses malades : et nous voilà encore sur le pavé !

Nous finîmes par trouver un port de refuge dans une boutique de monuments funèbres : le bon marbrier nous offrit la seule pièce qui lui restât, sa boutique elle-même, toutes les autres pièces étant occupées par les troupes. Nous dînâmes, si j'ose m'exprimer ainsi, de quelques saucisses, d'une seule côtelette et d'un peu de pain, assis sur des dalles couvertes d'inscriptions lugubres, ou à cheval sur des couvercles de sarcophages. Je n'ai pas besoin de dire qu'il n'y avait pas de cheminée.

Nous couchâmes dans l'arrière-boutique, où toute la nuit nous entendîmes, à travers une petite claie, l'odieuse conversation d'un officier de mobiles qui expliquait à son ordonnance combien il est stupide de ne pas se rendre tout de suite, plutôt que de se faire casser la tête inutilement.

Enfin, deux jours après les troupes avaient évacué

Vitré, et nous pouvions trouver un petit appartement où nous demeurâmes quelques jours.

L'armée prussienne avait changé de direction, et la route était libre pour gagner Niort, où je voulais aller, espérant au moins y être à l'abri de l'invasion. Un petit omnibus à six places s'offrit à nous y conduire pour un prix très modéré, et nous partîmes ainsi, car dans une grande partie de la région que nous avions à traverser les chemins de fer ne marchaient plus

CHAPITRE XIII

Le voyage se passa sans incident, et après notre affreux exode avec les fugitifs de l'armée de la Loire, nous
aurions pu nous croire au milieu d'une paix profonde.
Enfin, en arrivant à Ancenis, nous apprîmes la capitulation de Paris, et peu de temps après nous étions à Niort.
On peut penser quels souvenirs me revinrent du temps où
j'y avais exercé, en pleine gloire de la France, les fonctions de procureur impérial. Quelques anciens amis nous
reconnurent, mais nous ne pouvions parler que de nos
malheurs, et rien ne pouvait nous consoler.

Le 14 février, nous montâmes dans un train direct
bondé de Parisiens revenant après tant de mois d'exil.
Nous eûmes quarante-huit heures de voyage. Nous trouvâmes Paris encore dans toute son horreur. Il nous fallut
regagner à pied la maison, rue de Castellane, nos effets
traînés dans des charrettes à bras par des commissionnaires sinistres. Un détail aurait suffi à peindre le tableau
de Paris à ce moment : à presque toutes les boutiques,
tandis que des bandes de bœufs roulaient comme un torrent de vie le long des rues, on voyait étalée l'abominable
charcuterie dont on vivait depuis six mois. Au reste,
pendant les premiers jours de notre arrivée nous n'avons
eu à manger que du pain de siège.

A part une station où nous crûmes que nous ne pourrions plus aller plus loin, le voyage s'était passé sans incident, et le bonheur de rentrer à Paris nous faisait presque oublier quel affreux tableau nous allions y trouver, lorsque, arrivé aux fortifications, le train s'arrête, et à quelques pas de nous j'aperçois, debout sur le parapet, enveloppé de sa capote et de son capuchon, le fusil sous le bras, un Allemand en sentinelle. C'est le seul que j'aie vu, mais je ne l'oublierai jamais : rien ne pourrait rendre l'effet de ce fantôme gris se profilant sur le fond d'un ciel noir, et au-delà, dans un rêve affreux, la France à l'agonie.

Une fois à Paris, un autre tableau, tous les jours plus effrayant, se développait dans les rues. Des bandes de mobiles, de soldats désarmés, de révolutionnaires ivres, erraient partout, les uns encore blêmes de famine, les autres bleus et la face tachetée par le vin et l'eau-de-vie. Les Parisiens avaient tous, pour ne pas attirer les yeux de ces ivrognes, leurs plus vieux vêtements et des casquettes ou des chapeaux mous. Je crois bien être resté le seul de mon quartier à conserver mon chapeau de soie. Quant aux femmes, on en voyait partout en haillons. D'heure en heure, la foule devenait plus menaçante, et on sentait venir quelque chose d'inévitable.

Aussitôt arrivé à Paris, mon premier soin fut de chercher un bataillon honnête de la garde nationale. Ce ne fut qu'après de longues recherches que je pus la découvrir, personne ne pouvait ou ne voulait me le dire, chacun sans doute craignant de se compromettre sur tout ce qui touchait à la situation. Enfin je pus aborder le capitaine de notre quartier, qui me fit avoir un fusil de troupe et des cartouches. J'y joignis un revolver et un poignard suédois, que je mis avec mes cartouches dans mon sac de voyage, j'achetai un képi de garde national, et vêtu d'un veston, d'un manteau, d'une culotte courte et chaussé de bottes, je partis en guerre avec le costume que j'avais eu dans mon voyage en Suède.

Le premier jour, on nous fit occuper la rue Saint-Lazare. Nous étions nombreux, tous hommes d'ordre. Je remarquai que plusieurs des gardes nationaux avaient mis leurs décorations : je vis même un vieux commandeur de la Légion d'honneur, qui avait l'air d'un général en retraite. C'était un bon exemple à suivre pour montrer au public qui nous étions : je retournai à la maison, je mis en évidence ma croix de l'Étoile polaire et mon insigne d'académie, et je retournai reprendre mon rang.

Le soir, on nous renvoya sans nous dire pourquoi.

Le lendemain, après nous avoir rangés dans la rue Saint-Lazare, on nous fit entrer au lycée Condorcet, puis, au soleil couché, on nous renvoya. Quand je me vis assis, en pareille circonstance, dans une de ces classes où j'ai fait mes études, on peut penser quelles réflexions !

Chaque jour aggravait la situation; on voyait passer continuellement des bataillons d'insurgés allant je ne sais où. C'était le 15 mars.

Nous étions encore une centaine de gardes nationaux. On nous envoya à la gare du chemin de fer de l'Ouest. Nous nous établîmes dans la cour de la rue d'Amsterdam pendant la journée, les grilles fermées, et le soir nous couchâmes dans les salles d'attente. Quelques-uns purent dormir sur des banquettes, mais il ne me revint qu'une place sur le plancher, où j'eus pour lit mon manteau, et pour oreiller mon sac. Chose inattendue, je dormis toute la nuit sans m'apercevoir du changement.

Le 16 mars, nous fûmes postés dans la gare, au bord du tunnel. A l'autre extrémité, nous voyions un poste d'insurgés campés là pour contrôler les trains de départ. Nous n'eûmes point d'affaire avec eux : on en était encore aux préparatifs. Les insurgés s'établissaient dans leurs postes de combat, le gouvernement essayait de concentrer les troupes, et avait amené aux Champs-Élysées des centaines de canons enlevés aux insurgés. Cependant le gouvernement, le conseil municipal, la garde nationale, et jusqu'aux francs-maçons, cherchaient à établir la paix.

Le 17 mars au soir, étant postés dans la cour de la rue d'Amsterdam, nous vîmes arriver un aide de camp de l'amiral Saisset. Il venait apparemment nous donner des ordres. Il tournoya sur lui-même en gesticulant, et regardant un ou deux tonneaux roulés au coin de la grille, il nous cria : « Ces tonneaux, ces tonneaux ! » Puis, levant les yeux vers les fermes de fer du toit, il cria encore : « Ces balcons, ces balcons ! » et disparut en entrant dans la salle des bagages.

Telle fut l'unique communication que nous reçûmes de l'amiral Saisset.

Pendant la nuit, je fus mis en faction au coin de la rue de Londres, devant une boulangerie qui existe encore. A me voir dans une telle place, faisant faction comme en pays ennemi, l'oreille au vent, le doigt sur la gâchette de mon fusil, et ne sachant si j'allais voir sortir de l'ombre amis ou ennemis, je me croyais sous l'oppression d'un cauchemar.

Au plus profond de la nuit, j'entendis les pas cadencés d'un corps de troupes. J'épaulai mon arme, je criai : « Qui vive ? » On ne me répondit pas...

On y voyait à peine, mon devoir était de tirer. J'eus un moment terrible à passer. Je ne tirai pas, uniquement parce que toutes les probabilités m'assuraient presque que ce n'étaient pas des ennemis. Mais si j'avais tiré, qu'en pouvait-il arriver en ce moment où Paris n'était plus qu'une poudrière prête à éclater ?

Le 18, n'ayant pas reçu d'ordre, je sortis pour voir ce qui se passait. Les troupes devaient être à enlever trois cents pièces d'artillerie que les insurgés avaient entassées sur la place Saint-Pierre, à mi-côte de la butte Montmartre. Je passais sur la place Saint-Augustin, devant la caserne de la Pépinière, lorsque je vis passer un régiment d'infanterie marchant à peu près à la débandade, et venant de la direction de Montmartre. Je demandai à quelques soldats si on avait pris les canons : ils ne me répondirent pas. Enfin un d'eux me répondit un mot : « Joliment ! »

La Commune commençait. Les canons avaient d'abord été pris sans résistance, mais on avait laissé les soldats boire dans les maisons, les femmes les avaient entourés, puis une foule immense, avec de nombreux bataillons de garde nationale, escalada les rues, et les troupes, levant la crosse, abandonnèrent les canons et redescendirent dans Paris, tandis que sur le boulevard de Clichy les troupes étaient attaquées. C'est là que le général Lecomte et Clément Thomas, pris par une troupe de gardes nationaux, amenés dans un jardin de la rue des Acacias, furent fusillés. C'était la déclaration de guerre de l'insurrection.

Malgré tout ce qui se préparait, l'armée paraissant tenir bon, et la garde nationale de l'ordre continuant à se montrer, je tins bon aussi. Le soir, j'avais reçu une convocation dans un café voisin de notre maison : j'y allai armé; mais, soit qu'ils ne fussent pas de mon avis, soit qu'ils eussent tourné casaque pour la Commune, ceux que je trouvai me dirent de rentrer chez moi, qu'on m'avertirait.

Le lendemain matin, je ne me rappelle pas comment, j'appris que le maire du VIII° arrondissement, M. Denormandie, avait besoin d'un poste pour sa sécurité. Je pris mon fusil et j'allai isolément me présenter à la mairie, où je trouvai une vingtaine de gardes nationaux. Là on nous dit que le maire était à l'Élysée, et de le rejoindre. Nous étions une cinquantaine, nous y allâmes et entrâmes dans la cour. Au bout de quelque temps, il arriva une compagnie d'infanterie commandée par un sous-lieutenant. Nous restâmes là jusqu'à midi, lorsqu'un garde national des nôtres vint nous dire qu'il arrivait plusieurs bataillons d'insurgés pour s'emparer de l'Élysée, et on nous commanda de nous retirer, n'y ayant d'autre alternative que de nous laisser incorporer par eux ou d'être fusillés si nous entreprenions de défendre l'Élysée.

C'était le 19 mars. M. Thiers avait fait partir pour Versailles toutes les administrations et toutes les troupes, le ministère avait quitté Paris pour y rejoindre l'Assemblée nationale, l'insurrection était partout maîtresse. Dans les premiers jours, étonnée de la facilité de sa victoire, elle demeura comme éperdue, de sorte que les quelques hommes énergiques qui restaient encore essayèrent de conjurer la catastrophe. Le comité central proposa pour le 22 mars des élections qui ne se réalisèrent que le 26.

Les maires de Paris, de leur côté, tentèrent l'apaisement, et le 22 mars, le parti de l'ordre organisa en faveur de la paix une manifestation sans armes à la place Vendôme, que les insurgés occupaient avec des canons et des mitrailleuses. J'étais encore à Paris; j'y allai.

Nous étions au moins dix mille, pas un armé. Je partis dans les premiers rangs, me croyant très maître de moi. Mais au bout de quelques pas, me trouvant à côté d'un matelot en tenue, je l'empoignai à la taille, je perdis absolument la tête, et tantôt l'entraînant, tantôt le soulevant, je me mis à crier et à hurler jusqu'à ce que, me trouvant devant les insurgés, je repris tout mon sang-froid. Je me trouvai au premier rang, leur parlant, touchant leurs mains, et leur disant les choses les plus douces et les plus pathétiques.

Ils étaient en ligne en travers du bout de rue qui ouvre la place Vendôme. En avant et formant barrière, un rang tenant à deux mains le fusil horizontal, et derrière eux une masse confuse tournée vers nous, le fusil en main. J'en voyais devant moi quelques-uns qui à eux seuls résumaient d'une manière saisissante l'âme des bêtes féroces que nous allions caresser.

Le plus proche, entre deux âges, avait l'air d'un excellent père de famille, paterne, m'écoutant sans me répondre : c'est celui qui m'épouvanta le plus, précisément par son calme. Très en arrière de lui, et à demi caché dans la masse, un jeune homme de figure gracieuse, l'air ému et regardant si on ne l'imitait pas autour de lui, mit la crosse en l'air, mais la baissa tout de suite. Enfin le troisième, la tête renversée, un pied en avant, le fusil dressé, le doigt sur la détente, était prêt à faire feu. Mais ce qui le faisait dominer la scène, c'est qu'il était d'une telle beauté et d'une expression si furieuse, que le plus terrible des acteurs tragiques n'aurait pas pu le représenter. Sa face était ruisselante d'ivrognerie, ses regards éblouissants de feu, et s'il y a un dieu de la rage, c'était lui : le dieu de la rage démagogique !

Depuis quelques moments j'entendais battre les tambours au pied de la colonne. Je n'y faisais pas grande attention, continuant à parlementer. Voyant que rien ne marquait qu'il se passât quelque mouvement derrière moi, je me retournai, et à ma grande surprise, je vis que derrière nous, qui étions encore une centaine en contact avec le premier rang des insurgés, la manifestation avait tourné le dos, et que la fin de la foule était déjà reculée jusqu'au milieu de la rue de la Paix. Je courus de leur côté, gesticulant et criant pour les ramener, et je retournai vers les insurgés. Mais une fois là, je vis que nous étions décidément abandonnés, et me mis tranquillement en marche pour m'en aller. Je fis une vingtaine de pas, mais au moment où j'allais dépasser les rues des Petits-Champs et des Capucines, j'entendis derrière moi une décharge de fusils.

« Si je me sauve par l'une ou l'autre de ces rues, me dis-je, ils vont faire l'éventail sur ces rues, et je me trouverai encore plus près d'eux : si je me mets à courir, je me désigne à leurs coups. Il vaut donc mieux m'en aller par la rue de la Paix, où la foule qui s'en va me servira de tampon, et sans courir. » Ainsi je fis, marchant vite, mais ne courant pas. Je pensai à me réfugier dans une porte cochère ou une boutique, mais on les fermait, et ce n'était pas pour offrir asile aux fuyards, mais se barricader contre les insurgés.

Je m'en allai donc tout le long de la rue de la Paix, et tournant à gauche, je rentrai chez moi par la place de la Madeleine et la rue Tronchet. Dans le peu de temps que j'avais mis, je trouvai les portes et les boutiques déjà fermées, tant le bruit de la fusillade s'était vite propagé.

J'ai vu tomber à côté de moi plusieurs personnes en

m'enfuyant dans la rue de la Paix : je crois, d'après la façon dont elles tombaient, que c'était pour avoir couru trop vite, et je reste convaincu que j'ai pris le bon parti. On sait que plusieurs personnes ont été tuées. Ainsi commençait la série des assassinats qui allaient ensanglanter Paris.

Il faudrait avoir passé par notre émigration en province pour comprendre que je délibérais encore à me réfugier à Versailles, le gouvernement ayant abandonné Paris et nous laissant à la merci des insurgés. Dès le 25 mars, j'avais déjà reçu un ordre de service pour aller à la place Vendôme avec eux, et la veille ils y avaient mené de force des gardes nationaux qui s'étaient heureusement échappés. Mais sans compter l'énervement qui nous retenait à la suite des secousses dont nous étions sortis, voyant qu'il restait encore des hommes d'ordre pour se défendre et tenter un apaisement, je ne trouvai pas juste de les abandonner au moment où le comité central préparait des élections : je restai donc jusqu'au 26 mars, et je pris part aux élections.

On sait ce qui arriva. La Commune se constitua. On sait aussi ce qu'elle commença par faire : le 27, on pouvait voir affichés partout des actes signés : « La Commune. » J'avais vu déjà des choses menaçantes, mais ces quelques lignes, que je vis pour la première fois plaquées dans la rue de Penthièvre, au coin d'un des beaux hôtels qui s'y succèdent, me firent l'effet lugubre d'une lettre de faire part : la mort !

Le 2 avril, je résolus de gagner Versailles. On annonçait que le dernier train allait partir. Nous préparions nos effets et nous nous mettions à table pour déjeuner, lorsque arriva notre ami Bergeret, secrétaire, rédacteur à l'Assemblée nationale, qui nous dit qu'il partait définitivement pour Versailles, et qu'il était temps de partir nous aussi. Il déjeuna avec nous, et nous arrivâmes juste pour le départ du train. Malgré notre insistance, notre cuisinière Léonie, une Aveyronnaise d'une indomptable énergie, ne voulut pas quitter la maison sans emporter les bijoux et l'argenterie. Il n'y avait pas une minute à perdre : nous partîmes désolés.

Le chemin de fer était déjà occupé militairement; il y avait deux sentinelles à chaque marche de tous les escaliers, le long des trains, et au bout du tunnel, un poste de communards qui visitèrent tous les compartiments avant de laisser partir.

Cette opération, comme on peut croire, fut accueillie par le plus profond silence; mais à peine le train eut pris sa marche, qu'il s'éleva d'un bout à l'autre un tel hurlement de malédictions que ceux mêmes qui les poussaient ne purent s'empêcher d'en rire. La gaîté était de mise, et il y avait longtemps que les Parisiens ne la connaissaient plus.

Nous arrivâmes sains et saufs jusqu'à Ruoil. Le train n'allant pas plus loin, nous trouvâmes une voiture qui nous mena à Versailles, où, grâce à mon ami Lowasy de Loinville, ancien préfet de Niort, dont j'ai parlé ailleurs, nous nous trouvâmes installés dans la même rue que lui, rue du Hasard, quartier Saint-Louis, près du bois de Satory.

Nous n'eûmes pas longtemps à nous inquiéter de Léonie, qui nous rejoignit le lendemain. Elle avait ramassé à la maison l'argenterie, défoncé le meuble où se trouvaient nos valeurs et nos titres, mis le tout dans un sac sous sa jupe, et était partie de son pied léger pour Saint-Denis. Là, quand elle se présenta pour sortir de Paris, on la fit se ranger devant des femmes de communards, dont une lui mit la main dessus pour la fouiller. C'était se laisser dévaliser : elle imagina, chose dont peu de gens se seraient avisés, la chose la plus simple, qui réussit! Elle donna un coup de poing dans la poitrine de la fouilleuse, et l'envoya rouler à dix pas, après quoi personne ne dit un mot, et elle s'en alla tranquillement à Saint-Denis.

Arrivée là, elle trouva une voiture qui faisait le service

16

de Versailles, et y prit place. Elle n'y était pas depuis une demi-heure, qu'un obus vint briser une des roues. La nuit commençait : elle se fit montrer le chemin, et, à pied, elle arriva au point du jour à Versailles, où elle sut nous trouver immédiatement.

Cette brave fille nous avait rendu un service illimité. Elle était évidemment convaincue que les concierges des maisons abandonnées allaient piller les appartements. Déjà, en 1848, lors de l'insurrection de juin, ma mère, qui se trouvait à Paris, avait vu son concierge trahir une agitation qui n'attendait que le moment de piller la maison; lorsque nous étions revenus à Paris, notre concierge était dans des dispositions suspectes. Quoi qu'il en soit, avec la simplicité des âmes simples, elle ne tint aucun compte des obstacles et des violences qui pouvaient l'arrêter, et ce qu'un homme sage n'aurait jamais songé à oser seulement, une femme, comptant sur sa force et son caractère, n'hésita pas à l'entreprendre en allant affronter en face ces communards devant qui Paris tremblait. C'est un des plus beaux exemples qu'on puisse concevoir de ce que le courage et la force peuvent accomplir quand on a résolu de dompter tout jusqu'à l'évidence, jusqu'à la certitude.

Il se trouvait que M. Tailhand, qui avait été en 1848 mon chef au parquet de Draguignan, et qui était devenu membre de l'Assemblée nationale, demeurait dans la même maison que nous, et chaque soir, en revenant de la séance, il nous apportait les nouvelles de la journée. Le 21 avril, il rentra fort animé, nous disant que l'Assemblée venait d'obliger Thiers à faire occuper le Mont-Valérien, qui n'était pas encore entre les mains des troupes. Une heure plus tard, les communards arrivaient pour s'en emparer, mais ils trouvèrent porte close, et Dieu sait ce qui serait arrivé si on les avait laissés disposer de ce fort qui commande tous les environs.

Cette négligence, qui ne pouvait pas être sans intention, fut le premier grief qui, avec la suite de beaucoup d'autres, devait amener bientôt la chute de Thiers. On le crut calculé pour ménager à Thiers une reconnaissance plus enthousiaste à proportion que la délivrance de Paris aurait été plus difficile. Une pareille combinaison serait monstrueuse à admettre sans preuve, mais pour qu'une assemblée telle que celle de Versailles ait pu la qualifier ainsi et agir en conséquence, il faut se souvenir que l'ambition, surtout dans des circonstances aussi terribles, peut rendre, sans qu'il le sache, un homme fou...

Nous rencontrâmes mon beau-frère Charreyron, qui était alors colonel du 9e chasseurs. Il était d'une division qui combattait devant Genevilliers. Il avait là, en tirailleurs, des soldats provenant des prisonniers que Bismarck avait accordés par la capitulation. Ils étaient là, le fusil levé, hésitant devant les communards. Peut-être, s'il ne s'était pas trouvé là un officier, ils auraient mis la crosse en l'air. Charreyron, qui était à pied, se mit à courir de l'un à l'autre, le sabre à la main, et leur criant : « Mais tirez donc, vous les avez devant vous, tirez donc ! » Ils tirèrent. Voilà le sort des batailles.

Notre temps se passait dehors, sur la place d'Armes, à recueillir des nouvelles. On causait avec les soldats, les matelots, les gardiens de la paix et les gendarmes, qui étaient enrégimentés. La place était couverte de gros canons, la gueule en l'air, partant ou revenant. J'en vis arriver un qui avait été pris sur les communards. On y traînait dans la poussière un de leurs drapeaux rouges, et la pièce était festonnée de lauriers. Une foule immense parcourait l'avenue de Paris et alla s'arrêter devant le quartier de cavalerie. On criait, mais : « Vive la France ! » Pas une fois je n'ai entendu : « Vive la république ! » Celui qui l'aurait crié se serait certainement fait écharper.

Je n'ai pas davantage entendu crier : « Vive Thiers ! » on ne le saluait même pas. Dès le premier jour, tout le monde était contre lui. Au travers de ces émotions tragiques je suis obligé de mentionner un incident qui aurait pu me faire passer pour un journaliste de la Commune, si le *Journal officiel* du gouvernement n'y avait mis ordre. Lorsque le directeur s'empara des bureaux du journal, n'ayant pas de rédacteurs sous la main, il prit, pour remplir la feuille, un article signé de moi. L'*Officiel* de Versailles, naturellement, prit mon article et l'inséra avec explications. Tous les journaux de Paris répétèrent mon aventure en me félicitant d'avoir mon article publié dans deux journaux officiels à la fois, et la chose n'eut pas d'autre suite. Mais on peut juger si, au premier moment, je fus flatté d'une usurpation qui, dans les annales de l'histoire à venir, aurait pu inscrire ma prose dans la littérature de la Commune.

C'était un tableau bien émouvant que les figures ou les colloques des allants et venants. Je n'oublierai jamais un petit soldat arrivant du combat, traînant la jambe et le fusil, délabré, mourant de fatigue. Bien qu'il eût une figure des plus banales, il avait l'expression d'un tigre hébété de carnage, la bouche béante, les yeux sans regard d'un fou. A quelques pas de lui, un officier de haute taille, tout débraillé, traînant son sabre, balançant ses bras, les revolvers fourrés dans une ceinture rouge, le képi en arrière, beau comme un archange, et la fureur sur le visage.

Une autre fois, ce fut une de ces apparitions qu'on ne voit qu'aux jours de malheur : un individu tout vêtu de noir, jaune comme un coing, avec un rire tellement sinistre, qu'on s'attroupait devant lui. On l'interrogea, il répondit des insolences glaciales. On l'arrêta, ne pouvant douter qu'il fût un espion des insurgés.

Les matelots, avec leur désinvolture et leur gaîté, racontaient leurs combats comme s'ils revenaient de la chasse ; ils gesticulaient en riant et, tout en me faisant rire, me donnaient la chair de poule.

Bientôt arrivèrent les premiers prisonniers. Quoique formant des troupeaux de combattants désarmés, on y voyait de temps en temps des personnes de toute sorte, dont on ne pouvait expliquer la présence dans leurs rangs. Un groupe extraordinaire me frappa les yeux : c'était une vieille dame, à l'air du meilleur monde, en toilette de ville, accompagnée d'une jeune fille et d'un jeune homme de la tenue la plus distinguée, qui marchaient en tête de la colonne dans l'attitude du désespoir.

Une autre colonne avait en tête tout un bataillon de femmes en uniforme, qu'on avait prises défendant des barricades. La plupart étaient nu-tête, échevelées, et l'air aussi énergique que les autres prisonniers.

Des chasseurs d'Afrique, le sabre à la main, le fusil en travers de l'arçon, formaient escorte, ramenant à coups de plat de sabre ceux qui sortaient des rangs ou traînaient la jambe. A la queue roulaient des voitures de blessés ou d'éclopés, et une fois qu'il se faisait du désordre dans un fourgon fermé de persiennes, ils y fourrèrent leurs sabres pour les remettre à l'ordre.

Une fois arrivés à Versailles, les convois étaient assaillis et hués par la foule, et certaines personnes plus exaspérées se glissaient entre les cavaliers pour donner des coups aux prisonniers. J'ai vu, par exemple, une jeune et jolie femme du monde lancer un coup d'ombrelle à un de ces misérables. Au moment où une escorte faisait entrer dans la cour du quartier de cavalerie un groupe où se trouvait le général Henri, un des chefs de la Commune, un homme mis comme un monsieur lui lança entre les jambes d'un cheval un coup de pied au derrière. Tout cela, en d'autres temps, aurait été bien lâche, mais après ce que venaient de faire ces furieux, on pouvait tout au plus s'en dégoûter. D'ailleurs on a vu plus d'un commandant des escortes châtier les auteurs de ces violences; notre ami Gottran, alors officier d'ordonnance du général Grenier, n'a pas pu s'empêcher de prendre la défense d'un prisonnier qu'un curieux avait maltraité.

L'ensemble de ce torrent de prisonniers déchirés, blessés, tachés de sang, souillés de boue et de poussière, bleus d'eau-de-vie, hagards, formait un spectacle inconcevable. Cependant, à force d'en voir, je crois en avoir fait un portrait, j'ose dire, idéal. Dans la situation où on se trouvait, on n'aurait jamais pu penser à écrire une pareille tragédie ou à essayer de la représenter par le dessin. J'avais emporté avec moi un pain de cire rouge à modeler, et un jour que j'avais été exalté par l'aspect d'un prisonnier marchant en tête d'une colonne, je le modelai de mémoire, et je le portai chez un papetier de la rue Saint-Pierre, qui consentit à l'exposer dans sa boutique.

Il faut croire qu'il répondait bien à l'impression que j'avais ressentie devant ces bêtes féroces, car après deux jours d'exposition la police de M. Thiers vint sommer le papetier de faire disparaître mon communard, « parce qu'il excitait les spectateurs ». Textuel.

De retour à Paris, je le fis mouler en plâtre, fondre en bronze, je le présentai à la première Exposition et il y fut reçu.

Mais j'ai mieux : c'est le plâtre, que j'ai retouché, barbouillé convenablement à l'aquarelle, et qui restera certainement ce que j'ai fait de meilleur en fait de sculpture, et le document le plus saisissant des scènes terribles que j'ai vues de mes yeux.

Pendant plusieurs jours, nous eûmes à subir le bruit horrible des exécutions qui se faisaient au bord du bois de Satory, à quelque cinq cents pas de notre maison. La nuit même on en entendait. Un jour, pour nous reposer des émotions où nous vivions, nous prîmes une voiture afin d'aller respirer dans les bois un peu de silence et de nature. Le printemps était en pleine éclosion, les fleurs s'épanouissaient. Nous nous assîmes au pied d'un arbre, et à peine avions-nous commencé à causer, que des oiseaux, attirés par le son de notre voix, s'approchèrent au-dessus de notre groupe, et comme s'ils entonnaient la chanson de la vie et du printemps, se mirent à gazouiller. Ce tableau, cette mélodie, prenaient vraiment, en contraste avec les horreurs qui nous désespéraient, une douceur, une solennité, une consolation, qui nous faisaient venir les larmes aux yeux.

Mais ce repos de cœur ne dura pas longtemps : à peine remontés en voiture, nous vîmes arriver, de la direction de Paris, des nuages de fumée rasant la terre. En arrivant à Versailles, nous en vîmes déjà de répandus dans les avenues, et avant le coucher du soleil, les rues et les places en étaient voilées. Cette fumée venait des incendies que les communards allumaient dans Paris, et la batterie de Montretout y répondait comme un tonnerre.

C'était affreux, mais la Commune jetait son dernier râle, et tous les cœurs battaient de joie... Mais quelle joie !

J'ai ressenti, comme tout le monde, l'horreur de ce déchaînement de crimes : il aurait fallu n'être pas un Français, pas même un homme, pour penser autrement pendant une minute. J'ai donc savouré dans sa plénitude la victoire de la justice sociale et le châtiment des criminels. C'est sans compassion aucune que je suis allé assister aux interrogatoires des prisonniers arrivant aux écuries de la cavalerie, où on les emprisonnait en attendant leur comparution au conseil de guerre.

M. de Loinville y avait été nommé rapporteur; il me fit obtenir l'entrée du local où un officier de gendarmerie et M. Macé, un des plus notables commissaires de la ville de Paris, interrogeaient les prisonniers.

Ce qui me frappa d'abord, c'était le calme et surtout la politesse parfaite de ces gens qui venaient d'ensanglanter et d'incendier Paris, et qui allaient en répondre sur leur tête. Et cette politesse n'avait rien d'obséquieux : ils parlaient doucement, comme des gens bien élevés discutant une affaire d'intérêt. Dans leurs interrogatoires, ils répondaient sans doute des choses absurdes, faute de mieux, mais jamais impertinentes, et je n'en ai pas entendu un demander pitié.

C'était d'autant plus extraordinaire que ces hommes étaient à peine refroidis d'une des batailles les plus enragées qui se soient jamais ruées dans le monde, et que tous, depuis de longs mois, avaient vécu dans une ivrognerie continuelle. Enfin ils auraient dû sentir sur leur épaule la main de la mort prête à les saisir.

Je me rappelle quelques traits qui montrent bien le retour si subit du sang-froid de ces malheureux. J'en ai entendu un demander au commissaire à être placé dans les brancardiers, un autre à être incorporé dans la gendarmerie. Un servant de pièce prétendait être exempt de peine parce qu'il n'avait pas tiré les canons, mais seulement apporté des projectiles. Quelques-uns se défendaient avec une simplicité naïve qui aurait fait rire en toute autre circonstance.

Un homme maigre comme un clou, affublé d'un uniforme de zouave vert et noir trop court pour lui, ayant répondu à l'officier de gendarmerie qu'il était des Vengeurs de Flourens, l'officier lui demanda : « Et qu'est-ce que vous avez vengé? — Oh! pas grand'chose, » répondit le misérable.

Un jeune homme, presque un enfant, à qui on demandait s'il avait été condamné, répondit :

« Pas encore. »

Certainement il y a eu là une réaction plus extraordinaire que l'état de folie furieuse où les avaient tenus si longtemps l'empoisonnement de l'alcool et la contagion de la rage des foules.

Je ne sais si quelque aliéniste non radical s'est avisé d'étudier ce formidable phénomène de psychologie collective, mais plus j'y pense, et quoique je n'aie pas noté les nombreuses observations de détail que j'ai pu saisir sur le moment, plus je reste convaincu qu'il y aurait là à relever, vu l'énormité unique du cas, la plus colossale observation qui se soit jamais présentée sur la contagion des foules.

Enfin, le 29 mai, les derniers insurgés rendaient le fort de Vincennes au maréchal de Mac-Mahon. Quatre jours après, nous retournions à Paris, et après sept mois je retrouvai Paris rendu à lui-même, mais ayant encore à cicatriser ses plaies, dont bien des traces restent encore. L'âme qui a passé par de telles épreuves ne reviendra jamais ce qu'elle a été jusque-là; des sentiments tout entiers ont disparu : on peut le voir à ce monde qui n'a gardé presque rien du Paris de ma jeunesse, et nous tous qui allons mourir, nous laisserons tant de souvenirs affreux, que ceux des premiers jours de notre jeunesse passeront pour des rêves.

« En 45 jours, l'armée a pris 5 forts, 1,500 canons, 400,000 fusils et fait 15,000 prisonniers; mais il avait fallu creuser 40 kilomètres de tranchées, élever 80 batteries de 350 canons, et laisser dans les environs de Paris ou dans les rues ensanglantées plus de 500 officiers et 7,000 soldats tués ou blessés, chiffres officiels, qui malheureusement doivent rester bien au-dessous de la réalité.

« Le nombre total des propriétés publiques ou privées (palais, maisons, etc.) qui ont été détruites par la Commune pendant son siège néfaste de 73 jours, a été évalué à 238. » (ADOLPHE JOANNE, *Paris illustré*.)

Comme pertes brutes, l'hôtel de ville, les municipalités d'arrondissement, les palais et monuments incendiés, les maisons brûlées ou endommagées, les villages des environs de Paris, les défenses de guerre, la voirie, les églises, les casernes, les théâtres, les réparations, et enfin les dépenses de la Commune, ont coûté 657 millions 500,000 francs.

Quant aux misérables dont la Commune a fait des fous et des bêtes féroces, qui auraient pu rester d'honnêtes gens, on n'en saura jamais le nombre.

CHAPITRE XIV

Nous passâmes les premiers jours à revoir nos amis; nous quittâmes la rue de Castellane pour nous installer dans la rue de Tivoli, puis rue de Clichy. Nous y avons repris l'amitié, la littérature, avec de charmants voisins comme Mme de Beausacq, M. Marbeau, M. Augier, M. et Mme Francis Wey, et un groupe d'amis intimes, vieux garçons, qui passaient presque toutes leurs soirées avec nous, pendant que de mon côté j'allais dans quelques maisons intimes ou brillantes : la princesse Mathilde, la marquise de Blocqueville, la baronne de Beeckman, la baronne de Romand Kaisaroff, Mme Jules Lefebvre, Mme Péan. On y voyait des étrangers de marque et beaucoup d'artistes, de savants et d'écrivains.

C'était le temps de mon amitié avec Caro, qui voyait le même monde que moi. Nous recevions assez souvent, et plusieurs fois nous avons joué la tragédie en habit noir ou des comédies d'amateur par notre ami Gaston Bergerat. J'avais beaucoup de relations avec le monde littéraire, entre autres avec le salon de Sarah Bernhardt, qui, par parenthèse, m'a beaucoup servi par elle et ses amis. Sully Prudhomme et Caro, à eux seuls, ont eu beaucoup d'influence sur ma carrière littéraire, sans compter Augier et Alexandre Dumas.

Ainsi se passèrent là dix-sept années : sauf la perte de ma belle-sœur Ferradou et de deux jeunes enfants de mon beau-frère Dal Piaz, nous n'eûmes pas d'autres chagrins de famille, et mon fils, grâce à l'amitié de Mme Francis Wey, obtint à la Bibliothèque nationale une situation qui, dans ces temps si dangereux pour l'avenir des fonctionnaires, le met à l'abri des risques de la politique et le rend parfaitement heureux du beau travail qui occupe sa vie.

Le *Journal officiel* et l'éditeur Maillet sont la double source de ma carrière littéraire, et quoique j'en aie fourni l'eau, elle n'aurait jamais coulé s'ils ne m'en avaient pas fourni la fontaine; ce qui prouve que dans cette carrière comme dans beaucoup d'autres, il faut avant tout compter avec la bienveillance des lecteurs, des critiques et des éditeurs, avant de se fier à son talent si on se croit sûr d'en avoir. Et il ne faut pas oublier que ce qu'on croit sûr n'est pas toujours certain.

Une fois encouragé par ces débuts où j'avais le rare avantage de traiter toute espèce de sujets et de les voir, quels qu'ils fussent, toujours publiés dans l'un ou l'autre *Officiel,* je pouvais donner pleine carrière à ma fantaisie, j'avais de plus en plus de chances pour mériter l'intérêt des lecteurs et même des directeurs de journaux, qui se préoccupent plus qu'on ne pense des nouveaux auteurs, car c'est là qu'ils cherchent à rafraîchir leur rédaction, qui se dessèche parfois à force de brûler toujours de la même bougie. C'est ainsi que, par diverses voies, j'entrai en relations avec la *Revue bleue.*

J'ai dû à *Cougourdan* quelqu'un de plus rare encore qu'un éditeur, un collaborateur dramatique, et non des moins célèbres, Edmond Gondinet, au moment où le succès de ses vaudevilles était à son apogée. Un beau jour, Achille Heymann, directeur de la librairie Michel Lévy, au boulevard des Italiens, m'annonça que Gondinet désirait entrer en rapports avec moi pour collaborer ensemble à une pièce à grand spectacle sur *Cougourdan*. Nous y avons travaillé pendant deux ans, faisant et défaisant la pièce à mesure que nous nous adressions à un nouveau directeur. Nous avions en tiers avec nous l'excellent acteur Dumaine, qui se passionnait pour le rôle extraordinaire que nous lui préparions. Cependant le temps passait, nous en étions encore à trouver un directeur de théâtre, quand Gondinet, atteint d'une maladie des plus graves, vint à mourir, bientôt suivi par Dumaine.

Dans des conditions bien autrement solennelles, j'ai encore essayé du théâtre. Cette fois, il ne s'agissait de rien moins que d'une comédie à la glorification de Molière, et qui avait pour titre : *l'Affaire Scapin*. Elle a été publiée depuis, avec d'autres nouvelles, dans un volume sous ce titre. J'écris ceci au moment où depuis quatre années la France et l'Europe palpitent au seul nom de *l'affaire Dreyfus :* quel théâtre ne m'eût offert des monts d'or, afin d'avoir cette pièce, rien que pour le titre! Mais Dreyfus n'était pas encore déchaîné sur le monde, et les gens d'esprit savaient encore rire à une fantaisie bien troussée.

Grâce à Francis Wey, qui était devenu mon ami, Émile Augier, l'un de nos grands auteurs dramatiques, avec lequel j'étais entré en relations suivies, voulut bien écouter ma lecture, et il éclata de rire à toutes les pages, m'engageant à présenter la pièce au Théâtre-Français. A ma demande, il la proposa lui-même à Perrin, qui m'accorda la lecture.

On peut penser la joie et l'intérêt que j'éprouvai quand, au bord de la table entourée du solennel aréopage, je me vis sur une sellette où les plus grands hommes de théâtre avaient exercé leur puissance d'auteurs ou d'acteurs. Mais l'exercice de la magistrature m'ayant laissé assez d'aplomb pour ne pas trop m'intimider même devant le comité du Théâtre-Français, je fis ma lecture avec autant de liberté d'esprit que si j'eusse été devant de simples

mortels, et elle fut illustrée à plusieurs reprises des éclats
de rire les plus honorables.

Cette lecture finie, Perrin me fit passer dans un salon
voisin pour attendre la décision. A quelques phrases
qu'il me dit pour me demander comment nous arrange-
rions la scène et le costume des juges, je vis qu'il avait
envie de monter cette pièce un peu à cause de la mise en
scène, qui prêtait en effet beaucoup, comme on pourrait
voir si on la lisait. La délibération se prolongea assez
longtemps. Ce fut Got qui vint m'annoncer que la pièce
était reçue à correction, ce qui veut dire poliment, à part
des cas fort rares, qu'elle n'est pas acceptée. Je le remerciai beaucoup de cet adoucissement, lui disant qu'au
surplus je ne croyais pas possible d'y faire de changement, toutes les scènes tendant à amener l'apologie de
Scapin et sa glorification fondée précisément sur chacun
des actes qu'on lui imputait à immoralité ; que j'avais cru
pouvoir espérer que cette thèse, qui n'avait jamais été
solennellement consacrée à sa gloire, serait à sa place
dans la « maison de Molière », mais que ce grand dé-
ploiement de mise en scène dépassait peut-être les proportions du sujet, et que peut-être aussi ce serait tirer
le canon pour tuer un moineau... Il sourit avec un air
d'approbation réservée que je trouvai de bon goût, et
nous nous serrâmes la main fort affectueusement.

Des articles reçus dans diverses publications, la *Revue
bleue*, la *Revue de Paris*, la *Liberté*, le *Gaulois*, la *Presse*,
la *Vie parisienne*, me firent connaître MM. Yung, Dalloz, Détroyat, Marcelin et de Girardin ; presque tous
d'ailleurs vinrent à moi, et je n'eus qu'à me féliciter de
mes relations avec les journalistes. Yung m'a publié tout
ce que je lui ai présenté, souvent en me donnant des
conseils précieux, car c'était peut-être le meilleur directeur de revue qu'on pût consulter, sans compter qu'il
avait comme critique littéraire Maxime Gaucher, qui à
chacun de mes livres me faisait les articles les plus flat-
teurs. M. Édouard Dalloz m'a donné place dans sa *Revue*.

M. Détroyat, que je ne connaissais que pour avoir eu avec lui des discussions désagréables dans une réunion électorale, vint me chercher, et ce fut avec lui que je publiai, entre autres sujets, *la Zoologie morale*. Je vis un jour paraître dans la *Vie parisienne* le *Naufrage de l'aquarelliste*, reproduit de mes *Nouvelles et Fantaisies*, et lorsque j'allai demander à Marcelin des explications, il me répondit que, ne me connaissant point, il avait pris ce moyen de m'attirer à lui, et notez qu'il ne publiait jamais que des articles inédits. Quant à Girardin, il me fit une entrée sans précédent à la *Presse*. Je lui avais donné *la Course de taureaux*, article très long et que je croyais destiné à passer en feuilleton : il l'inséra en plein corps du journal, où il occupait trois pages, supprimant plus de la moitié des rubriques indispensables dans les divisions habituelles de la *Presse*.

C'est ici que je veux placer mes souvenirs de salons

Je dois mon premier hommage à la princesse Mathilde, non seulement parce qu'elle est princesse et qu'elle m'a reçu avec sa bonté ordinaire, mais parce qu'elle n'a pas cessé d'être depuis longues années la protectrice et l'amie des savants, des écrivains, des artistes, qu'elle a comblés de ses grâces et de son affection. Pendant l'Empire, son hôtel à Paris et son château de Saint-Gratien étaient le rendez-vous et les lieux de plaisance d'artistes et d'écrivains en tête desquels se trouvait Théophile Gautier, et des peintres dont les tableaux font de ses salons un musée. Elle a elle-même un grand talent de peinture et de dessin, et elle en a les goûts et le caractère. Avec une dignité de princesse, elle est d'une simplicité qui lui donne tous les cœurs et ne fait qu'augmenter le respect qu'on lui porte. Elle est généreuse envers ses amis, charitable envers les pauvres. Enfin, ce qui relève ces qualités impériales, avec une franchise qui va au besoin jusqu'à la rudesse, elle révèle une liberté de sentiment, une âme aussi ferme que juste. J'ai dit ailleurs que M. Camus, mon beau-père, avait été pendant sa jeunesse gouverneur des fils du prince Jérôme, et qu'il avait fait sauter sur ses genoux la princesse Mathilde enfant : ce souvenir m'a valu un accueil particulièrement gracieux, mais je lui ai trouvé, pour tous ceux que j'ai rencontrés chez elle, la même grâce et la même amabilité. Ses relations sont un monde, et il faudrait un livre pour en parler ; je citerai seulement parmi les plus intimes : M. Benedetti, le célèbre ambassadeur de la guerre de 1870, Augier, Sardou, de l'Académie française, Wyld, peintre paysagiste de premier ordre, et Claudius Popelin, émailleur et poète, dont les œuvres seront immortelles.

Un fait peut à lui seul donner la mesure du respect et de la sympathie que la princesse a toujours commandés même aux gens des partis les plus implacables : ils n'ont pas touché à elle, même en paroles, et telle elle vivait sous l'Empire, telle elle vit encore paisiblement à Paris et à Saint-Gratien.

Je dois à notre chère amie Mme Chevarrier d'avoir été admis dans le salon et bientôt dans l'intimité de la marquise de Blocqueville.

Elle habitait au n° 9 du quai de Malaquais, au coin de la rue Bonaparte, ce grand hôtel qu'on voit encore, en pierre et brique, dont on n'avait jamais recherché l'origine, lorsque, de notre temps, Cousin découvrit qu'il avait été construit par Mazarin. Par un souterrain sous la Seine, il y venait secrètement, se réservant une issue en cas de danger : l'hôtel est en effet vis-à-vis du Louvre.

La marquise était fille du maréchal Davout prince d'Eckmühl ; princesse à ce titre, elle avait épousé le colonel marquis de Blocqueville, dont elle était veuve sans enfant.

Elle avait été, pendant sa jeunesse, de la plus grande beauté, et elle m'a raconté que quand elle arrivait dans un bal, on montait sur les banquettes. Son portrait, peint par Ricard, en témoignait avec splendeur. Lorsque je la connus, elle était d'un âge fort avancé, mais quoique un embonpoint extrême ne lui laissât plus d'intact que la tête, les mains et les pieds, elle était encore superbe, et sa toilette, chef-d'œuvre de magnificence, de bon goût et de coquetterie, lui donnait le prestige de la beauté avec la majesté d'une reine. Sur une belle chevelure poudrée à coques, du temps de Louis-Philippe, elle portait un bonnet de valenciennes garni de grosses roses et de rubans flottants, des manchettes de dentelle, et tout le reste du corps s'enveloppait dans une jupe immense formant plutôt la draperie d'un trône que la taille d'une femme, ou bien le buste, posé sur un piédestal couvert de velours, de brocart et de fleurs : c'était magique. Et pour mieux attester qu'il lui restait un monument de cette beauté que le temps même n'avait pu renverser, on pouvait admirer dans son salon son buste en marbre sculpté par Guillaume.

Elle recevait dans un petit salon chinois paré avec un art où pétillait le plus saillant de son caractère, l'originalité ; là, dans ce cadre curieux et bizarre, elle donnait carrière à son esprit et à sa gaîté, et il aurait fallu n'en avoir pas une miette pour ne pas, peu ou prou, y mettre du sien. Les réceptions du soir se tenaient dans le grand salon Louis XVI, meublé de même, décoré de souvenirs de l'Empire et de reliques du prince d'Eckmühl ; au milieu régnait un immense piano à queue, qui était, on peut le dire, le cœur du salon, car il ne se passait pas de réception où il n'y eût un peu ou beaucoup de musique, depuis Diemer, qui était intime de la maison, jusqu'à Liszt, que j'y ai entendu un soir. Je le vis sortir, son morceau joué, escorté en triomphe par cinq ou six adorateurs qui lui parlaient comme à un dieu... du piano. Comme je n'ai jamais ressenti le moindre enthousiasme pour cette mécanique, je croyais que le concert était épuisé, mais il y avait encore là un pianiste « de génie », qui s'appelait, je crois, Planté. Voulant à tout prix effacer Liszt, il se jeta sur le piano, et pendant plus d'une heure ne s'arrêta pas de marteler l'abominable ustensile. Je note cet épisode pour marquer la seule imperfection de ce délicieux salon, l'abus du piano, non seulement à cause de son bruit barbare, mais à cause de son encombrement, car, envahissant tout le milieu du salon, il rendait les communications presque impossibles avec les femmes. C'est le seul soir où je me sois ennuyé chez la marquise.

Mais si artiste, si moderne qu'elle fût, elle avait déployé sa jeunesse dans un temps où « piano » et « jeune fille » étaient l'idéal de toute réunion, depuis les grands salons des rois jusque chez les bourgeois les plus humbles ; ses années de virginité s'étaient passées aux Tuileries, dans l'intimité des filles du roi Louis-Philippe, où tout le monde, princesses et dames de la cour, cultivait le piano comme un art intellectuel, et à la fin du second Empire elle se trouvait un peu en retard. D'ailleurs ce petit anachronisme ne faisait que relever encore l'éternelle jeunesse de son esprit.

Au reste, à part l'importunité du piano, le chant, roi de la musique, était représenté par Gustave Nadaud, l'auteur incomparable des *Deux Gendarmes*, de l'*Insomnie*, du *Nid* et de tant d'autres chansons émouvantes, qui suffisent à le mettre au premier rang des chansonniers de notre siècle. Avec lui, Mme Trélat, magnifique contralto, veuve du célèbre médecin, et Mme Fuchs, femme de l'ingénieur qui a mis en exploitation les mines du Tonkin et de l'Annam. Mme Fuchs a un soprano mené avec un art et une suavité qui en doublent le charme. Elles avaient la plupart du temps pour accompagnateur Widor, organiste de Saint-Sulpice et compositeur déjà renommé.

M. Montégut, l'un des écrivains de la *Revue des Deux Mondes*, était des anciens et intimes amis de la marquise. J'ai rencontré peu de causeurs aussi aimables. Sa conversation était exquise, parce que plus le sujet était fantasque, plus Montégut y mettait de conviction et d'esprit. Il professait par séries, tant que la thèse lui plaisait. Je me souviens d'une série sur la cuisine, qui dura au moins un mois, et où pendant plusieurs dîners il nous dit à tout propos des choses charmantes. Il a laissé, parmi ses nombreux ouvrages, des voyages en France qu'on ne se lasse pas de relire, ce qui est bien rare pour ce genre d'ouvrages.

Caro était au premier rang, là comme dans tous les salons. En dehors de sa science et de sa haute position de professeur et d'académicien, son éloquence et son caractère faisaient de lui le roi des salons des deux rives de la Seine. Non seulement il avait autant d'esprit que de talent, mais, malgré le nombre incalculable de ses admiratrices, on peut dire qu'il était pour elles un ami sincère et dévoué : aussi en était-il adoré.

Certainement son admirable éloquence lui a valu toute la gloire qui lui était due, et il est resté un des plus grands orateurs moralistes de notre siècle, mais on ne lui a pas rendu justice pour son caractère, quand on n'a voulu voir en lui qu'un homme de salon, sous prétexte qu'il aimait le monde et qu'il était aimable et bien élevé, et que ses opinions, au lieu de s'enrégimenter avec les normaliens, restaient sa foi. Car il s'est maintenu dans cet ensemble de sentiments et d'idées que rien ne détruira jamais, et qui, en dépit des cuistres universitaires, sera toujours le monde des honnêtes gens. Il n'a jamais bronché, et tandis que la plupart de ses camarades commençaient leur carrière par la politique, afin de se rendre étonnants ou redoutables, du premier jusqu'au dernier jour il est resté l'homme de ses croyances. Il a ainsi tenu une place unique, on peut le dire, dans l'Université de France à la fin du dix-neuvième siècle, et son nom restera illustre dans l'histoire philosophique de cette époque si troublée.

C'est chez la marquise que je me suis lié avec M. Guillaume, alors directeur de l'École des Beaux-Arts. Je n'ai pas à rappeler qu'il est un des illustres sculpteurs de l'école française et que, comme savant, professeur et théoricien, il est à la même hauteur. Son visage, son corps, tout en lui respire le grand artiste, mais avec une mélancolie religieuse qui domine dans toutes ses œuvres et vibre dans sa voix quand il parle de son art.

C'est grâce à lui que, mis en relation avec M. Vinet, créateur et conservateur de la Bibliothèque des Beaux-Arts, j'ai pu, éclairé par ses conseils, mener à bonne fin une étude, *la Bibliothèque de l'École des Beaux-Arts*, où l'on a trouvé pour la première fois l'histoire et l'ensemble raisonné des richesses de ce trésor jusqu'alors presque inconnu des savants et des amateurs.

Je ne puis m'empêcher d'attribuer à M. Guillaume un petit succès, bien mince pour sa valeur réelle, mais dont quiconque a osé manier la glaise comprendra tout le prix : son influence m'a fait recevoir au Salon mon *Communard de Versailles*. Je l'avais modelé en cire, d'après un des insurgés de la Commune que j'avais vu arriver à Versailles, sur l'avenue de Paris, en tête d'une colonne de prisonniers.

M. Louis Énault, ami de la marquise, était entré dans son salon, alors que ses ouvrages le plaçaient au premier rang des romanciers de son époque. Il était dans toute sa gloire sous le règne de Louis-Philippe, et depuis ce temps-là jusqu'aujourd'hui il n'a pas cessé de produire des romans et quantité d'autres œuvres d'une valeur égale et aussi intéressantes que celles qui lui avaient valu une renommée incontestée. Mais le temps a marché, marché si longtemps, il est resté si fidèle à son art tel qu'il l'avait compris, tel que ses lecteurs l'avaient acclamé, qu'un jour il s'est trouvé devant une génération qui ne le connaissait plus, devant tout un monde de littérature entièrement opposée, par le fond et par la forme, à l'esthétique sacramentelle du roman, et comme il arrive à quiconque écrit trop imperturbablement le même ouvrage, plus il accumulait de chefs-d'œuvre, plus il assurait sa ruine. Je l'ai dit ailleurs, pour réussir dans une carrière littéraire, il faut écrire toujours le même livre : mais qu'on y prenne garde, on ne réussit que pour un temps, et le jour où l'on a fini sa dernière œuvre, on n'est plus de ce monde, et il ne nous reste en fait de rayons que ceux des vieilles bibliothèques.

Bien que la musique fût le principal attrait du salon, la marquise avait en grand honneur les écrivains, les savants, et aussi les acteurs en renommée ou en espérance. C'est chez elle que j'ai entendu Mounet-Sully lire quelques-unes de mes œuvres à côté de celles des classiques ou d'auteurs actuels. Parmi les notables du salon on rencontrait souvent M. Denormandie, aujourd'hui sénateur, gouverneur du Comptoir d'escompte; il était le conseil, en sa qualité d'avoué, de la marquise. La Commune nous a réunis peu de temps après, lui étant maire du VIII° arrondissement, et moi montant la garde pour le défendre des insurgés qui le menaçaient. Nous allâmes rejoindre à l'Élysée une des dernières compagnies de la troupe, mais l'on vit arriver quelque dix mille insurgés qui venaient s'emparer de l'Élysée et du ministère de l'intérieur déjà abandonnés par le gouvernement. Nous reçûmes l'ordre de rentrer chez nous : nous étions une vingtaine de gardes nationaux; évidemment nous n'avions rien de mieux à faire. Mais nous avions fait preuve de bonne volonté jusqu'à la dernière minute.

Un illustre visiteur que j'ai rencontré chez Mme de Blocqueville a été Claude Bernard. J'étais du dîner où il fut reçu. La soirée qui suivit fut pour moi doublement mémorable, car à l'émotion et au respect que j'éprouvais, se joignit une longue conversation avec lui, sur ses travaux, c'est-à-dire sur son génie. Sans me permettre un mot d'éloge, je pus lui faire voir à quel point les gens du monde se tenaient au courant de ses découvertes, et pouvaient même en tirer parti pour s'éclairer sur les vérités naturelles, source éternelle de nos pensées. Nous causâmes ainsi plus d'une heure. Mais il avait oublié le temps; il tira sa montre, et avec une surprise qui n'était pas jouée! il me dit :

« Ah! mon Dieu! il est minuit! » Et il me donna la main en me disant qu'il n'aurait jamais cru rencontrer un homme du monde aussi au courant de ses travaux; dans sa candeur sublime, il ne s'était jamais avisé que les idées générales font autant pour l'esprit humain que le fond même de la science, puisqu'elles sont à la portée des ignorants et des simples.

Mme Beulé, femme du savant devenu ministre, formait, avec la vicomtesse de Janzé et Mlle Olga de Lagrené, le fond du salon de la marquise. Mme Beulé était probablement la femme la plus répandue de Paris et des châteaux de la province; il ne se passait rien, en fait « de tout », dont elle ne fût, et c'est à peine si, dans le cours de chaque année, elle dînait dix fois chez elle et manquait une réunion privée ou publique. Malgré l'énergie et la santé extraordinaires qu'il lui a fallu déployer pendant de longues années, elle a fini par y succomber, laissant dans tous les salons et dans toutes les salles de réunions de musique, de théâtre et de science, une place que personne ne remplira jamais.

La vicomtesse de Janzé, née de Choiseul, est la créatrice, on peut le dire, d'un hôtel sans rival pour le décor et l'ameublement, où elle entasse depuis de longues années des trésors de meubles et d'objets d'art d'un prix fou, en même temps qu'elle en embellit l'installation par des travaux de fond en comble de plus en plus magnifiques. On ne sait pas quand s'arrêteront les millions qu'elle y dépense.

Avec un caractère capricieux de grande dame et de Polonaise langoureuse, elle joint à sa passion pour l'art un talent d'écrivain qui lui a inspiré des ouvrages très appréciés, et il n'est pas jusqu'à ses distractions légendaires qui n'ajoutent une grâce seigneuriale à son grand air.

Mlle de Lagrené, fille d'un diplomate, était célèbre par sa beauté. Sa mère, d'une des plus hautes familles de la Russie, s'était fixée à Paris et y avait élevé ses trois fils, dont l'un est entré dans la diplomatie, le second est militaire, et l'autre, qui était marin, est mort jeune. Sa sœur lui a survécu de quelques années, laissant un souvenir déchirant à ceux qui l'avaient connue. Mᵐᵉ de Lagrené, tombée en enfance, n'a heureusement pas senti le coup qui la frappait.

Outre ses nièces, ses neveux et quelques grandes familles du faubourg Saint-Germain, Mᵐᵉ de Blocqueville aimait à s'entourer de jeunes étrangères. Son hospitalité devenait plus vive quand, par bonheur, elle pouvait mettre la main sur des exotiques de haut parage. A côté d'un savant suédois en mission à Paris, on pouvait causer avec un archevêque canadien, et tant d'autres hommes de première valeur : c'est ainsi que nous vîmes arriver à dîner Ma-Hé-Tsi et Tcheng-Ki-Tong, deux diplomates chinois envoyés par leur souverain, et qui ont laissé dans le monde parisien des souvenirs pour leur esprit, leur intelligence, sans compter leurs bonnes fortunes, où ils avaient peine à suffire. Je ne sais pas jusqu'où l'accueil de ce salon put s'étendre, mais comme succès de curiosité et de grâce, ils durent s'en aller la tête perdue.

Ce qui nous donna une bien autre curiosité, ce fut la réception d'un kaïd, qui fut, accompagné d'un cheik et d'un marabout, reçu à dîner et ensuite installé sur un divan du salon, avec café, chibouk, tapis de Turquie, et représentation par un escamoteur. La première partie se passa bien : le café et la pipe, offerts sur un guéridon mauresque couvert d'ustensiles, de cigarettes et d'un fourneau à charbon allumé, avec les trois Arabes accroupis sur des divans garnis de coussins, composaient une scène orientale du plus grand effet, que rehaussait la majesté des personnages. Sous ces barbes, ces coiffures et ces grands burnous, on croyait voir flotter la poésie et l'immensité de pensée de ces fils du désert jetés tout à coup devant une scène éblouissante de la civilisation, au milieu de ce que Paris pouvait offrir de femmes, d'hommes, de

trésors et d'illuminations magiques. Il faut pourtant reconnaître que devant le mutisme et l'immobilité de ces
figures superbes, les spectateurs en étaient réduits à
leurs suppositions, les personnages ne soufflant mot et
ne bougeant pas plus que des bonshommes de cire. L'escamoteur parut d'abord ne leur représenter aucune idée
ou sensation appréciable, et ses tours seraient probablement restés pour eux à l'état de simple énigme, s'il n'avait
exécuté avec un énorme porte-voix en fer-blanc un tour
consistant à en faire sauter, en tirant un coup de pistolet,
une gerbe de fleurs aux pieds du kaïd. Là, les faces im-
muables des fils du désert lâchèrent leur immobilité, et
ils eurent tout simplement une peur du diable, qu'on vit
parfaitement, et qui, jusqu'à la fin de la séance, les tint
l'œil au guet et la main sur leurs poignards, et les laissant d'ailleurs dans l'ignorance complète de ce que l'escamoteur avait exécuté devant eux.

Pourtant il parut qu'ils n'emportaient pas une trop
mauvaise impression de cette fête, car, quelques jours
après, la marquise me raconta que le kaïd, étant venu lui
faire des adieux avant de repartir pour l'Algérie, lui avait
plus que sérieusement demandé sa main; que sur son
refus il était entré en fureur, et que certainement, si la
scène s'était passée dans le Sahara, il y aurait eu un malheur. On sait que la marquise a habité l'Algérie au temps
de son mariage avec le marquis de Blocqueville, alors
colonel, et comme elle a eu là occasion de s'édifier sur
les gens du pays, on peut croire que la menace du kaïd
était plus dangereuse qu'on n'aurait pu le supposer.

On pourrait résumer ainsi le caractère de la marquise
de Blocqueville : la bonté, la charité, l'affection, la gaîté,
la malice; une bravoure indomptable contre la douleur
et le danger; un libéralisme absolu en politique, et au
sommet de sa belle âme, un culte pour la gloire de son
père, un dévouement illimité pour ses amis et, peut-on
ajouter, pour les pauvres. Aussi elle ne laissait pas toucher même à l'histoire de ses dieux : un de ses amis eut

le malheur de juger sévèrement Marie Stuart : elle se brouilla avec lui et ne lui pardonna jamais plus. Continuellement tourmentée par de cruelles douleurs de goutte, jamais elle ne cédait, et sauf une crise où elle faillit mourir, elle restait toujours debout, en toilette, tenant salon, gaie et souriante, pétillant de malice et ne disant jamais un mot de ses souffrances.

La plus constante de ses passions a été la gloire de son père. Au temps où je l'ai connue, elle lui avait déjà consacré un musée à Auxerre, lieu de sa naissance, y réunissant avec les couronnes, les insignes et jusqu'aux vêtements du héros et de sa famille, quelques-uns de ses souvenirs personnels à elle-même, et notamment ses ouvrages, ce qui me valut l'honneur d'y figurer. C'était une statuette de bronze où j'avais, d'après un passage de son livre des *Soirées de la villa des Jasmins*, sculpté l'homme d'après la marquise de Blocqueville, personnifié en une autruche, une tête de porc, une queue de renard, et autres attributs philosophiques. Elle l'a déposé au musée d'Auxerre.

Pour ce qui est de sa bravoure, je puis citer un trait où l'on reconnaîtra le sang de son père. C'était aux derniers jours de l'agonie de la Commune; les insurgés préparaient leurs derniers retranchements, reculant de quartier en quartier, de maison en maison. Ils avaient désigné la maison comme située au bord de la Seine et au coin de la rue Bonaparte : ils approchaient. Mme de Blocqueville, pendant tout le siège, n'avait pas quitté son salon ni rien changé à ses habitudes. Elle se mit en grande toilette, s'installa dans son salon, fit asseoir les communards, les reçut d'un air de reine, les fit passer dans la salle à manger où elle avait fait préparer un lunch superbe, et leur ayant expliqué comme quoi ils ne devaient pas s'emparer de son appartement, par la raison que... Trouvez la raison si vous pouvez, quant à moi j'y perds mon latin, mais le fait est qu'ils s'en allèrent enchantés, saluant jusqu'à terre !

Elle est morte aussi bravement qu'elle avait souffert, et après tant de luttes toujours triomphantes que nous ne pouvions la croire perdue pour nous. Elle a voulu nous laisser, à nous tous qu'elle affectionnait particulièrement, un souvenir pour nous partager ce salon où nous étions si souvent réunis autour d'elle. Pour nous rassembler dans un dernier adieu, elle nous a fait distribuer à chacun un de ces souvenirs qui font, à chaque regard qu'on y jette, revivre un instant ceux qui vous ont aimés. J'ai été de ceux-là, et je ne l'oublie point.

Dès l'année 1885, la marquise avait assuré par testament la glorification de son père. « Mon vieil ami le baron Baude, dit-elle, m'a souvent dit que bien des anses des côtes bretonnes restaient obscures et dangereuses. J'aimerais que le *Phare d'Eckmühl* fût élevé là, mais sur quelque terrain solide, granitique, car je veux que ce noble nom reste longtemps béni. Les larmes versées par la fatalité des guerres, que je redoute et déteste plus que jamais, seront ainsi rachetées par les vies sauvées de la tempête. Je consacre à cette fondation une somme de trois cent mille francs, voulant ce phare digne du nom qu'il portera. La statue de bronze du maréchal qui est en ma possession, réduction de la statue érigée à Auxerre, ornera la salle basse du phare; et sur le socle qui supportera la statue, on gravera le nom des batailles auxquelles le maréchal a assisté. Sur une plaque de marbre incrustée dans la muraille on inscrira les paroles suivantes :

« Ce phare a été élevé à la mémoire du maréchal prince d'Eckmühl, par la piété filiale de Napoléon-Louis Davout, duc d'Auerstædt, prince d'Eckmühl, son fils unique, mort sans enfant, et par sa fille Adélaïde-Louise d'Eckmühl, marquise de Blocqueville, également morte sans enfant. »

Maintenant, pour montrer quelle place Mme de Blocqueville a occupée dans la littérature française, il suffit de donner les titres de ses nombreux ouvrages, dont la plupart sont des chefs-d'œuvre d'esprit, de sentiment et d'une philosophie souvent profonde :

Les Soirées de la villa des Jamins, 1874 ;

Le Maréchal Davout, 1879 ;

Les Roses de Noël, pensées d'hiver, 1884 ;

Davout, prince d'Eckmühl, 1887 ;

Les Chrysanthèmes, 1888 ;

Perdita, 1889 ;

Édit de Clément XIV, pensées d'un pape, 1890 ;

A travers l'invisible, 1891 ;

Stella et Mohammed, ou Chrétienne et Musulman, 1892 ;

Pensées et Souvenirs, 1894.

CHAPITRE XV

A l'époque où nous vînmes nous établir à Paris, la réputation de Sarah Bernhardt faisait déjà grand tapage. Elle avait pour première origine sa beauté extraordinaire. Dans un milieu tel que les théâtres de Paris, c'est par centaines qu'on peut compter les jolies femmes et y admirer tous les genres de beauté imaginables, et plus d'une avait droit de se prétendre plus belle qu'elle : elle en convenait d'ailleurs avec la superbe clémence d'une reine sur son trône, car alors qu'elle était dans toute sa gloire, je l'ai vue, se considérant d'un air pensif devant son miroir, me dire d'un ton certainement sincère :

« Je ne sais pas comment il peut se faire qu'on me trouve si belle... »

Et elle disait vrai. Sa beauté ne se voit pas, elle est dans le cœur de ceux qui la voient et l'entendent; c'est un prestige, un enlacement, où le regard, les mouvements, la voix, vous enveloppent avec des attractions que nulle autre femme ne vous a jamais fait éprouver. Sans doute on peut dire que l'imitation a pu devenir facilement contagieuse sous la poussée d'amour qu'elle a soulevée dès son apparition, mais ce pouvoir n'appartient qu'à elle : qu'on cite une seule de ses rivales qui, après lui avoir tout copié, jusqu'à ses imperfections, soit parvenue à autre chose qu'à la caricaturer?

Au surplus, quand, par miracle, on aurait réussi à mouler le corps, on n'aurait rien fait : il faudrait de plus reproduire l'âme, et on s'apercevrait que le caractère, le sentiment, l'intelligence, n'y sont pas moins invraisemblables que sa beauté. Après bien des années d'aventures, de misères, sans compter la façon dont elle fut lancée dans le monde, on l'a vue se transformer tout d'un coup en une femme nouvelle, avec la sagesse d'une maîtresse de maison accomplie, gouverner des théâtres, et dans des voyages à briser les forces de dix hommes, semer sa renommée dans toutes les grandes villes de l'Europe et de l'Amérique. Elle a gagné des sommes folles, mais elle en a fait gagner davantage à des milliers de gens; rien qu'à ce qu'elle a inspiré à des peuples entiers d'admiration et de sympathie pour le génie de la France, elle s'est fait une gloire plus belle que celle de bien des conquérants. Elle a eu des triomphes à tourner la tête d'un roi, elle y a toujours répondu par des paroles patriotiques.

Certainement son charme, son dévouement à sa famille et à ses amis, sa charité inépuisable, sont les mobiles constants de ses actions, mais le ressort de cette belle vie, c'est une énergie indomptable, dont on est stupéfait quand on se rappelle ce qu'a été si longtemps sa santé. Pendant bien des années, il lui arrivait très souvent des hémorrhagies foudroyantes où elle tombait évanouie : le lendemain matin elle avait repris sa vie comme si de rien n'était. Tout cela a disparu, et par un miracle fait pour elle seule, elle a pu, sans en perdre sa séduction, braver jusqu'à l'embonpoint. Quant à l'âge, personne ne le devinera jamais, puisque le temps n'existe pas pour elle.

C'est dans une pièce assez médiocre, *la Baronne*, jouée à l'Odéon, que je la vis pour la première fois. Sa simple toilette de ville n'avait rien de ces costumes merveilleux qui dans d'autres pièces ajoutaient tant à son prestige, et de plus le rôle ne l'inspirait pas; mais rien qu'à la façon dont elle caressait la cravache de son amant et lui fleurissait la boutonnière, je la reconnus pour un être à part et je désirai la voir hors de la scène. Le hasard fit qu'un de mes amis m'apprit qu'elle avait lu mes *Nouvelles et Fantaisies* et qu'elle en avait été touchée. Je lui en envoyai un exemplaire, lui demandant la permission d'aller la remercier; elle me répondit par un billet gracieux, et c'est ainsi que je fis sa connaissance.

Telle que je la vis pour cette première fois, telle je l'ai retrouvée, d'une politesse exquise, d'une éducation parfaite, et tenant sa place dans la société la plus relevée, aussi bien que dans son salon ou son atelier.

Peu de temps après ma première visite, elle prit un atelier où elle reçut ses amis. Passionnée pour la sculpture, elle y travaillait avec Mathieu-Meusnier, l'auteur de l'*Ariane abandonnée* du parterre réservé des Tuileries. Elle recevait là en blouse grise, les mains empâtées de terre glaise. Au bout de quelques mois, son ardeur l'entraînant de plus en plus, elle adopta, pour travailler plus à l'aise, un costume de rapin, veste longue et pantalon de flanelle blanche, cravate bouffante en batiste, bonnet vénitien de velours foncé, et là-dessous ce visage unique au monde et cette chevelure filigranée d'or. Dans ce costume, un sénateur, un prince, un maréchal de France, un prêtre, elle les recevait avec la même décence, le même grand air, qu'elle accueillait ses amis les plus intimes. Dire qu'elle n'était pas adorablement jolie ainsi, je mentirais, mais ce n'était pas plus choquant que son délicieux costume de page dans le *Passant*, où les émotions du public étaient à cent piques au-dessus des questions de convenance!

Les juifs se glorifient d'elle, et on le conçoit d'autant mieux qu'en plus d'un point elle a dans le cœur plusieurs de leurs qualités, notamment l'orgueil, l'énergie et l'esprit de famille. Mais elle est réellement catholique, à telle enseigne qu'on peut couramment lui voir un crucifix suspendu au cou par une grosse chaîne d'or. Elle a été élevée au couvent de la rue de Satory à Versailles. Un jour que je lui demandais, je ne sais à quel propos : « Vous êtes juive? » elle me répondit fièrement : « Et je m'en vante! » En attendant, elle a fait baptiser son fils et a traité cette solennité comme dans une famille catholique. Son père seul était juif, et nous Français qui l'avons faite ce qu'elle est, en lui donnant la moitié de son sang, de son âme et de ce patriotisme qu'elle porte si haut, nous avons droit de la revendiquer comme catholique aussi bien que comme Française.

La plus ancienne affection est pour Mme Guérard, qu'elle aime comme sa mère. Cette excellente femme, au temps où Sarah Bernhardt était dans la misère, l'a recueillie et nourrie à force de travail et de privations. Sarah ne s'est jamais séparée d'elle, et depuis le premier sou jusqu'au dernier million qu'elle a gagné, elle a tout partagé avec elle, et c'est une chose touchante de voir la place qu'elle lui réserve au milieu du tumulte de cette maison, où du matin au soir tourbillonne un monde fantastique, où il est si difficile de maintenir les égards dus à toutes les personnes de la maison, vieilles ou jeunes.

Ses amies de cœur sont Mlle Louise Abbéma et Mlle de Pont-Jest. La première est assez renommée pour son talent de peintre. Ses panneaux, ses paysages, ses portraits, et surtout ses incomparables éventails, lui font une réputation européenne. Elle a autant d'esprit que de talent. Alliée à la famille de Narbonne, elle se rattache encore à une origine plus illustre, car elle est, par sa mère, arrière-petite-fille de Louis XV, et les traits de son visage offrent, avec beaucoup plus d'expression et d'énergie, le type si particulier des Bourbons.

Mlle de Pont-Jest est la fille du romancier bien connu sous ce nom. Elle a autant de talent comme statuaire que d'esprit comme femme du monde. Elle avait épousé l'acteur Guitry, qui ne l'a pas rendue heureuse et dont elle s'est séparée avec ses enfants. Revenue plus que jamais

à la sculpture, elle s'est fait une belle place dans son art :
j'ai vu d'elle, à l'exposition de 1899, un buste colorié du
duc de Reichstadt, qui est un vrai chef-d'œuvre de caractère, de poésie et d'émotion.

Passionnée comme elle est pour la sculpture, il fallait
compter pour amies intimes de Sarah Bernhardt ses modèles, qui la plupart du temps passaient la journée du
matin au soir. J'en ai vu surtout deux, l'une blonde et
l'autre brune, sous tous les costumes imaginables et même
inimaginables. Aussi intelligentes que belles, car elles
étaient artistes, rien que leur compagnie valait la pose,
sans compter que leur conversation égayait le travail.

En dehors de ces intimes, c'était un vas-tu-viens-tu
de femmes de toute sorte, depuis les élèves du Conser-
vatoire, les actrices célèbres ou inconnues, jusqu'aux
femmes d'artistes, jusqu'aux Américaines enthousiastes
admises à contempler « la Grande Artiste », et en travers
de ce beau désordre, des mères de famille, les unes avec
de grands enfants hors des couches, les autres à la mamelle, et que j'ai vues plus d'une fois donner à teter à leur
petit. Enfin imaginez au milieu de l'atelier, vêtue de son
costume de rapin vénitien, Sarah grimpée sur une estrade
devant sa selle de sculpteur, le modèle tout nu sur un
divan; trois ou quatre chiens pelotonnés ou vautrés sur
tous les tapis; des bouquets grillant sur des chenets à
corbeille devant un feu à rôtir un bœuf; le singe criant
et gambadant dans sa cage, deux ou trois amis de la maison enfoncés dans des fauteuils ou à cheval sur quelque
hamac, et un ministre ou un ambassadeur se présentant
avec un gardénia ou même un œillet rouge à la boutonnière, et vous auriez eu sous les yeux une des scènes
pittoresques de ce pauvre dix-neuvième siècle dont on
se plaît si cruellement à bafouer la décrépitude.

On peut juger si, avec des personnages aussi variés, on
voyait se former à tout instant des tableaux vivants d'un
effet inattendu. Il m'en revient celui-ci, qui vaut la peine
d'être immortalisé dans les fastes de ce célèbre atelier.

Un jour que je m'y trouvais, je vis arriver un vieux conseiller qui courait les salons en débitant, outre des poèmes entiers qu'il savait par cœur, des pièces innombrables qu'il récitait ou improvisait, pendant des heures, tant qu'on ne l'arrêtait pas. Je ne sais qui avait fait à Sarah le mauvais tour de le lui présenter, mais il venait lui offrir une pièce de vers à sa gloire, et naturellement elle dut le prier de la lui lire. De sa personne, le poète était un bossu manqué, avec l'œil et le bec d'un perroquet, le crâne aussi chauve qu'un œuf d'autruche, et qui tortillant sa tête, ses bras, avançant et reculant sur des écarts et des entrechats discrets, était d'une drôlerie introuvable. Au lieu de s'asseoir pour l'entendre, Sarah, avec ses habitudes de répétition théâtrale et voulant lui laisser l'usage de ses moyens, se plaça debout devant lui pour l'écouter. Nous étions présents, et nous nous tînmes debout à côté d'elle. Il y avait Clairin, un modèle, M. de Rémusat, le baron de Morell, moi, le curé de la paroisse, Sarah en rapin vénitien de flanelle blanche, et à ses pieds sa chienne assise sur le derrière, le nez en l'air, suivant avec un intérêt imperturbable la déclamation, et nous tous immobiles d'ahurissement et de rire contenu, tandis que, pour comble de grotesque, le soleil, se découvrant à une tirade pathétique, venait, en manière de feu d'artifice, rendre vraiment éblouissant le ridicule de cette scène.

Bien au-dessus de tous les hommes dont l'admiration a fait la gloire de Sarah Bernhardt il faut placer Sardou et Sarcey : Sardou en écrivant pour elle des rôles que lui seul pouvait concevoir et qu'elle seule pouvait lui inspirer, créant ainsi un théâtre sans précédent et sans paix, Sarcey par sa critique infaillible. Ceux-là, on les voyait rarement à l'atelier, ainsi que Girardin, Blowitz, toujours attelés chacun à leur infatigable labeur, mais ils s'y laissaient assez voir pour s'y faire des amis. C'est ainsi que j'ai commencé là avec Sarcey une amitié qui, depuis le jour où je l'ai connu jusqu'à sa mort, n'a pas

cessé de grandir en services de sa part, en reconnaissance de la mienne, et de la part de tous deux, en estime
et en affection.

C'est encore chez Sarah Bernhardt que j'ai rencontré
dans la première fleur de leur talent Mlle Réjane et Richepin. J'étais déjà assez familier dans le cercle pour assister aux répétitions de *Pierrot assassin*, une des plus jolies
saynettes de Richepin, avec Sarah Bernhardt pour Pierrot et Réjane pour Colombine. Cela se jouait dans la
salle du Trocadéro. Il est impossible de rendre l'esprit,
la grâce et l'émotion qu'on éprouvait devant ce petit chef-
d'œuvre, et joué par les deux plus grandes actrices, certainement, de notre époque.

Il me reste à présenter, en dehors des relations cou-
rantes, qui étaient légion, les habitués jeunes ou vieux
formant le fond de cette scène éternellement changeante.
En tête des jeunes, il y avait Georges Clairin, qui, par
rang d'ancienneté relative, pouvait être considéré comme
le doyen de la bande. Il a fait assez de chefs-d'œuvre pour
qu'il soit inutile de répéter qu'il est un de nos premiers
peintres. Est-ce parce qu'il travaille dans tous les genres, ou parce que tout ce qu'il fait disparaît dans les col-
lections d'amateurs français ou américains, la plupart des
peintres affectent, sans dire pourquoi, de ne pas s'occuper de lui, et pendant qu'ils en sont encore à ne lui avoir
donné qu'une seconde médaille, il est décoré depuis des
années. En attendant on ne lui achète pas seulement ses
tableaux et ses portraits, on lui commande des plafonds
de théâtre en France et d'hôtels jusqu'en Californie, et
son nom est aussi connu à l'étranger que celui de Sarah
Bernhardt. Comme il est charmant, nous sommes devenus
tout de suite une paire d'amis, et il m'a illustré un volume
de quatre nouvelles qui, choisies pour son pinceau si
hardi et si gai, est un pur chef-d'œuvre, à preuve que
l'année dernière, dans un catalogue de Bernoux et Cumin
de Lyon, je l'ai vu coté à deux cent quarante francs.

Samuel Pozzi, qui lui ressemblait au physique et au

moral, en valeur et en esprit, est devenu successivement agrégé, professeur à l'École de médecine, membre de l'Académie de médecine, et enfin sénateur de la Dordogne. Celui-là, naturellement, n'a pas manqué de devenir mon ami, et j'en suis de plus en plus fier.

M. de Lagrené, consul de France à Moscou, avait été longtemps de l'intimité, mais il partit peu de temps après que j'y fus admis. C'était un type achevé de gentilhomme et de diplomate. Nous étions en relation avec sa mère et sa sœur Olga, mais il ne venait pas à la maison, et je ne l'ai plus rencontré qu'à de longs intervalles.

Je dois citer parmi les jeunes habitués de la dernière heure le comte de Montesquiou, qui dans un monde de haute volée, d'aristocratie, de poésie et d'art, s'est fait une place que lui seul pourrait tenir aussi brillamment. Je n'ai pas eu le temps de continuer avec lui des relations qui me charmaient, quand ce n'aurait été que pour sa grâce exquise et sa sincère originalité, et d'ailleurs je ne connaissais pas encore ses vers.

Enfin, se mêlant et s'unissant à cette jeunesse toute brillante de gaîté et d'avenir, nous étions une dizaine de barbons, grisonnants, chauves, blanchis, sauf moi qui avais encore les cheveux noirs. Il y en avait même un couronné de lauriers, le maréchal Canrobert. Il venait souvent et causait avec beaucoup d'esprit en nous racontant parfois ses souvenirs de guerre; et comme il me savait fils de militaire, et que mon beau-frère, le général Ferradou, avait fait campagne sous ses ordres, il me permit d'aller le voir quand j'avais un de mes livres à lui apporter.

Il y avait encore, parmi les plus assidus, M. de Rémusat fils, alors député et devenu plus tard sénateur de la Haute-Garonne, le comte de Morrell, d'une des plus grandes familles de la Somme, M. Guizot fils, professeur de littérature anglaise au collège de France.

Et enfin, pour faire voir le sérieux et la décence de ces réunions de sages, le curé de la paroisse, qui pendant un certain temps faisait assez souvent des visites à la maîtresse de la maison.

Ainsi, à travers un ouragan de tout ce que peut produire de jeunesse et de folie un foyer enflammé d'art, de poésie et d'amour, les plus âgés des amis de Sarah Bernhardt ont pu, pendant des années, mener une vraie idylle d'amitié. Chacun y a mis sans doute beaucoup du sien, car le plaisir était sans mesure, mais nous le devions avant tout au tact et à la sincère affection de celle qui était, comme maîtresse de maison et comme amie, aussi incomparable que comme artiste.

A partir du temps où elle fit ses grandes tournées, puis ses entreprises théâtrales, et qu'elle quitta son hôtel de l'avenue de Villiers, l'intimité, au milieu d'une agitation continuelle, devint de plus en plus difficile. J'étais vieux, j'étais sourd ; je me suis borné depuis à de rares visites, mais je ne l'oublie jamais.

J'ai déjà parlé de notre intimité avec Mme de Beausacq. Sa recherche était surtout dans le monde artiste et littéraire. Avec M. Marbeau, de qui j'ai déjà parlé, Sully Prudhomme est son meilleur ami. J'ai vu chez elle, entre autres, Mlle Vacaresco, la poétesse roumaine, dont il a été parlé avec tant d'intérêt ; Aicard, poète distingué ; Loti, de l'Académie française, auquel elle a rendu un grand service lors de son élection ; Mlle de Boncza, de la Comédie française ; Gaston Bergeret, le peintre Henner ; Lemaître, le critique célèbre, etc.

Passionnée à la fois pour la littérature, la poésie, la musique, le théâtre, les voyages, enfin pour tout ce qui peut intéresser le plaisir, la curiosité, l'esprit et le sentiment, Mme de Beausacq a répandu ses relations dans la plupart des villes de l'Europe, et attiré chez elle tous les hommes connus par la place qu'ils occupent dans les divers genres de mérite. Sans s'attacher à faire de son salon une réunion simplement mondaine, elle a voulu surtout y rassembler des personnages en renom, Parisiens ou étrangers de marque. Nous l'avons perdue.

Le hasard, favorisé par mon ami Caro, m'a fait connaître la baronne de Beeckman, née en Belgique, mais devenue Française, et Française avec l'entraînement qu'elle
mettait à chacune de ses passions. A un moment où elle
était en proie à des idées noires qui lui venaient de quelque chagrin plus ou moins imaginaire, le libraire dont
elle acceptait de confiance les livres nouvellement parus
lui présenta un jour mes *Nouvelles et Fantaisies humoristiques*. Elle s'en trouva tellement enthousiasmée qu'elle
en guérit du coup. Elle en parla à Caro, qui me présenta
à elle, et il s'ensuivit entre nous une amitié qui dura jusqu'à sa mort.

Je n'ai jamais connu de femme aussi absolument parfaite et aussi pleine de défauts, aussi banale et aussi singulière, aussi folle et aussi raisonnable, aussi égoïste
et aussi dévouée, adorant les hommes et les méprisant;
arrivant, à force de prodigalités sans mesure et de charités éperdues, à ruiner ses propres enfants en les comblant, et à se mettre à la fin de ses jours dans la misère
noire, elle nous faisait passer sans relâche du charme de
sa grâce et de son affection au désespoir de la connaître,
quand nous voyions de jour en jour s'alourdir la catastrophe qui allait l'écraser.

Elle avait été éperdument séduisante, bien que son visage manquât de régularité, mais elle était plus que jolie.
Pendant sa jeunesse, elle avait tenu à Bruxelles un des
salons les plus recherchés; les grands personnages, Belges et étrangers, se pressaient à ses genoux, témoin le
vieil empereur Guillaume d'Allemagne, dont elle montrait
une déclaration demandant pour lui de devenir son soldat, et pour elle son colonel. Ses réceptions et ses folies
lui firent quitter Bruxelles, mais ce ne fut qu'après avoir,
pendant toute la guerre de 1870, transformé son hôtel en
une ambulance de blessés français.

Arrivée en France, elle continua ses folies. Non contente d'avoir un jour par semaine pour recevoir les mendiants qui se présentaient, un de ses amis lui ayant ra conté qu'il avait rencontré en voyage un lieutenant frappé de cécité, elle va le trouver, le loge, le mène chez plusieurs oculistes, lui loue une voiture pour le promener, et continue à l'accabler de sa protection jusqu'à ce qu'une jeune fille l'épouse; et l'aveugle, pour remerciement, cesse de venir même lui faire visite!

Elle adorait les chiens mieux qu'on ne révère les chrétiens; elle avait l'âme aussi militaire qu'un grenadier de la vieille garde; elle pleurait à chaudes larmes quand on lui disait des vers; elle écoutait passionnément les tirades morales de Franck, professeur au collège de France. Elle avait pour Caro une admiration touchante, et pour moi aussi, et nous le lui rendions bien, car nous sommes les seuls qui lui soient restés fidèles jusqu'à son dernier jour. Elle est morte dans une chambre d'hôtel, avec une vieille bonne qui l'a bien soignée, et le maître d'hôtel l'a nourrie honnêtement. Son dernier plaisir a été de faire la charité aux oiseaux qui venaient picorer à son balcon. Elle a été portée à l'église, mais elle a eu une messe d'indigent, et deux amis. Caro et moi n'avons pas même pu y assister, car c'était l'été, et nous étions très loin à la campagne.

A travers toutes ces catastrophes, son salon, alimenté par tant de hauts personnages qu'elle avait reçus, a été des plus intéressants jusqu'à sa ruine. Outre Franck, Caro et le comte de Montholon, je dois un souvenir particulier au colonel Hubert Saladin, attaché militaire de la Suisse, un des hommes extraordinaires que j'ai rencontrés, et qui faisait florès dans la haute société diplomatique. Outre qu'il connaissait tout le monde, il avait un talent prodigieux d'improvisation : je n'ai connu que lui de cette force. Cet intérêt redoublait à voir qu'il avait quatre-vingt-trois ans. Entre autres prouesses, il faisait en Suisse des ascensions de plusieurs lieues, et un soir de verglas, on l'a vu aller faire des glissades sur les boulevards en regardant tomber les Parisiens et buter les chevaux de fiacre.

18

Il serait bien difficile, et encore plus cruel, de décider si notre pauvre amie a fait du mal ou du bien : mais elle a souffert, et le bien qu'elle a toujours rêvé doit suffire à lui en laisser du moins le bénéfice pour ceux qu'elle a soulagés. Quant aux généreuses erreurs qu'elle a commises, avec ou sans mesure, c'était toujours avec une intention de bienfait.

Quoi qu'il en soit, son salon aura été un de ceux dont je dois conserver le souvenir.

CHAPITRE XVI

La baronne de Romand Kaisaroff. — Mme Milner-Gibson. — La comtesse de Balleroy. — La modestie des femmes du faubourg Saint-Germain fermé. — Mme Dieulafoy. — Mme Ancelot. — Mme Sophie Gay. — Je l'enlève!

Mme la baronne de Romand Kaisaroff, Russe de naissance et devenue Française par son mariage avec le baron de Romand, préfet de l'Empire, avait un salon assorti de noblesse, de diplomatie russe et danoise, d'anciens hauts fonctionnaires, de Parisiens triés sur le volet. J'y retrouvais des personnes du cercle de la princesse Mathilde, qui demeurait assez près, et vers onze heures, elles animaient la réunion d'un renfort de jolies femmes. Cependant tant de bon monde n'aurait pas réussi à perfectionner à ce point ce cénacle, sans la grâce et le tact de cette incomparable maîtresse de maison. Pour qui la suivait des yeux pendant la soirée, on arrivait à s'apercevoir qu'elle n'avait pas manqué de donner à chacun des invités une marque d'attention exactement proportionnée à la position et au degré d'intimité de chacun.

Quoique les Anglaises se voient surtout entre elles, je puis nommer, parce qu'elle était une des femmes les plus recherchées de l'Angleterre, Mme Milner-Gibson. Elle avait un cœur d'ange et un esprit de démon. Celle-là ne donnait pas de soirée, mais était toujours chez elle. On passait là, avec le choix extraordinaire de ses amis, des après-midi exquis. Elle était catholique; la tendresse catholique et la raison anglaise lui inspiraient sur les bêtes des sentiments et des pensées d'une douceur et d'une force que je n'ai entendus tomber que de ses lèvres.

Il y a, dans le faubourg Saint-Germain, le monde ouvert qui fraye avec tous les salons de la rive droite, même chez les gros juifs, suit les théâtres, les courses, les chasses, les ateliers, les bains de mer, les villes de jeu, et dont les derniers rangs descendent à ce qu'on appelle le faubourg Saint-Germain lancé. On n'y trouve ce dernier que de passage dans les maisons respectables, d'où ils sont vite éliminés, mais les autres sont recherchés partout.

Quant au faubourg Saint-Germain fermé, il se compose de pure et sévère noblesse impénétrable pour tout ce qui n'est pas noble. Il n'y a là qu'un petit nombre de jeunes femmes qui, tout en menant une vie hautaine, s'intéressent à l'art et à l'intelligence. C'est à l'amitié de Caro, dont elle était l'admiratrice et l'amie, que j'ai eu le très grand plaisir d'être reçu chez la comtesse de Balleroy, dont le mari, qu'elle avait perdu, avait été un peintre éminent. Elle était une des enthousiastes de ce bataillon de jolies femmes qui suivaient les cours de Caro et qu'on appelait les « Carolines ». J'ai déjeuné une fois chez elle, j'y ai passé quelques soirées, je n'ai causé qu'avec quelques personnes qu'on m'avait présentées. Je n'étais pas en situation de faire une comparaison motivée entre ce monde et l'autre : je puis seulement dire, quant aux hommes, que je leur ai trouvé des façons parfaites, mais la physionomie peu expressive de gens qui ne font rien. Quant aux femmes, j'ai été frappé de leur beauté, et surtout de leur modestie. J'en ai conclu que leur beauté tenait, outre à leur richesse, à ce que les hommes de cette société se marient par amour, et rarement par intérêt, n'ayant pas à courir les dots ; que la modestie des femmes dépend du milieu supérieur où elles sont élevées, et dont le prestige naturel est de meilleur aloi que toutes les manières des grandes dames bourgeoises.

En opposition avec ces innombrables réunions où, depuis des siècles, tant de femmes se sont immortalisées dans l'art difficile de gouverner un salon, il en est une qui aura illustré le dix-neuvième siècle, et qui n'a peut-être jamais eu de rivale, si l'on considère par quels miracles d'amour conjugal, de science, de courage, de talent littéraire, elle a pu, non seulement faire la gloire de son mari, mais la partager, et ouvrir à la société parisienne, si justement fière de sa renommée mondaine, un salon sans pareil. J'ai nommé Mme Jane Dieulafoy.

C'est au fond de la province, par la simple ardeur de son dévouement d'épouse, qu'elle a, on peut le dire, revêtu un autre sexe pour suivre son mari dans une des plus belles explorations qui se soient faites en Perse. A travers tant de dangers et de souffrances, se battant comme un homme, travaillant comme un savant, revenant brisée de fatigue et de maladies, elle a achevé l'histoire de cet immense travail, puis dirigé dans les salles du Louvre l'arrangement de toute une série des monuments rapportés de la Perse. Alors elle a ouvert son salon, non seulement aux savants et aux artistes, mais aux écrivains, et redevenant maîtresse de maison, elle a fait de son salon le rendez-vous envié de tout ce que le monde parisien peut offrir d'intéressant et d'honorable. Et ce n'est pas son moindre mérite que d'avoir, étrangère et inconnue, eu assez de tact pour improviser si sûrement tant de relations dans un monde de savants, d'académiciens. Son mari aspirait à l'Académie des inscriptions, et elle avait à attirer des personnages austères dont plusieurs pouvaient être des rivaux ou des ennemis.

A côté des actualités de mon temps, qui vous paraîtront si vieilles quand vous les lirez à la fin du vingtième siècle, j'éprouve la même impression que la vôtre quand je me souviens des figures de vieilles femmes que j'ai vues personnifier les derniers souvenirs du siècle précédent. Celles-là me semblent ce que nous vous semblerons nous-mêmes, des invraisemblances, des fantômes, où leur vie n'avait rien de la nôtre : grande erreur. Fermez les yeux, écoutez-les parler, changez-les de costume, rendez-leur la jeunesse, et vous verrez que leurs roses et leurs amours avaient autant de fraîcheur que les nôtres.

J'en ai aimé une et enlevé l'autre, je l'ai fait sincèrement et honnêtement. J'avais à peine vingt-cinq ans, assez pour les respecter, trop pour leur manquer de respect, mais j'ai passé avec elles des moments délicieux où,
dans un mirage du passé, je les voyais et les entendais
vivre avec leur beauté et leur esprit; l'esprit était encore
le plus séduisant.

Je vais vous les nommer, et les noms seuls suffiront à
les créditer. C'étaient Mme Ancelot et Sophie Gay.

Sully Prudhomme me présenta. Mme Ancelot habitait
dans la rue de Grenelle une maison où tout respirait
le passé, depuis la portière, révérencieuse comme les domestiques de ce vieux faubourg Saint-Germain, où ils
gardent encore le respect des maîtres, jusqu'à la vieille
bonne, qui vous accueillait comme une personne de la
famille; jusqu'à l'odeur du chat flottant dans l'escalier
comme un parfum de familiarité et d'indulgence pour les
faiblesses des vieux serviteurs...

L'ameublement, du même temps que le décor, était
déjà toute l'histoire d'un autre siècle. Sous une grande
glace tenant à un panneau entier, il y avait une colline de
mousse où un peuple de statuettes en biscuit de Sèvres
représentait des colombes, des moutons, des chiens, des
bergers, des bergères, des nymphes, des cygnes, des
anges, des Amours à profusion, et comme souriant à cet
Éden païen, quelques vieillards à mines de philosophes,
dogmatisant sur le bonheur et la vertu. On croyait déjà
voir là les monuments de toute une vie. Mais quand, fa-
miliarisé plus tard dans la maison, je pus voir d'autres
pièces de l'appartement, les menus objets, et surtout les
portraits, les dessins, jusqu'aux boîtes et aux cadres eux-
mêmes, me donnèrent le tableau de ce qu'avait dû être,
dans les détails, l'existence d'une femme au commencement du dix-neuvième siècle. En dépit de l'abominable
mauvais goût de tous ces ornements, leurs sujets et leur
profusion témoignaient d'une vie plus intense, d'une liberté de sentiment, qui à elles seules devaient animer

l'intelligence et l'esprit. Quand ces conditions se rencontraient chez quelques âmes bien constituées, il devait se trouver des femmes souvent supérieures à celles d'aujourd'hui.

J'ai connu Mme Ancelot pendant assez de temps pour pouvoir la comparer aux femmes d'aujourd'hui.

J'ose dire que non seulement je l'ai reconnue supérieure à celles que j'ai connues, mais j'ai trouvé en elle un genre de caractère et de sentiment qui s'était développé chez les femmes du monde à la fin du dix-huitième siècle, et qui, disparu depuis la révolution de 89, ne se retrouve encore que par exception chez celles de notre époque.

Elle avait une qualité introuvable : elle était philosophe. Non pas de cette philosophie de perroquet, qu'on peut admirer, par exemple, chez Mme de Staël ou Mme Swetchine, mais une mâle philosophie, faite des bons souvenirs de la jeunesse et de l'amour, avec la sérénité de l'âge, sans regret, sans amertume, fleurie de toutes les joies et de tous les bonheurs qu'elle avait savourés, et attendant la mort, non pas même comme un regret mélancolique, mais comme la fin d'une fête; et cet état d'âme, si rare chez les vieillards de notre temps, surtout chez les littérateurs, mettait un charme infini à tout ce qu'elle pensait. Elle était entourée de poètes, de moralistes et de romanciers de son temps, qui tenaient chez elle, tous les dimanches, une espèce de jeux Floraux où les compliments réciproques figuraient des couronnes imaginaires. Quelques-uns avaient été intelligents, mais c'était pitié de voir l'enfantillage de leur conversation devant l'esprit, la fraîcheur et la supériorité de cette femme de quatre-vingts ans.

Pour ce qui est de Mme Sophie Gay, bien que mes relations avec elle n'aient été que passagères, je dirai même instantanées, je garde d'elle un souvenir pareil à celui de Mme Ancelot, parce qu'elle m'a fait connaître un second exemplaire de ces femmes du vieux temps encore vivantes à l'époque de ma jeunesse. Elle demeurait dans la même maison où ma mère restait l'hiver pour passer l'été chez moi depuis que j'étais magistrat. Un ami commun lui signala ma mère comme une voisine très spirituelle à voir. Mais comme elle ne pouvait pas monter notre escalier, étant cruellement asthmatique, elle envoya sa carte avec un mot, lui demandant de la voir, et la connaissance s'étant faite, j'allai, lors de mon premier congé à Paris, lui rendre visite.

Je trouvai là une femme digne de sa réputation d'esprit, complètement abandonnée du monde, et pour qui la visite d'un jeune homme était une bonne fortune qui pouvait même être qualifiée de posthume, tant la pauvre dame était vieille et dévastée par le temps. Après quelques visites, elle m'offrit une loge à la Porte-Saint-Martin, pour aller à la première représentation d'un drame, *la Reine des halles,* dont je n'ai pas oublié le titre, et où débutait une actrice en renom. J'acceptai, et nous partîmes avec elle et sa dame de compagnie, sans laquelle elle ne pouvait faire un pas.

Quand il s'agit de monter l'escalier du trottoir, ce fut déjà très pénible; mais pour monter celui du théâtre, ce fut une scène vraiment navrante : à chaque marche on eût dit qu'elle allait expirer. Ce supplice dura bien un quart d'heure. Une fois dans la loge, elle se remit, et la soirée se passa d'une manière charmante. Mais pour nous en aller, la même crise, quoique moins violente, se représenta pour descendre, et pendant le retour en voiture, je me demandais avec angoisse comment elle ferait pour remonter son escalier. Pour descendre de voiture, elle commençait déjà à s'essouffler, il y avait la cour à traverser, et un perron à monter pour le vestibule.

« Madame, lui dis-je d'un ton résolu, vous ne monterez pas cet escalier! Je vais vous porter.

— Me porter! dit-elle avec une sorte d'effroi, c'est impossible, je n'y consentirai... jamais... jamais... Je vous... »

Je ne la laissai pas achever, et, la prenant à la taille et

sous les genoux, je l'enlevai. Je crus au premier moment que je perdais l'équilibre : elle était d'une telle légèreté, d'une telle maigreur, qu'il me semblait ne tenir dans mes bras qu'un sylphe en robe de soie, et que j'allais la casser par trop d'effort! Aussi les vingt marches furent-elles franchies en moins de vingt secondes, et je la déposai sur le palier comme on dépose son parapluie dans l'antichambre.

Certainement je ne faisais là qu'un acte de bonté bien naturel, et sans grande peine, mais rien que ses remerciements, et aussi l'émotion qui lui aura rappelé le temps de ses amours, m'ont laissé de cette scène un sentiment vague qui me touche encore. Se voir, à l'âge où l'on va mourir, pressée dans les bras d'un jeune homme, c'est comme un adieu aux plus doux souvenirs de la vie. Et voilà pourquoi je dédie cette histoire aux cœurs compatissants.

Je bornerai là cette page d'histoire sur les salons. A partir des malheurs de 1870, qui ont bouleversé les situations, les caractères et les relations, de grands changements se sont faits, qui ont vraiment, sous ce rapport, inauguré un siècle nouveau. Depuis cette époque néfaste, les mœurs des salons, comme tout le reste, ont déjà subi des modifications qui font sentir la révolution de jour en jour envahissant les hommes et les choses du siècle à l'agonie. Je ne sais si quelque historien funéraire va chanter en vers ou en prose l'office de cette civilisation défunte, mais il n'en survivra rien, surtout pour le bonheur et l'esprit que le dix-neuvième siècle enterre avec lui.

CHAPITRE XVII

Le monde parisien. — Son état actuel et ses causes. — Les modes
masculines et les révolutions. — Effet des mœurs et de la littérature. — Les derniers fanatiques de La Fontaine. — Les amateurs de sciences. — Un exemplaire rare.

Le monde parisien, au cours du dix-neuvième siècle,
s'est transformé de fond en comble. Ce n'est ni la politique, ni la littérature, ni l'art, auxquels il faut attribuer
ces changements, c'est aux intérêts et aux affaires. En
province, où tout le monde se connaît, où les intérêts ne
changent guère, et où la politique, l'art et la littérature
ne sont que des distractions secondaires, le cours de la
vie sociale ne change pour ainsi dire jamais dans aucun
temps ; sauf pour les modes, l'intérieur d'une maison, de
ses habitants et de ses visiteurs ne diffère pas beaucoup,
en 1899, de ce qu'ils étaient en 1799.

A Paris, c'est tout un autre monde : les faits historiques
s'y passent, la population s'y renouvelle par millions, les
affaires s'y traitent, les industries s'y concentrent, les
fortunes s'y gagnent où s'y perdent ; ce n'est pas une ville,
c'est un peuple. Or, pour les peuples comme pour les indi-
vidus, la fortune et le plaisir étant l'essence de la vie, c'est
l'argent qui règle les mœurs et les plaisirs de Paris.

Ayant vécu assez longtemps pour prendre ma part des
mœurs parisiennes depuis la restauration jusqu'aux dernières années du dix-neuvième siècle, je crois intéressant de donner ici un croquis de quelques salons et des
hommes intéressants avec lesquels j'ai vécu. Je ne puis
prétendre à faire l'histoire de ces figures que tant de documents ont célébrés ou immortalisés, je veux seulement
marquer la place d'où je les ai vus ou touchés.

La grande chose qui a modifié les salons de Paris, c'est encore l'argent, ou en d'autres termes, les dépenses pour les riches et les économies forcées pour ceux qui ne le sont pas. Jusqu'à la fin du règne de Louis-Philippe, un piano pour les danseurs et une ou deux tables de whist pour les joueurs, avec des sirops et des gâteaux, faisaient un bal : à partir de l'Empire, il a fallu des glaces, des lustres, un orchestre, un souper, des toilettes folles; la moitié des invités n'ont plus rendu de soirées. Enfin, même pour les réceptions de jour, on en a diminué le nombre, au point que je pourrais citer une dame qui recevait le mercredi, mais une seule fois par an.

Les soirées intimes ont donc presque disparu, les grands bals sont devenus plus rares, on a abandonné la musique d'agrément et le jeu de salon. En général il ne reste d'accessible aux fortunes moyennes que les salons de simple réception où on ne danse pas. Ceux-là sont de beaucoup les plus attrayants pour tout ce qui n'est pas jeunes filles, et c'est de ceux-là que je vais parler. Ces soirées, vues d'ensemble, ont un effet d'autant plus intéressant que, tout en se ressemblant par leur disposition, par l'assortiment et la manière d'être des invités entre eux, elles font ressortir avec un relief extraordinaire le caractère et les mérites particuliers de chaque maîtresse de maison. Plus on les suit de près, plus on leur trouve à chacune une qualité où réside leur charme. C'est cette autorité qui fait un salon et le garde dans un ensemble qui ne s'égrène pas, tandis qu'il y en a où les visiteurs ne font que paraître et disparaître : ce ne sont pas des salons, ce sont des passages ou des rendez-vous.

Il faut, pour caractériser la première moitié du dix-neuvième siècle, noter le changement du costume des hommes. Pendant cette période, bien qu'à partir de 1830 le romantisme ait fait essayer par les jeunes gens et quelques vieux romantiques des modes du moyen âge ou de la renaissance, ce n'a été qu'un drapeau de circonstance, et, la bataille finie, on a repris les costumes de la restauration. Mais comme il restait des hommes du dix-huitième siècle, de la République et de l'Empire, beaucoup avaient gardé en tout ou en partie les modes de leur temps.

J'ai eu pour professeur de procédure civile M. Berryat-Saint-Prix, qui est mort à quatre-vingts ans avec veste, gilet et culotte, bas de soie, souliers à boucles d'argent, jabot et manchettes de dentelle, perruque poudrée, chapeau tricorne, douillette de soie puce, et canne de jonc à pomme d'or.

Un de nos amis portait, en souvenir du Directoire, un chapeau à larges bords et à la coiffe en tromblon, le menton enfoncé dans une cravate blanche montant jusqu'à la bouche, et un habit bleu à collet relevé jusqu'au haut de l'occiput.

D'autres, surtout en province, gardaient des costumes de l'Empire. Le maire de Nogent-le-Rotrou, vieux bonapartiste, et qui était l'agent enthousiaste du général Subervie, député de cette circonscription, était habillé d'une veste à petites basques vertes bordées de rouge, et d'une culotte, comme les guides de l'Empire.

M. Dupin, président de la Chambre, portait toujours un habit boutonné et un pantalon de gros drap bleu, avec des souliers attachés par des cordons traînants. Dans les campagnes, beaucoup de charretiers, tous les postillons, beaucoup de vieillards, gardaient encore la queue et l'anneau à l'oreille.

Mais à partir de 1830, on vit ces détails disparaître avec cette génération, et le genre simple et uniforme s'établit définitivement, tel qu'il est encore, sans que les événements politiques y aient rien changé.

Il y a là quelque chose de tout à fait unique, un caractère propre du dix-neuvième siècle : c'est qu'après avoir suivi sous plusieurs formes l'influence des événements politiques à mesure qu'ils se succédaient, l'opinion, sans doute à cause du développement de la politique, a très rapidement renoncé à s'occuper de toilette pour s'intéresser davantage aux faits et aux intérêts du pays

La philosophie, l'irréligion, la République, la Terreur, le Directoire, l'épopée impériale, ont, pendant trente ans, exalté les âmes françaises jusqu'à une sensibilité où le peuple ne pouvait résister à exprimer ses sentiments, à les crier, à les signaler par ses costumes comme un combattant arbore son drapeau. Mais quand la vie nationale a cessé d'être une série d'événements presque fabuleux, les têtes et les cœurs ont repris leurs sens.

Au reste, il ne faut pas douter que quand la littérature et le sentiment cesseront, comme on les exploite de plus en plus, de dénaturer les idées vraies et d'imaginer des idées fausses, on ne verra plus de séries de calamités pareilles à ce qu'ont vu les Français du dix-neuvième siècle.

Les mœurs, qui sont souvent des modes, et l'ont été d'une façon sans précédent de la République à la fin de la restauration, ont été marquées par un engouement philosophique, scientifique et littéraire qui a longtemps survécu à la mode. Jusqu'à la chute des Bourbons, il y a eu, dans la noblesse et la bourgeoisie, des savants, des philosophes, des littérateurs, qui se faisaient une vie d'une de ces spécialités.

La littérature, étant à la portée de tout un chacun, était la principale profession de ces amateurs : La Fontaine les alimentait à lui seul de tous frais d'intelligence, de philosophie, d'esprit et de bon sens; ils le citaient à tout propos, à tort et à travers, et se croyaient des hommes hors ligne. C'était très ennuyeux, sans compter que bien des lecteurs, dont je suis, trouvent que le prétendu bonhomme, outre qu'il n'était nullement bon, est surtout remarquable par son mépris de l'espèce humaine; qu'il n'a fait que paraphraser des histoires de bêtes, qui sont fausses toujours et odieuses la plupart du temps.

Les philosophes s'occupaient presque tous d'humanité générale ou de pessimisme, sujets à la portée de quiconque se croyait un bon cœur ou un mauvais.

CHAPITRE XVIII

Ici finirait l'histoire de ma vie s'il ne restait pas à en raconter une autre, celle qui me survivra et qui, on peut le dire, m'a fait une existence nouvelle. Mes ouvrages littéraires, mes dessins, ma sculpture et mes gravures, sont sortis de ma chair et de mon âme aussi intimement que mes actions. J'ai fait des vers, des chansons, dont il reste quelque chose de mon cœur et de ma raison. Ces témoins ne meurent pas, et je ne saurais fermer ce livre sans laisser du moins leurs noms et leurs titres comme souvenir aux lecteurs qui m'ont aimé, et comme renseignement à ceux qui voudront voir si j'en ai valu la peine. C'est pourquoi je laisse ici l'inventaire de mes travaux de toute sorte, croyant que leur seul catalogue suffira pour les édifier sur cette seconde moitié de ma vie.

De 1868 à 1898, j'ai écrit dans les journaux et revues ci-après :

Le *Journal officiel*;
La *Revue bleue*;
La *Revue de Paris*;
Le *Figaro*;
La *Vie parisienne*;
La *Revue angevine*;

Le *Gaulois;*

La *Liberté;*

L'*Estaffette;*

La *Patrie;*

Le *Bon Sens;*

Le *Jour.*

Je pourrais ajouter à mes services de presse quelques numéros de l'*Union de la Haute-Marne*, où, dès l'année 1849, j'ai publié cinq feuilletons, dont l'un était *les Mouches*, qui, revu et corrigé, devait reparaître en 1854 dans le *Figaro*.

Je ne puis même passer sous silence un journal que j'ai écrit en août 1847, étant encore dans mes classes. Nous étions en vacances à Soisy-sous-Étioles, avec la famille de Mauret, dont la plus jeune fille devait devenir Mme de Pène. Le journal, illustré d'un perroquet dessiné par Henri Grenier, s'appelait *le Perroquet mignon*. Il était manuscrit.

Bien plus tard, étant substitut à Napoléon-Vendée, et lié avec les familles de La Chapelle et celle où grandissait Mlle Cassin, devenue plus tard Mme Caro, je publiai *le Chantre du Bocage ou le Rossignol vendéen*, aussi manuscrit. J'y écrivais, même en vers. Mais ce qui rend ce précédent mémorable, c'est que dans le numéro du lundi 16 octobre 1854, il parut, sous le titre de : *Le Cor au pied ou l'Arrêt du Destin*, ce qui contenait l'idée créatrice de *l'Invalide à la tête de bois*.

M'étant retrouvé procureur impérial à Rodez avec M. de La Chapelle qui arrivait comme préfet, je fondai un troisième journal manuscrit, *la Gazette des beaux-esprits*, avec la collaboration de quelques exilés comme nous. Là je m'occupai surtout de poésie et d'annonces, mais il n'en est resté rien qui se rattache à ma carrière littéraire.

J'ai voulu montrer par ces notes que la littérature a été pour moi plus qu'un penchant, et qu'en me mettant de si bonne heure et avec tant de persévérance à gratter du papier, je n'ai fait qu'obéir à une irrévocable destinée, dont je ne me plains d'ailleurs pas. Car tel que la nature m'a fait, je ne sais pas ce qui serait advenu de mon âme et de mon corps depuis trente-deux ans que je n'ai eu rien à faire; et pour le plaisir que j'ai eu à écrire, je bénis la Providence de m'avoir si agréablement sauvé la vie.

Voici d'abord le catalogue des livres que j'ai publiés :

LES LOIS PÉNALES DE LA FRANCE en toutes matières et devant toutes les juridictions, exposées dans leur ordre naturel, avec leurs motifs. 2 vol. in-8°. Paris, Cosse et Marchal, 1868.

VOYAGES ET AVENTURES DU CAPITAINE MARIUS COUGOURDAN, commandant le trois-mâts *la Bonne-Mère,* du port de Marseille, avec le portrait du capitaine, dessiné par l'auteur. 1 vol., édition originale. Paris, Dentu, 1869.

LE MÊME OUVRAGE, revu et augmenté du *Boa* et de *Marius Cougourdan au Paradis,* édition définitive. 1 vol. Paris, Ollendorff, 1896.

LE MÊME, illustré par Zier. 1 vol. Paris, Hachette.

LA BIBLIOTHÈQUE DES BEAUX-ARTS. 1 vol. in-16. Paris, Beer, 1875.

CONTES, avec une gravure de l'auteur. 1 vol. Paris, Charpentier, 1881.

NOUVELLES, avec une gravure de l'auteur. 1 vol. Paris, Charpentier, 1882.

FANTAISIES, avec une gravure de l'auteur. 1 vol. Paris, Charpentier, 1883.

NOUVELLES ET FANTAISIES. 2 vol., édition originale. Paris, Maillet, 1872 et 1876.

ZOOLOGIE MORALE, avec un frontispice par Henri Grenier et une vignette par l'auteur. 1 vol. Paris, Charpentier, 1881.

ZOOLOGIE MORALE, avec une vignette par l'auteur. 1 vol., 2e série. Paris, Charpentier, 1882.

LES VERTUS ET LES GRACES DES BÊTES, même ouvrage, in-4° abrégé, illustré par Auguste Vimar. Tours, Mame, 1895.

Tableaux algériens, par Gustave Guillaumet. Notice sur sa vie et ses œuvres par Eugène Mouton. 1 vol. in-4°. Paris, Plon, 1888.

— Chimère. Paris, Librairie moderne. 1 vol., 1887.

Le Devoir de punir. Paris, Léopold Cerf. 1 vol., 1887.

Fusil chargé, récit militaire, avec une vignette par l'auteur. 1 vol. Paris, Léopold Cerf, 1886.

Jean-Jacques Rousseau, ses Misères et son Génie, collaboration à *Jean-Jacques Rousseau jugé par les Français d'aujourd'hui,* par John Grand-Carteret. 1 vol. in-8°. Paris, Didier, 1890.

François Ranchin pendant la peste de 1629 a Montpellier. Imprimerie du *Sémaphore* de Marseille. 1 vol. 1892.

Une Actualité de l'an 1804, journal de voyage du colonel Louis Mouton. Plaquette. Imprimerie du *Sémaphore* de Marseille, 1892.

D'un mouvement digito-dorsal exclusivement propre a l'homme. Mémoire paru à la page 447 de l'*Anthropologie,* 1er semestre de 1893. Paris, Masson.

Le Supplice de l'opulence, avec un frontispice en couleur par Auguste Vimar. 1 vol. Paris, Ollendorff, 1895.

— Le Dernier des lions. 1 vol. in-4°, illustré par Auguste Vimar. Paris, Delagrave, 1895.

— La Physionomie comparée, dans l'homme, dans la nature et dans l'art. 1 vol. in-8°. Paris, Ollendorff, 1884.

Histoire de l'invalide a la tête de bois, suivie du Bœuf, du Squelette Homogène et du Coq du clocher, illustrés par Clairin. 1 vol. in-4°. Paris, Baschet, sans date.

Une Faculté hors crane. Publié dans la *Revue bleue* du 30 juillet 1898.

L'Affaire Scapin, Cydalise, le Squelette homogène, Un Transport de justice. 1 vol. Paris, Librairie illustrée, sans date.

Aventures et Mésaventures de Joel Kerbabu, illustrées par Alfred Paris. 1 vol. in-8°. Paris, Hachette, 1892.

VOYAGES MERVEILLEUX DE LAZARE POBAN, illustrés par Zier. 1 vol. in-8°. Paris, Hachette, 1893.

L'ART D'ÉCRIRE UN LIVRE, DE L'IMPRIMER ET DE LE PUBLIER, avec deux vignettes de l'auteur. 1 vol. in-16. Paris, Welter, 1896.

LE DIX-NEUVIÈME SIÈCLE VÉCU PAR DEUX FRANÇAIS. 1 vol. Paris, Delagrave, 1901.

Gaston Bergeret et Henry Ferrari m'ont offert un témoignage tellement touchant de leur affection, que je ne puis résister au plaisir de le cataloguer à la suite de mes œuvres.

Sous le titre d'*Un Humoriste*, Gaston Bergeret m'a consacré une biographie trop amicale et trop honorable pour qu'au moment où je viens fermer ici ma carrière d'écrivain, je n'en fasse pas la conclusion de ma vie littéraire.

Henry Ferrari comble tout ce qu'il a fait pour moi. Je lui dois une grande part de ce que j'ai pu obtenir de bienveillance chez les lecteurs de la *Revue bleue*, et après avoir fait paraître l'article de Gaston Bergeret, il l'a fait tirer à part en exemplaire unique.

Une invention qui m'a beaucoup servi pour la sculpture et le dessin, était le *Nomomètre*. Il offrait un moyen géométrique d'obtenir, par un seul et même mouvement, la hauteur, la largeur et la profondeur de tout objet en relief, notamment du corps humain, des animaux, etc.

Il consiste en deux rangées de barreaux, chacune parallèle, croisées en travers l'une de l'autre. Elles ont les bouts extérieurs inégaux, ceux pour la largeur plus courts, ceux pour la longueur plus longs, et sont fixés les uns aux autres par des vis qui les maintiennent à leur rang parallèlement. En les poussant en un sens, ils se rangent en angles variables, et chacun donne une des divisions de chaque espace.

Je l'avais présenté à M. Eugène Guillaume, alors directeur de l'École des beaux-arts. Il l'avait approuvé, et je l'ai présenté à l'Académie des beaux-arts, qui le reconnut exact.

Il a même eu un honneur rare dans le domaine des arts, en la personne de mon ami Sully Prudhomme, qui s'y attacha et m'en fit une démonstration géométrique dont je fus d'autant plus fier que je n'y compris rien, ayant été toute ma vie absolument ignare de tout ce qui tient aux mathématiques : c'est au point que, depuis ma naissance jusqu'à aujourd'hui, je n'ai pas fait un calcul qui n'allât de travers. J'ai en précieuse garde le mémoire de Sully Prudhomme, d'abord par l'honneur qu'il me faisait, mais aussi parce que c'était un document de carrière que peu de gens connaissent. En effet, j'appris là que sa première vocation avait été de se faire ingénieur, si bien qu'il a commencé par être employé à l'usine du Creusot. Mais la poésie l'a pris sur ses ailes et l'a arraché à ce métier barbare qui aurait privé lui et la France de la gloire à laquelle il était réservé depuis le jour où il est venu au monde.

J'ai catalogué parmi mes œuvres littéraires « un mouvement digito-dorsal exclusivement propre à l'homme ». Il a été publié dans l'*Anthropologie*, mais il a sa place dans cette page, car sa publication n'était que le compte rendu d'une découverte sur une propriété des mains qui, quoique crevant, depuis la création, les yeux aux savants, n'avait jamais été cataloguée. C'est la faculté pour l'homme seul, à l'exclusion de tous les vertébrés, d'atteindre tous les points de son corps avec ses membres antérieurs. L'homme seul peut porter ses mains partout sur son dos.

C'est un jour, en me baignant, que, me frottant le dos, j'ai été subitement, et pour la première fois de ma vie, saisi de cette observation.

Voulant en avoir le cœur net, j'ai examiné, dans les galeries du Muséum, tous les animaux à quatre pattes, j'ai fait de même pour les animaux savants.

L'extrême diversité des singes pouvant présenter seule

un doute, j'eus recours à l'inépuisable bienveillance de
M. Milne-Edwards, directeur du Muséum, et grâce à lui
je pus, pendant quinze jours, observer et manier tous les
singes dans leur palais; j'eus même la chance d'y trouver
un orang-outang et un chimpanzé, qui, bien que très jeunes, ne purent non seulement rapprocher d'eux-mêmes
leurs mains derrière le milieu supérieur de leurs épaules,
mais résistèrent quand le gardien essaya de les y rapprocher de force.

Le fait était acquis, je présentai mon travail à M. Milne-
Edwards, et je lui dus l'honneur inespéré de le voir publié dans une revue scientifique, de quoi je serais trop
désolé que la postérité en ignorât. Car enfin, bien qu'il
ne s'agisse en définitive que d'une victoire sur les singes,
c'est un triomphe pour les hommes, que certains savants
s'obstinent, malgré l'évidence, à vouloir enrégimenter
dans la race simiesque. Qu'on me permette cette métaphore d'un convaincu de l'humanité : ce fait est un barreau de plus pour la cage de ces vilaines bêtes.

Je ne puis quitter ce sujet sans témoigner de mes affectueux regrets pour M. Milne-Edwards, qu'une mort
prématurée vient d'arracher à tous ceux qui ont eu le
bonheur de le connaître, car c'était un des hommes les
plus gracieux et les plus parfaitement bons que j'aie connus. J'avais eu l'occasion de le rencontrer, et en causant
avec lui, lui racontant quelles heures charmantes m'avait
values mon goût pour l'histoire naturelle, j'ajoutai que
j'en gardais une fidèle reconnaissance à la mémoire de
son père pour ce que ses ouvrages m'en avaient appris.
Des années se passèrent, et je croyais bien qu'il ne pouvait plus se souvenir de moi.

Je venais de publier ma *Zoologie morale*, et je ne pensais guère à lui, lorsqu'un de mes amis, qui fréquentait
le Muséum, m'apprit que non seulement il avait lu le livre,
mais qu'il avait un jour assemblé la plupart des savants
de cet illustre établissement devant la volière du marabout, et lu, au milieu de leurs fous rires, le chapitre que

j'ai consacré dans le premier volume à cet indescriptible
« Echassier-Cultrirostre », car le nom de cet oiseau n'est
pas moins fantastique que sa personne.

Ayant été accueilli, comme je viens de le dire, à propos du mouvement digito-dorsal, j'allai lui demander son
appui pour un travail sur l'origine des vases ; il me promit non seulement de le lire, mais de le soumettre à un
des professeurs d'anthropologie, qui pourrait le présenter à une revue scientifique.

Peu de temps après, je reçus de lui une lettre. Il était
sur son lit de douleur, où il allait mourir bientôt. Il prenait la peine de m'indiquer la publication qui pouvait
convenir, et il finissait en me disant que je ne savais pas
l'estime qu'il avait pour moi.

J'ai vu, comme nous tous, la morgue glaciale des hommes en place ; mais rencontrer parmi eux un homme assez
maître de son cœur pour y trouver, à travers les douleurs
et les menaces prochaines de la mort, un sourire pour
moi parce que j'avais aimé son père, quand ce ne serait
que pour ajouter une petite fleur à sa couronne, si peu
que j'aie été dans sa vie, il m'est doux de lui rendre ce
souvenir.

Je suis devenu sourd, et j'ai si cruellement savouré
l'amertume de ce calice, qu'il m'est venu l'idée d'être
utile à mes compagnons d'infortune, ce qui serait déjà
une invention. A force d'y rêver, je me suis avisé qu'à
la différence des procédés et des instruments qui tous,
sans obtenir la moindre amélioration, finissent par faire
perdre le peu d'ouïe qui vous reste, un simple tube de
carton ou de papier produit beaucoup plus d'effet que tout
ce qui se vend chez les opticiens, que cela ne coûte rien
et ne fait aucun mal. Je donne ici ma recette, qui depuis
dix ans m'ôte la moitié de ma surdité. Je croirais donc
manquer de cœur si, après l'avoir fait publier dans des
centaines de journaux, je n'en laissais pas le cadeau aux
sourds qui me liront.

Paris, le 13 avril 1893.

Un moyen de faire entendre les sourds. — Faites, avec une feuille de papier très ferme, comme le papier à dessin ou à lavis, un tube de 50 à 60 centimètres de long, et de 4 à 5 centimètres d'ouverture. Le rouleau à pâtisserie, qu'on trouve dans presque toutes les maisons, est très commode pour rouler le papier dessus, et en coller le bord. Vous retirez le tube en ayant soin de ne pas le déformer, car s'il n'est pas bien cylindrique il perd une partie de son effet. En y donnant 6 à 7 centimètres de diamètre, l'effet est surprenant de force. Pour s'en servir, parler en tenant l'ouverture du tube près des lèvres, mais sans les y appliquer, tandis que le sourd approche de son oreille l'autre bout. Si le bruit de la voix est trop fort, éloignez un peu le tube.

En carton, le tube est très durable, et on s'en procure à Paris, chez les cartonniers, pour un prix de 60 centimes à 1 franc. D'ailleurs on peut le faire soi-même.

Il est bon d'en avoir deux, l'un un peu plus large : en faisant entrer l'un dans l'autre, on double la longueur de l'appareil, ce qui est très utile pour converser avec une personne assise ou couchée. Un tube de 30 centimètres est aussi utile pour dire quelques mots en passant. Ayez de ces tubes dans plusieurs endroits de la maison pour les trouver sous la main.

A mes titres littéraires je me crois le droit d'ajouter celui de revendiquer le mérite de n'avoir pas publié le moindre volume de vers. Tout le monde peut en commettre, mais quand je songe à l'irrésistible attrait que j'ai eu pour la littérature, je bénis le Pégase de m'avoir fait grâce de cette infirmité, car c'en est une toujours, et un ridicule souvent, pour quiconque n'a pas de génie poétique. J'ai fait des vers, justes parce que j'avais fait mes classes, mais je les ai faits de circonstance, je les ai conservés comme souvenirs des scènes auxquelles ils se rapportaient, et ceux qui voudront les lire ou les relire n'auront qu'à fouiller dans mes cartons.

Il y a pourtant une pièce de vers, intitulée *Béatrix des Fontenelles,* qui est la légende vendéenne d'une *Barbe-Bleue* femelle et que j'ai citée en entier dans la première partie de ces mémoires.

Si j'ai fait si peu de vers, je ne m'en excuse pas, je m'en félicite au contraire. Rien qu'à cause de la rime, du nombre des mots qu'il est défendu d'employer, de ceux qu'il est nécessaire d'y mettre pour rimer, des hiatus qu'il faut éviter, je n'ai jamais pu concevoir qu'en poésie la quantité des idées puisse être aussi grande qu'en prose. J'en conclus que toutes celles qu'on y exprime sont plus ou moins dénaturées, quand on parvient à les poétiser, et sont hors d'usage quand elles ne peuvent s'y introduire : de là une langue incomplète qui est évidemment inégale et inférieure à la prose, puisque la prose seule peut tout penser et tout dire.

On peut le voir au point où en est arrivée la poésie actuelle : les poètes de l'avenir en sont à considérer le sens comme une exigence ridicule des lecteurs idiots, et pour mieux assurer le beau poétique, ils ont créé tout un répertoire de mots imaginaires auxquels chaque poète peut assurer le sens qui lui plaît.

Ce n'est d'ailleurs pas d'aujourd'hui que ce mouvement a commencé : si, au lieu d'être alignée en vers, la poésie de Victor Hugo était publiée en prose sous un nom inconnu, je ne doute pas que les trois quarts de ses poèmes ne fussent incompréhensibles.

J'ai encore fait trois romances, paroles et musique, sur *Croquemitaine, le Blanc Pêcheur* et *Fleur de rose.*

J'avais subi, comme c'était la mode dans mon enfance, le piano. Après deux ans, j'en ai été si exaspéré que mes parents m'en firent grâce. Je prie les personnes qui aiment la musique de me louer de cette horreur : elle leur fera voir que j'avais le sentiment de la musique honnête, qui ne m'a pas manqué, car j'ai beaucoup travaillé le chant, et comme j'avais une belle voix, le chant a été pour moi un des grands plaisirs de ma vie.

Ayant passé vingt ans en province dans des fonctions qui me laissaient beaucoup de temps libre, j'ai repris le dessin, que j'avais travaillé à Paris avec des maîtres sérieux, et du dessin j'ai passé à l'aquarelle, de l'aquarelle au modelage, et quand, après ma démission, je me retrouvai à Paris en relation avec beaucoup d'artistes, je fus entraîné à revenir à ce goût, l'un des plus doux à caresser.

Dans un voyage à Fontarabie, je me liai intimement avec mon cher ami Guillaumet, et rien qu'à lui voir faire ses chefs-d'œuvre, l'envie me reprit de consacrer une partie de mon temps à dessiner et à modeler. Il me conseillait, il m'encourageait, et sous son influence j'arrivai à dessiner et à modeler assez pour être plusieurs fois reçu à l'Exposition. Notre amitié est venue à un tel point que, quand il mourut, c'est moi qui ai dirigé la publication de son admirable livre des *Tableaux algériens*, dont j'ai fait la notice.

En aquarelle, j'ai fait des paysages et des figures, et de la fresque. Trois de ces aquarelles ont été reçues à l'Exposition.

En sculpture, j'ai fait une mulâtresse en toilette de la Guadeloupe;

La *Vénus macaque*, singe de Java apporté à Sarah Bernhardt par M. de Lagrené revenant d'une mission diplomatique. Le buste du singe est de grandeur naturelle, coiffé du casque de Minerve et armé de la cuirasse.

J'ai plus haut raconté comment, ayant fait en cire, puis reproduire en bronze le communard de Versailles, je l'ai fait recevoir à l'Exposition. Enfin, toujours en bronze, j'ai fait un brigand de la renaissance, dont j'ai offert un exemplaire à mon ami Francisque Sarcey.

J'ai raconté plus haut comment j'ai modelé pour M. Mauss un franciscain pour servir de proportions à sa réduction du saint sépulcre.

Enfin, Sarah Bernhardt ayant fait un rêve où elle se voyait, en croupe de moi sur un cheval fantastique et jetant des gâteaux à une meute de chiens, j'ai voulu immortaliser cette scène pour moi; je l'ai modelée en cire rouge au fond d'un plat de porcelaine blanche, et je la garde en mémoire d'avoir fait rêver une femme aussi célèbre.

Quand je commençai ce livre, je me promettais bien d'en consacrer un gros chapitre à ma candidature à l'Académie. Mais en y songeant, j'ai reconnu que le récit de cette entreprise ne serait que la répétition de ce qui s'est passé et se passera toujours dans une compagnie où les mêmes intérêts entrent en jeu sans d'autres changements que les noms des personnages. Je dirai donc que je me suis présenté sans succès deux fois, l'une en 1886, l'autre en 1888.

Caro, Alexandre Dumas, Émile Augier, Sully Prudhomme, Marmier, m'ont soutenu et ont voté pour moi. Je n'ai eu de la presse qu'un désagrément : on me présentait comme ayant été attaché à la police; mais tous les journaux ont rectifié aussitôt la chose.

On a raconté cent fois que les visites de candidature sont un calvaire où on trouve chez les académiciens des réceptions ironiques ou impolies : cette tournée a été, pour ma part, la démarche la plus charmante que j'aie faite dans ma vie. Je ne saurais dire avec quels égards, quel tact et même quelle bienveillance on m'a reçu : j'ai savouré là un des plaisirs suprêmes de la vie, celui d'avoir affaire à des hommes bien élevés, qui sont par surcroît des hommes éminents. Appuyé par de bons amis, j'ai trouvé partout autant de respect que de courtoisie, aussi ai-je été heureux de rendre de mon mieux ma gratitude.

Un seul, que je ne nommerai pas, d'autant moins qu'il a été d'ailleurs très poli pendant sa réception, a eu, en me raccompagnant jusqu'à sa porte, un mot malheureux qui l'a trahi. « Mettez bien votre paletot, me dit-il, car il ne faut pas, en présentant votre candidature, attraper un rhume de cerveau. »

Tant il est vrai que le manque de première éducation trahit toujours son homme !

Je n'oublierai jamais un trait de grand seigneur du duc de Broglie : il m'a mis tournant le dos à la fenêtre, gardant pour lui la place éclairée, ce qui, pour un galant homme, montre qu'un maître de maison, surtout dans une démarche délicate, ne doit pas s'abriter dans l'ombre pour dévisager en pleine lumière le visiteur embarrassé.

Je n'oublierai pas davantage le duc d'Aumale, qui, en m'accueillant avec toute sa grâce et toute sa dignité, s'est levé et approché quand je suis entré et m'a accompagné et donné la main jusqu'au palier.

Somme toute, cette candidature m'a laissé, non pas un chagrin, mais une joie et un honneur, puisque en définitive j'ai obtenu quelques voix, et non des moins illustres.

J'y ai gagné bien plus encore, l'amitié de Xavier Marmier, l'auteur immortel des *Fiancés du Spitzberg*. Il était alors âgé de plus de quatre-vingts ans. Dans le peu de temps qu'il a survécu, j'ai eu le bonheur de savourer les dernières fleurs de sa vieillesse, tant il avait conservé la fraîcheur de sa sensibilité et la grâce de son âme ; l'amour, la religion, l'art et l'amitié avaient rempli toute sa vie. Il habitait en dernier lieu le square du Bon-Marché. Je me rappelle qu'un jour, après une longue conversation sur les idées et les affections qui nous rapprochaient, me levant pour partir, je le félicitais de la vue ouverte à ses fenêtres. « Oui, me dit-il en souriant, quand la vieillesse cherche à m'attrister, je regarde passer les amoureux, et ça me rafraîchit le cœur... »

Hélas ! je l'ai vite perdu ; cependant, de même que mes livres m'avaient gagné cette amitié, ils m'ont fait venir à moi deux inconnus qui devinrent mes amis, et qui, ceux-là, sont pleins de jours.

Le premier fut M. Zeys, alors premier président à Alger, qui, pour donner carrière à sa passion pour l'art d'écrire, s'amusait à publier des articles de critique littéraire sur les ouvrages nouveaux. Je reçus un jour un article sur un de mes ouvrages. Comme c'était signé d'un pseudonyme, j'envoyai une carte de remerciement au journal d'Alger. A mon grand étonnement, M. Zeys me répondit. Après deux ans de correspondance, il fut nommé conseiller à la cour de cassation, et il est devenu un de mes meilleurs amis. Il est de plus un de mes meilleurs confrères, car outre plusieurs livres publiés sous un nom supposé, il nous prépare des contes qui, d'après ce que j'en ai vu, seront un chef-d'œuvre.

Peu de temps après, un nouvel ami m'est tombé du ciel, venant d'Italie, en la personne de M. Domenico Giuriati, un des avocats les plus illustres de Venise, un des héros de l'indépendance italienne, et qui, après avoir souffert, a vu son pays délivré, et en même temps qu'il a consacré sa vie à la plaidoirie et à la politique parlementaire comme député, s'est fait aussi écrivain. Parmi ses nombreuses publications, on lui doit des mémoires palpitants d'émotion et d'intérêt sur l'histoire de la délivrance de l'Italie, à laquelle il a pris une des plus grandes parts. C'est à mon *Devoir de punir* que j'ai dû cet honneur, et son amitié qui s'est redoublée depuis que j'ai eu le plaisir de le rencontrer à Paris avec son fils, qui, né d'un tel père, sera digne de son sang.

TRAITÉ DE PHILOSOPHIE

Si, après avoir employé tant d'années de ma vie à faire de la littérature, je disais que je ne me suis pas mêlé d'écrire sur la philosophie, on ne me croirait pas, et on aurait raison. Quand on passe tout son temps à observer et à réfléchir, il est impossible, devant ce qui se dit sur ce sujet, de n'en pas être obsédé à chaque problème qui se dresse en travers de toute conception nous venant à l'esprit et surtout à l'âme.

J'ai donc fait mon traité de philosophie, et en conscience, car je n'ai pas même songé à écrire une collection de maximes, parce que, dans la littérature philosophique, je ne connais rien de plus fade et de plus faux. Mais j'ai essayé de choisir et de traiter les sujets essentiels du sentiment et de la vérité des choses, et je confesse que longtemps j'ai caressé l'idée de publier mon manuscrit tout entier.

Pourtant, à force de le relire, j'ai fini par y retrouver, comme en philosophie, tant de pour et tant de contre, que le seul moyen d'exposer mes idées acquises était d'y mettre en regard le pour et le contre, sans dire mon avis, mais en le laissant comprendre par mes lecteurs. Cependant je m'apercevais qu'en somme il ne pouvait sortir de cette enquête que la répétition de toutes les affirmations et négations qui constituent la philosophie, et dont pas une n'a de preuve.

Mais, Dieu merci, les écailles me sont tombées des yeux, dans les deux premiers chapitres; j'ai vu clair, et voici à quoi se réduit mon traité de philosophie :

LA VIE

CONTRE

Une femme se tord, en poussant des cris de douleur, sur un lit ensanglanté; sa gorge râle, ses flancs palpitent, ses os craquent, elle jette un hurlement suprême.

L'enfant naît.

Immonde, sanguinolent, renversé sur le dos, les bras pendants, la tête abattue sur la poitrine, la face violette et bouffie, les yeux clos, il semble une bête morte jetée à la voirie. Il demeure ainsi quelques instants, puis ses membres s'agitent, sa poitrine se gonfle, ses lèvres s'ouvrent, et de sa gorge envahie pour la première fois par l'air que respirent les vivants, un bruit rauque, effrayant, part et se répète à coups précipités.

Il crie.

On tranche le lien qui tient cet être informe attaché au corps de sa mère, on l'enlève; il se débat; on le plonge dans l'eau, on le lave de ses souillures; on l'affuble de ses langes et de sa layette, parodie du vêtement humain comme il est lui-même la parodie d'un homme, poupée par le bonnet et la brassière, idiot et gâteux par la couche dont il faut garnir ses reins.

Le voilà entré dans la vie. Ses poumons se gonflent, une cloison se forme entre les deux moitiés de son cœur; lancé dans le double circuit d'un courant sans fin, son sang, désormais, va se vivifier au contact de l'air.

Il respire.

Sourd, aveugle, insensible, emmailloté dans des langes qui paralysent presque tous ses mouvements, c'est à peine si, par la faible agitation de ses bras et de sa tête, par quelques vagissements plaintifs, ce corps misérable marque le souffle de vie qui, comme une flamme vacillante, semble hésiter à l'animer. Tel que le voilà, c'est le plus piteux des animaux; il ne peut rien pour lui-même, son existence est suspendue aux mains qui doivent prendre soin de lui; une bouffée d'air froid, un rayon de soleil, une négligence, un oubli, il meurt aussi simplement, aussi pauvrement qu'un insecte.

Quelques heures à peine se sont écoulées, et cette créature, qui n'a pas encore conscience d'elle-même, connaît déjà le besoin. Déjà, dans le tumulte initial de cette machine prodigieuse où tous les organes entrent en fonctions et toutes les forces en jeu, a commencé le travail de consommation qui, usant la substance vivante, appelle d'autre substance pour la réparer. Le sentiment du besoin se marque, s'anime, s'exaspère. L'enfant agite ses bras, crie.

Il a faim.

Sa mère lui donne le sein pour la première fois. Rassemblés autour du lit de l'accouchée, le père et les grands-parents sourient et pleurent à voir perler sur le sein de la mère la première goutte du lait sacré.

Mais l'enfant, lui, qui ne sait pas qu'il a une mère, qui ne sait même pas qu'il existe, happe la mamelle; sa bouche si délicate à voir prend tout à coup une force d'aspiration qui en fait comme un suçoir de vampire. Il se repaît, il se remplit, il se gorge, il jouit.

Il tette.

L'air qu'il respire, le lait qu'il boit, voilà pour lui toute l'existence : son âme entière tient dans le sentiment de la faim. Parasite insatiable, il n'est rien de plus qu'une tête où le cerveau compose et développe sans relâche les tissus et le moule des organes, et un ventre, qui digère jour et nuit pour fournir la matière de cet accroissement.

Il grandit.

De longs jours se passent; on le voit par degrés se gonfler, s'étendre, puis, pendant longtemps encore, s'agiter comme si le sommeil des premiers jours allait se dissiper pour lui. Il s'anime au bruit, tourne les yeux vers la lumière, tend les bras, ouvre les mains, pour saisir les objets qui se présentent à ses regards.

Il voit.

Maintenant il entre dans le rêve de la vie. Il prend conscience de lui-même, entrevoit la diversité de certains objets, les reconnaît. Il distingue l'être humain de l'être brut. Mais tout cela n'est encore pour lui que sensations vagues, impressions fugitives, dont il ne lui reste ni une idée ni un souvenir. Chaque fois qu'un objet inconnu se présente à lui, son âme y passe tout entière, il entre dans une vie nouvelle, et aussitôt un autre objet vient dissiper ce souffle de pensée.

Cependant ses membres commencent à se développer; il témoigne, par son agitation et ses cris continuels, l'impatience d'être libre de ses mouvements. On le délivre parfois des langes qui le serrent, on le pose à terre, il se roule, se traîne comme un reptile, marche à quatre pattes comme un chien. Peu à peu il se redresse, se met debout, retombe, se relève, et enfin, après de longs mois d'essais et d'efforts, il peut, tout en chancelant comme un homme ivre, faire quelques pas.

Il marche.

En même temps, à mesure que ses oreilles s'habituent à reconnaître et à discerner les sons, sa voix se module peu à peu en articulations de plus en plus distinctes qu'il répète, redouble, et assortit enfin par des assemblages fortuits qui d'abord lui servent de mots pour balbutier l'expression de ses idées. Bientôt, l'attention lui venant par degrés, il parvient à saisir parfois le rapport entre le mot et la chose : encore quelques observations pareilles, il a l'idée du langage.

Il parle.

Le rêve des premiers jours est fini, la réalité commence.

L'enfant voit clair. Il ne sait de lui-même que deux choses, c'est qu'il désire manger et faire ce qu'il veut : voilà toute sa conscience. Pour lui, les personnes et les choses qui l'entourent n'ont d'autre raison d'être que de pourvoir sans relâche à ses besoins et à ses plaisirs : et alors, avec des câlineries, des larmes, des cris, des colères, commence la lutte de cet égoisme aussi inconscient que féroce, où l'enfant, à force d'être grondé, puni, fouetté, voit par degrés l'éducation calmer ses violences, puis les réprimer, puis les briser pour toujours.

La nature ne se charge pas d'achever les êtres qu'elle met au monde. Elle jette sur la terre un animal affamé de vie, c'est à ses congénères de le mettre en état de vivre avec eux. Telle est la loi de ce que nous appelons l'éducation de l'enfant et qui n'est au fond que le dressage d'un animal dangereux. C'est ainsi qu'arrivé au terme de sa longue enfance, courbant enfin la tête sous les leçons sévères de la force et de la douleur, la bête humaine est domptée.

Mais comme, une fois adulte, elle deviendra libre de

faire le bien ou le mal, il faut la mettre hors d'état de nuire à ce moment-là : il convient de la moraliser, il faut lui apprendre à travailler. Une seconde période s'ouvre, celle de l'instruction, second dressage, celui-là terrible, impitoyable, où la résistance va parfois jusqu'à la révolte.

On arrache l'enfant à sa mère; on le chasse du toit paternel; on l'enferme, comme un malfaiteur, dans une prison fermée de grilles et de verrous. Là, pendant la plus grande partie du jour, séquestré dans sa classe ou dans son étude, condamné au silence et à l'immobilité, épié sans relâche par des surveillants odieux, il subit un régime presque aussi rigoureux que celui des maisons centrales où l'on emprisonne les criminels.

Son corps veut de l'air libre, de l'espace, du mouvement : on le confine dans l'inaction; son cerveau inachevé ne peut concevoir que des idées d'enfant : on y verse, on y souffle, on y injecte des idées de morts ou de vieillards, qui n'ont aucun rapport avec la vie, auxquelles il ne comprend rien. Il faut que cette intelligence ainsi gavée par des cuistres garde précieusement sur l'estomac cette nourriture indigeste, jusqu'au jour où il lui faudra en justifier, en la dégorgeant sans qu'il en manque rien, devant d'autres cuistres chargés de lui ouvrir les portes de la vie.

Enfin il est quitte de l'emprisonnement, mais pour être libre il n'en est pas plus indépendant : s'il ne porte plus de chaînes, à chaque pas qu'il va faire il en trouvera quelqu'une de tendue en travers de son chemin.

L'avenir s'ouvre devant lui, béant et muet; dans les quelques jours si rapides que va durer sa jeunesse, il lui faut se dégager de toutes les idées vaines dont on l'a nourri, savoir à quelle œuvre il devra se consacrer, marquer son but à l'horizon de la carrière, creuser, avec le pic ou avec la bêche, tantôt dans la boue et tantôt dans le roc, ce chemin de la vie que seuls les forts et les habiles peuvent mener à bonne fin. C'est à ce moment-là que d'ordinaire la pauvreté pèse le plus lourdement sur lui : ceux qui le portent encore à leur charge lui reprochent le pain qu'il mange ; ceux qui lui donnent du travail ne lui offrent qu'un salaire dérisoire.

Mais c'est à ce moment aussi que l'amour, pareil à une tempête, s'élève dans son cœur avec ses angoisses éperdues, ses désirs fous, et se jetant à la traverse de tout ce qu'il pense et de tout ce qu'il fait, le prend, l'en lève, le roule, le lance de la terre au ciel, du bonheur au désespoir, puis, quand il l'a bien épuisé de plaisir et de souffrance, l'abandonne en ne lui laissant que des regrets.

Il aime.

Comme les initiés des mystères antiques, il a parcouru toutes les épreuves ; il connaît les hommes, il connaît la douleur, il a passé à travers les flammes de l'amour : la vie réelle, cette fois, va commencer pour lui.

Sous la diversité infinie des événements et des hasards qui font la destinée de chacun, le même sort est commun à tous ; pour tous est une part de biens et de maux qui se distribuent également, et pourtant les hommes se plaignent, les uns parce qu'ils ne savent que souffrir, les autres parce que rien ne peut assouvir leur soif de jouissance.

Soit donc que la fortune ait fait de lui un heureux ou un misérable, tout mortel, quoi qu'il fasse, souffrira. Quand, revenu des premiers tumultes de la jeunesse, il aura tracé le plan et jeté les fondations de son établissement en ce monde, à peine aura-t-il commencé de jouir du fruit de ses peines et de bercer en son cœur l'espoir d'un avenir heureux, que le cours impitoyable des choses viendra battre le pied de son édifice et le miner lentement. Epoux, il voit, il sent peut-être lui-même l'indifférence succéder à cet amour des premiers temps qu'il croyait voir durer toute sa vie. Père, il souffre dans ses enfants : les uns meurent, les autres sont ingrats, d'autres l'abandonnent pour aller loin de lui se faire une nouvelle famille.

Il sent peu à peu son cœur se refroidir, se désenchanter de ses affections les plus chères.

Il pleure.

L'égoïsme, jusque-là refoulé par des sentiments plus doux, se dresse, s'étend, et lui fait voir, pour remplacer ce qu'il a perdu, les mirages de l'ambition ou de la richesse.

Les années se passent. Il a détaché son âme et son cœur de tout ce qu'il aimait autrefois ; ses sentiments d'alors, ses idées, ses affections, ne lui paraissent plus que comme des songes effacés : il s'est fait tout un monde nouveau dont il est le maître par l'autorité et par l'argent.

Il est riche.

Il n'est pas heureux. A mesure qu'il s'élève, il veut s'élever encore ; à mesure qu'il s'enrichit, il veut s'enrichir davantage. Il voit que là, comme dans toutes les passions et dans tous les biens de la vie, le désir de ce qu'on n'a pas nous empêche de jouir des biens présents, et que quand nous tenons le plaisir, la possession vient, qui le tue. En vain, pour échapper à l'énervement qu'il sent venir, il essaye de réveiller dans son cœur quelque chose des passions qui l'ont fait battre autrefois : l'amour lui fait honte, le plaisir lui fait mal.

Cependant l'âge vient. Son corps s'épaissit, ses cheveux blanchissent, le fardeau de la vie s'alourdit par degrés, il le sent qui pèse sur ses épaules. Affadi par la satiété, obsédé par ces hommes et ces choses qui passent et repassent autour de lui dans l'éternelle monotonie d'événements toujours les mêmes, il est pris d'un invincible dégoût, d'une lassitude désespérée. Il se sent défaillir d'ennui, il rêve un monde inconnu, il cherche une source où se rafraîchir.

Il vieillit.

Quand, las de toujours gémir sur son sort, il essaye à se consoler en s'oubliant dans la contemplation de la terre et du ciel, c'est pour voir le néant de l'homme, l'insensibilité de cette nature qui ne nous connaît pas, qui nous caresse ou nous écrase avec la même indifférence; où, à mesure que la vie crée, le temps et la mort détruisent sans relâche. Partout la force triomphante, le faible égorgé, l'eau ravageant la terre, la terre vomissant des flammes, l'air même se ruant sur les mers pour y soulever des tempêtes, ou sur les continents pour les dévaster.

Le temps, à chaque année qui s'écoule, lui semble, par le cours des saisons, payer tribut à la mort, quand, après s'être parée des fleurs du printemps et des verdures de l'été, la terre se raidit et se glace sous le linceul blanc de l'hiver.

L'homme vieillit toujours. A mesure qu'il s'affaiblit, le cercle de la mort se rétrécit d'heure en heure autour de lui. La maladie vient, ses meubles se détraquent, ses murs se lézardent, son vin s'aigrit, et son humeur d'autant; les héritiers et les successeurs s'impatientent et commencent à montrer les dents : les procès pleuvent, les revers arrivent; de toutes parts surgissent des difficultés de vivre dont le monceau grossit de jour en jour.

Le vieillard n'aime plus personne, personne ne l'aime plus; sa vie lui pèse, pèse encore davantage à ceux qui l'entourent : et tandis qu'ils souhaitent sa mort, il l'appelle.

Il meurt.

Le sort lui avait pourtant donné une part équitable des biens de la vie : il n'en a senti que les maux. Il a vécu sans joie, et l'ingrat meurt en regrettant d'avoir vécu.

POUR

Dans cet enfant qui vient de naître, une vieille race d'honnêtes gens va refleurir. On l'a désiré, appelé par les vœux les plus tendres, on a supplié Dieu de féconder le sein de sa mère.

Il est venu.

Tout contre le lit de l'accouchée, dans un berceau blanc et rose, on voit sa petite tête; on dirait un chérubin au milieu d'un nuage. Abîmée dans la béatitude de la délivrance, la jeune mère le couve du regard; elle répond, par un sourire de joie céleste, aux larmes d'attendrissement de ceux qui sont venus partager son bonheur.

Sa famille est autour d'elle; les vieux serviteurs de la maison s'empressent auprès de ce jeune maître qu'ils verront grandir comme ils ont vu grandir son père. On l'admire, on le trouve beau, on y découvre déjà des ressemblances de famille; il est fort, il poussera comme un chêne!

On se passe de main en main les pièces mignonnes de sa layette ornée de dentelles et de rubans comme un trousseau de mariée. Ses moindres mouvements, ses cris inarticulés, on s'y intéresse, on s'en réjouit comme d'un signe de vigueur; on se rassemble pour lui voir prendre le sein, on s'extasie de son avidité.

Par un miracle de la nature, cet être à peine vivant porte en lui une puissance d'attendrissement qui rafraîchit les cœurs les plus rassasiés de vie, et les vieillards eux-mêmes, lorsqu'ils se penchent sur lui, se sentent redevenir enfants. Dans sa famille, devant des inconnus, partout, dès qu'il paraît, tous les yeux le regardent, toutes les lèvres lui sourient.

Les jours s'ajoutent aux jours; on voit l'âme du nouveau-né éclore par degrés à mesure que grandit le corps. L'un après l'autre, chacun de ses sens s'éveille, et sur cette ébauche du visage humain on voit passer des signes avant-coureurs du sentiment et de la volonté. Peu à peu le monde s'éclaire et s'élargit autour de lui. Il apprend à distinguer les sensations de besoin, de désir, de joie, de souffrance, qui l'excitaient confusément.

A force de voir l'animation des êtres vivants s'agiter au milieu de l'immobilité des choses, il arrive à prendre conscience de lui-même. Ses affections innocentes rayonnent et débordent sur tous ceux qui l'entourent; déjà ses caresses répondent aux soins qu'ils prennent de lui : déjà l'amitié de l'homme fleurit dans les grâces de l'enfant.

Maintenant chacun des progrès qu'il fait dans la vie est célébré comme une fête; ses moindres actions, on les admire comme des merveilles.

Ainsi se forment, autour de son berceau, les affections et les souvenirs d'où devra découler un jour, comme d'une source vive, le cours de sa destinée. Sentiments, croyances, devoirs, joies et douleurs, pour lui tout est en germe dans ces premières influences, car il vivra côte à côte avec ceux de qui il tient sa chair, son âme, ses affections et ses idées. Le chemin qu'ils lui ont tracé, il y marchera avec eux, la main dans leur main, et quand ils ne seront plus là pour l'y accompagner, à son tour il y servira de guide à de plus jeunes voyageurs.

C'est là, dans ce parfum d'honnêteté qu'il respire, dans cette bénédiction de toutes choses autour de lui, que commence l'honneur d'un homme. Il commence, qu'on le sache bien, avec les premiers jours du nouveau-né, et longtemps avant que son âme s'éclaire, il y a des puissances qui le gardent, des fées qui le bercent, et toute une nuée d'ombres bienfaisantes qui planent sur son cœur pour en écarter le mal : les ombres des aïeux.

A mesure que sa frêle intelligence s'ouvre à la pensée, elle ne voit que tendresse et que bonheur. Ce n'est d'abord qu'un bercement vague, une espèce de songe où les hommes et les choses lui apparaissent enveloppés d'un nimbe éblouissant de lumière; mais peu à peu, par échappées d'abord, puis par visions plus nettes, les êtres vivants se révèlent à ses yeux. Leur image se confond pour lui avec les caresses et les sourires qu'il reçoit d'eux, et c'est ainsi que sa connaissance du monde extérieur commence par une idée d'amour. A chacun de ses efforts, il voit toutes les mains se tendre pour l'aider et le soutenir, tous les visages lui sourire.

Cependant il commence à discerner dans la voix humaine la variété des inflexions et des articulations; sa curiosité s'éveille, l'accord de certains sons avec certains actes lui fait deviner peu à peu le mystère de la pensée cachée sous la parole : il comprend, bientôt il parlera. En même temps ses membres prennent de la force, il marche, et, libre désormais de ses mouvements, peut se porter partout où son cœur l'appelle.

La maison où il est né, la famille qui l'entoure, voilà pour lui l'univers. Il obéit sans effort à ceux dont il n'a reçu que des soins et des caresses. Il ne sépare pas le respect de l'affection, l'affection de la confiance.

Dans cette maison où tout est simple et pur, il grandit dans la pureté, dans la simplicité. En attendant que la raison lui vienne, l'obéissance et la tendresse le mènent par la main aux devoirs qui commencent déjà pour lui, si doucement qu'on les lui mesure. S'il résiste parfois, s'il se rebute, un baiser, une parole douce, l'apaisent facilement.

L'exemple du travail, qu'il trouve à tout instant dans la maison de son père, le soutient et l'anime, et il écoute en souriant les leçons qu'on lui donne.

Maintenant qu'il est sevré du lait de sa mère, la nature lui ouvre ses bras. Il en sent les caresses. Dans ses jeux, dans ses courses éperdues, ivre d'air et de lumière, il s'élance à travers l'espace en criant de joie, se roule sur l'herbe, grimpe aux arbres, se baigne dans la vie et dans la liberté. Parfois il s'arrête, s'assied, et la tête levée vers le ciel, agitant ses bras, jette au vent des chants vagues et s'écoute d'un air rêveur comme s'il entendait passer la voix de son âme.

Ainsi, entre la puissante nature et cet enfant frêle, se forme l'amour filial, qui tiendra l'homme attaché toute sa vie au sol natal, l'y ramènera toujours, le consolera dans ses peines en faisant reparaître à ses yeux en pleurs les images des jours heureux de son enfance, en lui montrant les mêmes gazons toujours verts, les mêmes fleurs aussi fraîches, et le même soleil illuminant la terre de la patrie.

Préparé, par tous les exemples qu'on lui donne, aux devoirs de la vie, il s'astreint sans effort à la discipline de l'éducation plus sérieuse qui commence pour lui. Un instinct secret lui fait accueillir avec confiance les notions et les idées dont on lui impose l'étude; comprenant que si parfois elles paraissent lourdes pour l'enfant, elles seront pour l'homme la force sans laquelle on ne peut rien, il travaille et ne se plaint pas.

Son éducation s'achève. Il respire, il jouit de sa liberté. Jeune, ardent, il court au plaisir, et là commencent pour lui ces belles années qui, malgré les obstacles et les écueils dont toute carrière humaine est semée, laissent dans le cœur je ne sais quelle grâce qu'on y retrouvera même aux plus mauvais jours.

Alors commence sa carrière, car jusque-là il n'a fait que se préparer à la vie. Il voit l'avenir sans illusion comme sans désenchantement; il attend, pour se plaindre, d'avoir souffert. Quand le bonheur arrive, il laisse son cœur s'en repaître sans se demander si c'est bien le bonheur; quand la douleur le frappe, il pleure tant que les larmes lui viennent, puis se résigne, puis se console.

Laissant à de plus fiers ou à de plus habiles à se débattre contre le sort dans les luttes de l'ambition ou de l'orgueil, il ne s'attribue point de droits pour les revendiquer aussitôt, pour s'irriter si la société les lui refuse : il désire simplement devenir le plus heureux possible, et modestement, il espère y arriver un jour par son travail et par son honneur.

Car il croit à l'honneur, il croit au devoir.

Il croit même en Dieu. C'est à ce Maître suprême que, de degrés en degrés, à mesure qu'il s'élève dans la certitude des vérités éternelles, il rapporte la fin et le commencement de tout ce qui existe et de tout ce qui peut se concevoir.

Il croit fermement qu'il y a dans l'âme un idéal; que là, en dépit des misères de sa nature, l'homme peut retrouver la source inaltérable du beau et du vrai : il le croit, il l'atteste par son respect de lui-même, par sa bienveillance envers ses semblables, par sa persévérance dans le devoir, par sa fermeté dans les chagrins qu'il lui faut subir.

C'est ainsi, grâce à ces qualités moyennes d'unité, de constance et de modération, qu'il arrive à traverser la période si critique de la jeunesse, où, comme un bon laboureur, l'homme doit préparer le champ de l'avenir et y semer le grain d'où sortira un jour la moisson. Car tout dépend de la prévoyance et du travail de ces premières années : pour chacun de nous la vie a son cours pareil à celui des saisons, et ce que son été n'aura pas produit, son automne ne pourra le faire naître.

Celui dont nous suivons la carrière voit sans inquiétude s'avancer pour lui la maturité de l'âge : elle lui apporte de jour en jour quelque nouveau fruit de son travail. Il voit, à mesure que ses établissements s'affermissent, la sécurité croître autour de lui avec le respect de ceux qu'il gouverne et la reconnaissance de ceux qu'il fait vivre.

Il n'est pas seulement assuré pour lui-même, il se sent chargé d'âmes, et la conscience du bien qu'il fait le soutient dans les moments difficiles ou cruels de la vie : c'est le père de famille dans toute sa dignité.

Ce n'est pas lui qui, l'ironie aux lèvres, ingrat et amer, insultant l'espèce humaine, calomniant la nature, accusant la terre et le ciel de ses infortunes imaginaires, ira se poser en victime du sort et de la société pour se constituer, sur les hommes et les choses, le droit de malveillance. Non, pour se contenter de son sort, pour en remercier Dieu, pour s'étonner même parfois de son bonheur, ce n'est pas à tout ce qu'il aurait pu désirer qu'il mesure sa fortune; c'est à tout ce qu'il aurait pu perdre, à tout ce qu'il aurait pu ne jamais acquérir. Alors, quand le soir, entouré de sa famille et de ses amis, dans sa chambre bien close, réconforté par un bon repas, sûr du lendemain, il songe que tout cela pourrait lui manquer : quand il pense à tant d'honnêtes gens qui passent leur vie à travailler pour obtenir à grand'peine un peu de pain, et du feu pas toujours, il ne s'enorgueillit point de sa sagesse, il remercie humblement la Providence de lui avoir fait grâce de la misère. D'autres en prendraient texte pour la maudire au nom des malheureux qu'elle abandonne : lui, il les soulagera, leur donnant ainsi, par la charité, une part des faveurs qu'il doit à la fortune.

La vieillesse arrive : il l'accueille avec sérénité. A mesure qu'il avance en âge, une lassitude pleine de charme le prépare au repos qu'il sent venir. Tout en lui s'apaise, le sentiment des choses présentes s'adoucit; pour lui le passé, se confondant avec le présent, fait de sa vie comme le lac où viennent se reposer les eaux d'un fleuve avant de s'écouler à la mer.

Les souvenirs du temps passé, en le ramenant aux jours de son enfance, raniment dans son cœur le sentiment de la nature. Il y revient, mais plus grave, avec des pensées qui montent vers le ciel, avec le regard mélancolique du marin qui interroge l'horizon.

Déjà détaché de la terre, il sent la vie se ralentir en lui, perdre sa chaleur, et passer par degrés dans les êtres plus jeunes qui vont continuer sa race. Il voit son âme se rallumer dans d'autres âmes, et ses traits, à mesure que le temps les flétrit, refleurir sur le visage de ses enfants.

Ainsi se passent ses dernières années, dans le repos, dans la paix, dans la douce joie de se voir renaître en même temps qu'il se sent mourir.

La mort vient. Il s'y soumet avec résignation, avec respect, comme au devoir suprême de l'homme.

Entouré de tous ceux qu'il aime, il les console en leur montrant son courage et en témoignant de sa confiance en Dieu. Ses derniers entretiens sont remplis par l'affection, par la sollicitude pour les intérêts de sa famille. Il appelle autour de lui ses vieux amis pour parler une dernière fois avec eux des souvenirs de sa jeunesse.

Peu à peu ses pensées prennent un air plus solennel, les mots deviennent rares, puis enfin la parole se trouble, les lèvres se ferment, et dans un dernier regard qui s'éteint on voit passer l'âme d'un honnête homme, remontant à son Dieu.

Il a eu, comme nous tous, sa part des biens et des maux de la vie, mais il fut heureux, parce qu'il a vécu simplement.

DE LA PATRIE

CONTRE

Qu'on soit de ceux qui ne peuvent se consoler de la voir mourir, qu'on soit de ceux qui, tout en la regrettant sincèrement comme une ancienne amie qu'il faut perdre, pensent que le mieux est d'en faire son deuil et de boire frais, l'idée de patrie s'en va.

Entraînée dans la déroute générale du vieux monde devant l'invasion d'un monde nouveau, la pauvre vieille a entassé dans un chariot tout ce qui lui restait de ses jours glorieux d'autrefois : casques de chevaliers, reliques de saints, épées rouillées, lauriers flétris, palmes d'or, clairons de victoire, vieilles charrues dont le soc se serait brisé plutôt que de labourer une terre étrangère, uniformes antiques troués par les balles, derniers haillons des drapeaux qui avaient volé d'un bout à l'autre du monde sur l'aile d'une tempête de gloire.

Et nos églises!

Elle s'en va, n'ayant plus rien à chercher en ce monde qu'une place où mourir, et tandis qu'elle se retourne en gémissant pour jeter un dernier regard d'adieu à sa maison en flammes, les gens qui la voient passer haussent les épaules et se demandent en ricanant à quel marché cette vieille folle s'imagine vendre ses chiffons et ses antiquailles.

En effet, l'idée de patrie s'en va. Qu'y faire? C'est le sort commun de tout ce qui a vie, finir après avoir commencé, mourir parce qu'on a vécu; les pierres seules ne meurent pas, mais les idées meurent avec les générations qu'elles ont animées.

D'ailleurs ne voit-on pas comment, à mesure que l'humanité progresse, l'idée recule devant le foisonnement de la vie comme, aux premiers temps de l'histoire du monde, les races trop frêles ont reculé devant les races mieux armées? La lutte pour l'existence est finie entre les espèces animales : elle se continue entre la vie qui s'affirme de plus en plus, et l'âme qui trouve à peine quelques défenseurs.

Ce n'est pas d'aujourd'hui que cette guerre est commencée, Homère et Virgile en racontaient déjà l'histoire ; les malheurs des peuples, aussi bien que leurs gloires, n'en sont que la suite, avec des épisodes qui varient suivant que les peuples sont jeunes ou vieux.

Le patriotisme est une de ces idées ; il a eu, comme toutes les autres, son enfance, son adolescence, sa virilité, son déclin ; comme les autres, il va mourir sans doute. S'il doit vraiment périr, c'est qu'il aura fait son temps, et que le moment est venu, comme plusieurs le disent. de remplacer cette catégorie étroite et mesquine par une conception plus vaste qui, s'étendant à toute l'humanité, fera de chaque homme un citoyen de l'univers.

L'union des peuples succéderait dès lors à l'état d'hostilité, de haine et d'envie, qui a fait jusqu'ici de chacun l'ennemi de tous ; aucun intérêt national n'étant plus là pour les diviser, l'intérêt humain, qui est le même pour tous, les convierait à se communiquer sans relâche les produits de leur travail, et surtout ces richesses naturelles sans nombre que la diversité des climats a réparties si inégalement à la surface de la terre.

Plus de guerres possibles, puisque la paix suffirait à faire jouir toutes les nations d'une somme d'avantages qu'aucune conquête ne saurait obtenir. Ce serait la paix perpétuelle et, pour chaque homme, pour chaque peuple, une part égale des biens qui se peuvent recueillir sur toutes les terres et toutes les mers du globe.

Convenons-en, une réalité comme celle-là vaudrait bien une idée, et rien que l'espérance en serait assez puissante pour partager les cœurs qui battent encore à notre vieux mot de patrie...

Chez les anciens, l'idée de notre patriotisme moderne était dépassée par l'ignorance farouche des peuples qui, se connaissant à peine, ne voyaient dans l'étranger qu'un barbare fait pour être exterminé ou réduit en servitude. Le sentiment du patriotisme n'a commencé réellement d'exister que depuis la chute de l'Empire romain, à mesure que se formaient les états indépendants.

Les guerres politiques et religieuses, avec les traditions de haine ou de gloire qu'elles laissaient, commencèrent à faire à chaque nation une âme immortelle qui se transmettait de génération en génération et que chaque conquête exaltait d'un nouvel enthousiasme.

Mais le temps marchait : à côté des triomphes de la guerre, on en voyait grossir d'âge en âge les effroyables calamités; cette guerre même, en poussant les peuples les uns contre les autres, les rapprochait et leur apprenait à se connaître, à s'estimer, même en se combattant. L'imprimerie, la science, le commerce, établissant entre l'élite des nations des rapports liés par des intérêts communs, on reconnut qu'il pourrait y avoir mieux à faire avec ses voisins que d'échanger des coups de fusil ou des injures patriotiques.

Tout cela avait de longue main préparé les choses, quand, à la suite de la tempête de guerre qui ravagea l'Europe au commencement de ce siècle, de longues années de paix la laissèrent respirer. A la faveur de cette accalmie, un immense mouvement économique et industriel fit naître des sources inespérées de richesse, et par conséquent de jouissances, et par conséquent d'égoïsme, en même temps que, par la liberté du commerce, tous les peuples se rendaient tributaires les uns des autres.

D'un autre côté, les écrivains, les savants, les artistes, grâce à la facilité des correspondances et des transports, entraient en communication de travaux et de sympathie personnelle, et tendaient de jour en jour à effacer les frontières de l'intelligence.

En même temps, des doctrines politiques ou philosophiques, inspirées par l'amour de l'humanité, commençaient à répandre parmi les classes intelligentes de toute l'Europe l'idée de la fraternité universelle, et cette idée se propageait bientôt de couche en couche jusqu'aux derniers rangs du peuple.

Vint enfin le grand fait économique du siècle, la vapeur. Quelle qu'ait été l'importance de cette révolution dans l'ordre des intérêts financiers et commerciaux, son action sur les mœurs et sur les idées fut encore plus formidable. C'est à partir de ce moment que, n'y ayant plus ni distances, ni mers, ni frontières, on a pu marquer d'avance l'heure où il n'y aura plus de patrie.

Avec les chemins de fer, les bateaux à vapeur et le télégraphe électrique, toutes les conditions de la vie sont bouleversées, et ce ne sont pas seulement les habitudes sociales, mais les conceptions humaines, qui changent de nature.

Jusque-là, ce n'était qu'à sa famille, à ses amis, à son pays, que l'homme consacrait ses affections : désormais, pour supporter son bonheur, il lui faut aller le rafraîchir sous un autre ciel, sur une terre inconnue, parmi des étrangers. Il faut s'ouvrir l'esprit à des impressions nouvelles, à des idées qui ne soient pas les nôtres.

Les voyages, les eaux, les bains de mer, les expositions, les congrès scientifiques ou littéraires, toutes les formes de déplacement, sont devenus un besoin pour toutes les classes de la société, depuis les personnages princiers, qui d'un bout de l'année à l'autre remplissent le monde de leur fracas continuel, de leurs déplacements, jusqu'aux boutiquiers et aux portiers de Paris, qui ne peuvent plus se passer de faire chaque été une saison de bains de mer ou un « voyage circulaire à prix réduits ».

La haute société de l'Europe, qui restait autrefois dans la capitale et dans ses terres, ne forme plus qu'une bande d'oiseaux voyageurs tournoyant sans relâche d'Amérique en France, de Russie en Italie, d'Angleterre aux Alpes ou aux Pyrénées.

Le libre échange, la presse, les affaires, font circuler incessamment à travers les frontières de tous les États un peuple d'interlopes qui n'ont plus d'autre drapeau que leur enseigne commerciale.

La contagion des idées politiques, gagnant de proche en proche par les journaux et propagée par les proscrits et les fugitifs de tous les pays, lie entre les étrangers d'une même classe sociale des conjurations, dont le premier acte de foi est de renier son pays.

L'émigration, par ses résultats aussi bien que par son exemple, établit en permanence un courant humain qui s'en va, abandonnant la mère patrie pour aller chercher fortune sur une terre étrangère.

Comme pour donner à ce mouvement général d'idées la consécration d'une forme scientifique, philosophique et humanitaire, le matérialisme, le pessimisme et la démagogie travaillent sans relâche à dépersuader, à désenchanter la génération actuelle de tout ce qui peut rattacher l'homme à la terre qui l'a nourri, à l'air qu'il a respiré, et lui montrent, dans un merveilleux mirage, la fraternité universelle des peuples faisant succéder le bonheur du genre humain à la misère désespérée de sa vie actuelle.

Enfin il n'est pas jusqu'aux associations de propagande qui ne prêtent leur concours à ce travail de décomposition de l'ancien monde moral, où nous avons vécu : éteindre, étouffer tout sentiment de patriotisme pour y substituer l'amour de l'humanité, tel est le but poursuivi sans relâche par les associations contre la guerre, qui fleurissent en France et ailleurs, sous la direction et avec le concours des personnages les plus recommandables et les plus ardents.

Quand ils auront remplacé les canons par des arguments, les batailles par des congrès, et les victoires par des concessions, remplacer la patrie par l'humanité ne sera plus, en effet, qu'un jeu d'enfant.

POUR

Pour tout homme de bon sens et de bonne foi, un
étranger est une bête aussi opposée à nous-mêmes que
peuvent l'être entre eux des animaux d'espèce différente.
Voilà la vérité.

Je dis : bœuf..., cheval..., ours..., léopard..., singe...,
serpent..., et je pense à autant de peuples que chacun de
ces animaux représente confidentiellement pour moi.

Voyager n'est pas autre chose que d'aller chercher
hors de son pays ce plaisir de ménagerie qui consiste
à examiner en sécurité des bêtes féroces, mais avec ce
ragoût que, sur leur terre natale, on peut les considérer
en liberté sans être dévoré.

Qu'on soit tout à fait rassuré, non, et si le petit frisson
qui nous passe entre les épaules vient de temps à autre
aviver la jouissance de la curiosité satisfaite, nous ne
perdons pas de vue que demain, après-demain, pour
quelques pieds de terre qu'ils nous envient, pour un mot,
pour rien, ces gens qui nous accueillent avec tant de
grâce seront l'ennemi, et se jetteront sur notre pays pour
ravager nos champs, brûler nos maisons, moissonner nos
armées, et nous éventrer à coups de baïonnette si nous
essayons de nous défendre.

Telle est, si je ne me trompe, la différence essentielle
qu'on peut remarquer tout d'abord entre la patrie et
l'étranger.

Ce n'est pas la seule, et il faudrait n'avoir jamais quitté
son pays pour ne pas connaître l'angoisse qu'on éprouve
à se sentir, seul de sa race, au milieu d'inconnus dont
les idées, les sentiments, les mœurs, n'ont rien qui ne
soit le contrepied des nôtres, et dont nous n'avons à
attendre que l'indifférence, quand ce n'est pas l'envie
ou le dédain. Nous sentons cela, et malheur à qui l'aura
oublié si, pendant un séjour à l'étranger, quelque incident imprévu vient à mettre ses intérêts aux prises avec
ceux d'un habitant du pays : il apprendra bientôt à ses

dépens ce qu'il en coûte de vouloir aller respirer l'air des autres.

Ces sentiments, qu'on trouvera peut-être un peu arriérés, un peu farouches, sont toujours demeurés intacts dans l'âme simple et ferme des hommes du peuple de tous les pays; chez les classes élevées, il peut sembler, à voir la courtoisie des relations internationales, qu'ils n'existent plus; mais pour s'y méprendre, il faudrait oublier ce que deviennent, quand une guerre est déchaînée contre un pays, les aimables gentilshommes qui, à la faveur de la paix, avaient reçu l'hospitalité dans nos salons et dans nos châteaux.

Ces réflexions suffisent, il me semble, pour faire voir à quelle profondeur le sentiment de la patrie est enraciné dans le cœur des hommes; quelle force de cohésion il donne aux idées personnelles qui les font vivre et aux idées générales qui les unissent en corps de nation, et surtout combien sont niais ou coupables ceux qui, soit par haine de ce qui les condamne, soit par ostentation humanitaire, s'efforcent d'arracher l'âme à leur pays.

C'est une chose singulière et faite pour inquiéter parfois, combien les grandes vérités, hors celles que nous sentons nous être les plus chères et les plus indispensables à la sécurité de notre âme, sont difficiles à démontrer. On dirait qu'elles le sont à proportion de ce qu'elles nous paraissent plus évidentes.

Peut-être y a-t-il là tout un ordre d'axiomes dont une philosophie mieux avisée que la nôtre dégagera quelque jour la formule définitive : quoi qu'il en soit, il est intéressant de remettre en lumière, à propos de ce patriotisme dont la soi-disant science prétend faire une question, deux documents scientifiques que le hasard des recherches sur un autre sujet a fait tomber sous mes yeux.

Je croyais me faire une juste idée et même, j'ose le dire, une idée enthousiaste de ce que représente le mot de patrie : mais les deux passages que je vais citer sont faits, si je ne me trompe, pour montrer une fois de plus combien la nature, lorsqu'il s'agit de faire resplendir une grande vérité, est supérieure à la raison de l'homme. Ces deux passages sont, l'un de Laplace (*Théorie des probabilités*, p. 233), l'autre de Lamarck (*Philosophie zoologique*, t. II, p. 291).

« Les opérations du sensorium, dit Laplace, et les mouvements qu'il faut exécuter deviennent plus faciles et comme naturels par de fréquentes répétitions. De ce principe psychologique découlent nos habitudes. En se combinant avec la sympathie, il produit les coutumes, les mœurs et leurs étranges variétés; il fait qu'une chose généralement reçue chez un peuple est odieuse chez un autre. »

Lamarck, amené à traiter le même sujet à l'occasion de sa théorie de la transmission héréditaire des modifications acquises par les êtres vivants, reprend à son tour :

« Plusieurs observations faites sur l'homme et les animaux, et qu'il est bien important de continuer, portent à croire que les modifications du sensorium auxquelles l'habitude a donné une grande consistance, se transmettent des pères aux enfants par voie de génération, comme plusieurs dispositions organiques. Une disposition originelle à tous les mouvements extérieurs qui accompagnent les actes habituels explique de la manière la plus simple l'empire que les habitudes enracinées par les siècles exercent sur tout un peuple, et la facilité de leur communication aux enfants, lors même qu'elles sont le plus contraires à la raison et aux droits imprescriptibles de la nature humaine. »

Ceci n'est peut-être pas aussi retentissant que certaines harangues de brasserie, mais cette démonstration scientifique du patriotisme, formulée froidement par deux hommes de génie qui étaient bien loin d'être idéalistes, ne donne-t-elle pas à l'idée de patrie je ne sais quel caractère auguste qui fait frissonner?

C'est au nom de la nature, au nom de son Créateur, que ces savants, qui se croyaient matérialistes et qui ap-

pellent l'âme *sensorium,* confessent, sans avoir conscience
de la portée de leurs paroles, l'immortalité de l'amour des
hommes pour la terre qui les a nourris, pour l'air qu'ils
ont respiré, pour les affections, pour la foi, pour l'honneur, pour les souffrances, pour les gloires, pour les
haines surtout, de cet univers qui s'appelle la patrie.
C'est bien autre chose qu'une idée, c'est un phénomène
cosmique; c'est l'action séculaire, invariable, de toutes
les lois de la nature; c'est le cours des âmes et des idées,
intarissable comme celui des générations, tirant sa source
de tout ce qu'on sent, de tout ce qu'on respire.

Quoi! cette même nature qui soumet toutes les espèces
à l'influence du milieu, et ne leur permet pas d'en changer sous peine de mort ou de décadence, aurait refusé à
l'homme seul les avantages et l'instinct de la stabilité?
Comment, alors, n'en a-t-elle pas fait une de ces espèces
voyageuses qui ne peuvent vivre qu'à condition de changer périodiquement de climat? Bien loin de là, elle en a
fait l'animal social et sédentaire par excellence, celui qui
ne se lasse pas de se réunir en groupes toujours plus
nombreux; de fixer, d'éterniser, s'il le peut, des établissements que rien ne puisse détruire, qu'il défend jusqu'à
la mort contre l'ennemi, et que, s'il lui faut parfois les
abandonner, il va recommencer aussitôt dans une autre
contrée.

La nature même de ces sociétés, qui ont pour unité la
famille, fait qu'elles ne peuvent dépasser un certain nombre : la diversité des climats et des produits de la terre,
les limites naturelles des régions, les obstacles qui les
séparent, forcent absolument les peuples à se diviser en
nations.

Tout cela est si évident, si absolu, qu'on a presque
honte d'y insister, et pourtant voilà ce qu'il faudra renverser avant qu'on puisse avoir raison de l'idée de patrie.

Que le roulement éternel sur terre et sur mer ait succédé à ce séjour fidèle qui retenait autrefois les hommes
aux lieux où ils avaient toujours vécu, on peut dire que

c'est un phénomène nouveau, mais rien ne prouve que ce soit un progrès : la facilité des communications est un fait matériel; la manie des voyages, le besoin de changement, sont des torts, et ce serait faire un étrange abus de la philosophie de l'histoire que d'enregistrer comme loi de développement ce qui n'est, si du moins on en juge par les résultats, qu'un symptôme de décadence.

Qu'a-t-il produit, ce mouvement furieux de locomotion qui entraîne dans son vertige tous les peuples modernes?

En économie politique, la ruine de l'agriculture; en industrie, la contrefaçon et l'embauchage à l'étranger; en politique, l'Internationale. En morale et en économie domestique, il a donné à toutes les classes sociales un besoin de déplacement qui se solde par des dépenses ruineuses et qui relâche de plus en plus les liens de famille et de société; et à mesure que l'aire de parcours de ces déplacements s'est étendue, à mesure qu'on a pris l'habitude de longs séjours à l'étranger, le sentiment national s'est affaibli : la patrie n'est plus où on est né, elle n'est même plus où l'on aime, elle est où le climat est agréable, où on s'amuse. Elle est aussi où l'on pérore, où l'on est reçu à l'arrivée par ces gobe-mouches internationaux qui forment le grand corps des badauds et des excursionnistes de l'Europe et de l'Amérique, et qui, roulant de congrès en congrès, tantôt accueillants, tantôt accueillis, consacrent la belle saison à aller congratuler et se faire congratuler dans toutes les capitales et dans tous les lieux pittoresques du monde civilisé.

C'est là, dans ces délibérations savantes et courtoises, que se cimentent les premières assises de l'édifice humanitaire qui doit un jour servir de mausolée, si l'on n'y met ordre, au sentiment sacré de la patrie.

Mais heureusement qu'on y met ordre, sans même qu'il soit nécessaire d'en faire voir tout l'odieux : le ridicule y suffit.

Donc, au cours de ma longue carrière, la simplicité et les croyances ont fini par se donner à moi comme la science suprême et comme le bonheur absolu.

Plus j'ai regardé la nature, qui est simple, ne connaît pas le doute et fait tout en perfection, plus je me suis convaincu que si la vie des hommes était réglée de même, tout irait bien.

L'histoire m'a longtemps donné à croire que c'était impossible, à cause de nos vices et de nos faiblesses : mais je me suis avisé que puisque tous les hommes ne sont pas malheureux et coupables, auquel cas on les condamne, il en est un grand nombre d'heureux et d'honnêtes, qu'on vénère comme des modèles, d'où suit que la vérité est du côté de ceux-ci.

Il ne me manquait, pour me convaincre tout à fait, qu'un exemple, et il est venu.

A l'heure qu'il est, le cœur du monde civilisé palpite pour un peuple qui, par la simplicité et la foi, tient glorieusement tête à une guerre monstrueuse et sans précédente, le peuple boer !

A ce que je viens de dire, voilà la preuve, et c'est pourquoi je conclus l'histoire de ma vie par les deux idées qui contiennent pour moi toute la philosophie : la simplicité et la foi.

2 janvier 1901.

FIN

TABLE DES MATIERES

SOCIÉTÉ ANONYME D'IMPRIMERIE DE VILLEFRANCHE-DE-ROUERGUE
Jules BARDOUX, Directeur.